本书受山东省社科规划研究项目"利用本土市场效应驱动我省外向型制造业转型升级研究"（批准号：18CJJJ12）的资助。

跨区域贸易协同创新文丛

内外"双循环"促进外向型
制造业转型升级研究

以山东省外向型制造业为例

殷秀玲 著

中国政法大学出版社

2022·北京

图书在版编目（ＣＩＰ）数据

内外"双循环"促进外向型制造业转型升级研究：以山东省外向型制造业为例/殷秀玲著. —北京：中国政法大学出版社，2022.12
ISBN　978-7-5764-0505-7

Ⅰ.①内⋯　Ⅱ.①殷⋯　Ⅲ.①制造工业－产业转移－研究－山东
Ⅳ.①F426.4

中国版本图书馆CIP数据核字（2022）第105808号

书　名	内外"双循环"促进外向型制造业转型升级研究： 以山东省外向型制造业为例 NEIWAI SHUANGXUNHUAN CUJIN WAIXIANGXING ZHIZAOYE ZHUANXING SHENGJI YANJIU:YI SHANDONGSHENG WAIXIANG XING ZHIZAOYE WEILI
出版者	中国政法大学出版社
地　址	北京市海淀区西土城路 25 号
邮　箱	bianjishi07public@163.com
网　址	http://www.cuplpress.com（网络实名：中国政法大学出版社）
电　话	010-58908466(第七编辑部) 58908334(邮购部)
承　印	保定市中画美凯印刷有限公司
开　本	880mm×1230mm　1/32
印　张	11
字　数	256 千字
版　次	2022 年 12 月第 1 版
印　次	2022 年 12 月第 1 次印刷
定　价	56.00 元

序　言

　　制造业是现代国家的立国之本。党的二十大报告把加快建设制造强国放在质量强国、航天强国、交通强国、网络强国、数字中国之首，提出要推动制造业高端化、智能化、绿色化发展，让我们看到了制造业立国的方向。我国的外向型制造业经过多年发展，取得了巨大进步，已经在国际分工中占据主导地位，但在很多高端制造领域，仍然存在"短板"。党中央提出的构建"双循环"的新发展格局是一个全局性、长期性的发展战略，反映了当前和今后一段时期经济发展中新的政策框架和市场环境，这对外向型制造业转型升级的方向和路径也提出了新的要求。如何通过内外"双循环"促进我国外向型制造业转型升级是经济学界的重要课题之一。

　　殷秀玲博士撰写的专著《内外"双循环"促进外向型制造业转型升级研究：以山东省外向型制造业为例》是这方面研究的一项新成果。本书是她在前期山东省社科规划研究项目进行深入调研的基础上，对山东省外向型制造业在新的市场环境下如何转型升级进行的深入思考和系统阐述。从研究内容角度，该书做了以下阐述与分析：（1）内外"双循环"促进我国外向型制造业转型升级的动因与机理。（2）新冠疫情冲击对我国外向型制造业的影响。（3）通过实证分析方法展示我国制造业在全球价值链的地位演变，展现了几十年来中国在全球价值链中

001

地位与竞争力的变迁，并对近年来学界探讨的热点，即出口国内增加值进行了深入思考与扩展。（4）对山东省外向型制造业发展做了实地调研，对山东企业面临的困境做了总结。（5）结合山东实际情况，分析如何利用内外"双循环"促进山东省外向型制造业转型升级，最后，提出了具有现实意义的研究结论。

《内外"双循环"促进外向型制造业转型升级研究：以山东省外向型制造业为例》一书，具有一定的学术价值和应用价值，值得相关专业研究人员学习参考。

2022 年 11 月 10 日

目　录

第一章

内外"双循环"发展概述

第一节　我国经济发展模式的历史演进过程

要正确认识内外双循环新发展格局的重大意义，必须首先了解我国在各个时期所采取的经济发展模式以及国内国外经济循环演变的内外部条件。我国从新中国成立到如今，在 70 多年的风雨历程中，经济发展模式经历了多次变化，每次的变化调整都与当时的内外部条件息息相关。

关于国民经济"内循环""外循环"的理解，有多种说法，认可度比较高的一种是从产品市场和资源供给的角度上理解，汤铎铎等（2020）认为应将"内循环"理解为向国内市场提供产品服务和使用国内的生产要素，将"外循环"理解为向国外市场提供产品服务和使用国外的生产要素。按照这种理解，我国的经济发展模式可以分为以下几个历史演变过程。

一、我国经济发展模式的历史演进

（一）新中国成立初期：相对单一的内循环模式

我国经济发展模式的阶段性变化既与国内生产要素、资源的积累相关，也深受国际地缘政治及我国对外关系变化的影响。1949 年新中国成立初期，我国经济基础极其薄弱，百废待兴，资本与技术极度稀缺。为发展经济，我国政府努力开展对外交流和贸易往来，在新中国成立第一年同 17 个国家建立正式的外交关系，同时也希望跟西方资本主义国家广泛地建立贸易关系，但是美国政府于 1949 年 11 月提议成立"巴黎统筹委员会"[1]，对新中国进行贸易封锁，1950 年美国政府又直接介入朝鲜战争，迫使新中国完全倒向社会主义阵营。我国从当时的苏联进口了许多国内急需的重工业机器设备和建设物资，初步建立了我国的重工业基础。[2]

在 1953—1957 年第一个"五年计划"期间，我国从苏联进口机器设备和建设物资，建设了 156 项重点建设项目，也被称为"156 项工程"[3]，包括长春第一汽车制造厂、洛阳拖拉机厂等。这些建设项目主要以重工业为主。通过大规模引进苏联重工业设备，我国实现了现代技术与工业基础的初步积累，为中国建立产业门类齐全的工业体系奠定了基础。

（二）1958 年——改革开放前：内循环为主加上极其有限的外循环

20 世纪 60 年代，在中苏关系恶化情况下，中国开始寻求与

---

〔1〕 巴黎统筹委员会（Coordinating Committee for Export to Communist Countries），正式名称为输出管制统筹委员会，是对社会主义国家实行禁运和贸易限制的国际组织。1949 年 11 月在美国的提议下秘密成立的，因其总部设在巴黎，通常被称为"巴黎统筹委员会"。

〔2〕 这一时期中国也大力开展与广大亚非国家的经贸活动，如 1952 年与斯里兰卡开展大米换橡胶的贸易、1956 年与巴基斯坦签订煤炭换棉花的贸易合同、1956 年与印尼签订 1200 万英镑的易货贸易协议等。1957 年中国还首次举办广交会，与有意愿跟中国做生意的各个国家广泛开展贸易洽谈活动，也是努力打破对华贸易封锁的重要举措。

〔3〕 当时，中国和苏联两国政府经过多次谈判，商定由苏联方面分批分期，以帮助设计、提供成套设备和主要建设物资等形式，对我国扩建 174 个建设项目。在执行过程中，由于建设条件不具备等原因，取消 18 个，形成 156 个建设项目。其中，扣除两项重复计算和 4 项因厂址等问题没有建设，实际正式施工的项目为 150 个，但习惯上仍称为"156 项工程"。

西方国家贸易关系的突破性发展。我国的贸易对象从主要面向东欧国家开始转为面向西方发达国家，同时扩大与第三世界国家的经贸交往。自 1964 年与法国建立首个正式外交关系之后，到 20 世纪 60 年代中期，我国已经同 125 个国家和地区建立了贸易关系，并且同其中 38 个国家签订了政府间的贸易协定。随着 1971 年我国在联合国的合法席位得到恢复，1972 年，美国尼克松总统访华，标志着自新中国成立后中美相互隔绝的局面终于被打破，[1]之后我国从美国、联邦德国、法国、日本、荷兰、瑞士、意大利等西方国家大规模引进成套技术设备，开启了中国第二次大规模引进西方发达国家成套技术设备的"四三方案"[2]。

除"四三方案"之外，同期引进的国外先进设备技术有：从美国康宁公司引进的彩色显像管成套生产技术项目；从罗马尼亚、南斯拉夫等地及一些西方国家购买的新旧船舶，扩建远洋船队；购买英国三叉戟飞机；从苏联进口伊尔-62 远程宽体客机、米-6、米-8 直升机，进口火电机组建成当时亚洲最大的火电厂辽宁清河电厂，等等。除此之外，还有 43 套机械化综合采煤机组、燃气轮机、工业汽轮机等单个项目。

---

〔1〕　在邓小平同志亲自主持下，中美两国于 1979 年 1 月 1 日正式建交，从而结束了长达 30 年之久的不正常状态。

〔2〕　所谓"四三方案"，是"文化大革命"后期根据毛泽东主席的指示精神，由国家计委向国务院提出的"旨在改善民生"的对外引进方案的简称。因该方案提出"为解决人民群众的吃饭穿衣问题"，"拟用三年至五年时间从美国、联邦德国、法国、日本等西方发达国家，引进总价值为 43 亿美元的成套设备"而得名。

表1-1 我国"四三方案"引进的26个成套项目

类别	项目名称	年生产规模	累计投资（亿元）	建设地址	引进国	签约时间	开建时间
化纤	天津石油化纤厂	对二甲苯6.4万吨，苯2万吨，对苯二甲酸二甲酯9万吨	10.37	天津	日本，联邦德国	1975年	1977年9月
化纤	辽宁石油化纤总厂	化纤原料13万吨	24.15	辽宁辽阳	法国，意大利，联邦德国	1973年	1974年8月
化纤	上海石油化工总厂	化纤原料10.8万吨，化纤5.2万吨	20.79	上海金山卫	日本，联邦德国	1973年	1974年1月
化纤	四川维尼纶厂	化纤4.5万吨，醋酸乙烯9万吨，甲醇9.5万吨，乙炔2.6万吨	7.2	四川长寿	法国，日本	1973年	1974年8月
石化	北京石油化工总厂	乙烯30万吨，高压聚乙烯18万吨，聚丙烯8万吨	23.7	北京房山	日本，联邦德国，美国	1972年	1973年8月
石化	吉林化学工业公司	11.5万吨乙烯，乙醇10万吨，丁苯橡胶8万吨，辛醇5万吨，正丁醇6590吨	2.09	吉林	日本，联邦德国	1975年	1976年12月

续表

类别	项目名称	年生产规模	累计投资(亿元)	建设地址	引进国	签约时间	开建时间
石化	北京化工二厂	氯乙烯8万吨，聚氯乙烯2.5~7.5万吨	1.39	北京九龙山	联邦德国	1973年	1974年10月
化肥	沧州化肥厂	合成氨30万吨，尿素48万吨	2.39	河北沧州	美国，荷兰	1973年	1973年7月
化肥	辽河化肥厂	合成氨30万吨，尿素48万吨	3.48	辽宁盘山	美国，荷兰	1973年	1974年6月
化肥	大庆化肥厂	合成氨30万吨，尿素48万吨	2.43	黑龙江大庆	美国，荷兰	1973年	1974年5月
大化肥	湖北化肥厂	合成氨30万吨，尿素48万吨	2.45	湖北枝江	美国，荷兰	1973年	1974年10月
大化肥	洞庭湖化肥厂	合成氨30万吨，尿素48万吨	2.50	湖南岳阳	美国，荷兰	1973年	1974年4月
大化肥	泸州天然气化工厂	合成氨30万吨，尿素48万吨	2.40	四川泸州	美国，荷兰	1973年	1974年4月
大化肥	赤水河天然气化工厂	合成氨30万吨，尿素48万吨	2.73	贵州赤水	美国，荷兰	1973年	1976年1月

类别	项目名称	年生产规模	累计投资(亿元)	建设地址	引进国	签约时间	开建时间
大化肥	云南天然气化工厂	合成氨30万吨，尿素48万吨	2.77	云南水富	美国，荷兰	1973年	1975年1月
大化肥	栖霞山化肥厂	合成氨30万吨，尿素52万吨	2.98	江苏南京	法国	1974年	1974年9月
大化肥	安庆化肥厂	合成氨30万吨，尿素52万吨	3.01	安徽安庆	法国	1974年	1974年3月
大化肥	广州化肥厂	合成氨30万吨，尿素52万吨	3.14	广东广州	法国	1974年	1974年12月
大化肥	齐鲁第二化肥厂	合成氨30万吨，尿素48万吨	2.47	山东淄博	日本	1973年	1974年4月
大化肥	四川化工厂	合成氨30万吨，尿素48万吨	2.61	四川成都	日本	1973年	1974年5月
大型电站	大港电厂	25万千瓦	4.50	天津北大港	意大利	1973年	1974年12月
大型电站	唐山陡河电厂	32万千瓦	5.30	河北唐山	日本	1973年	1973年12月
大型电站	元宝山电厂	30万千瓦	3.92	内蒙古赤峰	法国，瑞士	1973年	1974年9月

类别	项目名称	年生产规模	累计投资（亿元）	建设地址	引进国	签约时间	开建时间
钢铁	武汉钢铁公司1.7米轧机	冷轧板100万吨，热轧板100万吨，硅钢7万吨	38.9	湖北武汉	日本，联邦德国	1974年	1972年3月
钢铁	南京钢铁公司氯化球团	30万吨硫酸渣氯化球团	1.00	江苏南京	日本	1976年	1978年1月
钢铁	南京烷基苯厂	正构烷烃5万吨，直链烷荃烃5万吨	2.21	江苏南京	意大利	1975年	1976年10月

资料来源：陈锦华：《国事忆述》，中共党史出版社2005年版。

这一时期因外循环极其有限，内循环工业化模式呈现出消费极度压抑、重工业与轻工业结构严重失衡、城乡二元结构对立等经济不均衡发展的样态。

（三）改革开放之后到2008年金融危机前：外循环为主与内循环为辅的经济发展模式

1978年12月，中国共产党十一届三中全会把改革开放列入基本国策，在"对内改革，对外开放"基本方针指导下，我国逐步改变过去内循环占主导的经济发展模式，构建起内外"双循环"的经济体系。

改革开放政策率先在农村领域展开，形成了城市与农村内循环经济的良性互动。以家庭联产承包责任制为主的农业改革提升了农村劳动生产率，解放出来的劳动生产力为此后的城市改革提供了大量剩余劳动力。在此过程中，乡镇企业的兴起对我国经济转型发挥了重要作用。乡镇企业一方面吸纳了大部分剩余的农村劳动力，同时为城市工业化进程提供基本的生产供给支持，为 80 年代城乡收入差距的缩小做出了贡献。

1982 年 12 月对外开放政策被正式写入我国宪法。我国开始逐步开放国内市场，引入外资、人才和技术，"引进来"成为对外开放的主要战略目标和手段。为了在短时间内实现经济赶超战略，我国在各重要经济领域采取"以市场换技术"的策略实施技术引进，吸引外国直接投资（FDI），通过外国直接投资产生技术溢出效应，从而推进工业化技术发展。1987 年，时任国家计委经济研究所副研究员的王建提出"国际大循环经济发展战略"，即通过发展劳动密集型、出口导向型经济进一步开放中国沿海地区，从而带动中国经济发展。这一依赖"国际大循环"的战略对形成我国外循环经济发展模式产生了深远影响。

2001 年 11 月世界贸易组织（WTO）第四届部长级会议通过了中国加入世贸组织法律文件，我国正式加入 WTO，实质性地融入经济全球化的进程，我国对外贸易开始迅速发展，贸易规模不断扩大，我国凭借低成本劳动力的资源禀赋建立了对外贸易的比较优势，主动融入全球生产网络，确立起全球价值链中"世界工厂"的重要地位。据新华社消息，1978 年我国货物进出口总额占全球份额为 0.8%，列第 29 位，到 2009 年，我国成为全球货物贸易第一大出口国和第二大进口国。

这一阶段我国参与的大多是全球产业链的中低端环节，对高附加值的研发设计、营销等环节参与较少，以"两头在外、大进大出"的方式推进国际外循环发展。此阶段的国际外循环主要有以下几个特征。

首先，加工贸易占出口比重较高。加工贸易的典型模式是：

美、欧等发达国家或地区提供资金、专利、设计和技术，零部件在中国、东亚地区和东南亚地区生产，加工组装在中国，最终产品销往美国、欧盟和日本。加工贸易的利润率很低，外方利用我国低成本劳动力，把劳动密集型环节布局在我国，作为组装方的我们赚的是很少的"辛苦钱"。之前的调研显示，广东省牛仔裤加工贸易，每条裤子只挣5角加工费。自1996年以来，我国的加工贸易连续6年保持了10%以上的增长速度，其进出口总额占据了我国外贸进出口总值的一半左右。到2020年，加工贸易占比依然比较恒定，大约为40%。"大进大出"的加工贸易在缓解我国的就业压力的同时，也使得我国出口贸易的技术含量处于虚高状态。

其二，外资企业的出口占我国出口比重较高。我国是吸收外资的大国，外资企业出口在我国进出口总额中占有重要地位，并带动我国产业广泛加入全球价值链中。从1991年到2021年，外资企业的进出口在全国进出口总额中的比重持续大幅度上升。外资企业进出口额从1991年289.55亿美元上升到2018年的19680.70亿美元，占全国进出口总额的比重从1991年的21.34%上升到2018年的42.57%，其中2005年前后占比最高，将近60%。2021年上半年外商投资企业进出口6.61万亿元，占中国进出口总值的近4成。外资企业加工贸易进出口3.01万亿元，占比至45.6%。[1]

其三，中间产品出口占出口比重高。20世纪90年代，中国通过发展劳动密集型制造业嵌入全球价值链，中间产品贸易占对外贸易的比重也随之增加。1998—2019年，我国中间产品出口占总出口比重从36.5%提升到45%。中国出口的中间产品在

─────────

〔1〕　数据来源：海关总署数据库。

全球中间产品出口中的份额也大幅上升,从 1998 年的 2.38%上升到 2019 年的 11.78%;[1]2021 年第二季度,中国中间产品出口份额继续保持着 40%以上的增长,达到 42%。[2]

其四,高附加值、高技术含量的商品出口中外商投资企业占比较高,也就是说,我国出口商品结构中高技术产品的提高有很大比例是外资企业的贡献。1996 年,外商投资企业高新技术产品出口额为 74.21 亿美元,外商投资企业出口的高新技术产品在我国高新技术产品出口额中的份额,从 1996 年的 58.6%上升到 2005 年的 88%。近年来,随着国内企业高新技术产品出口的快速增长,外商投资企业高新技术产品出口所占的比重逐渐回落并相对稳定,但 2017 年依然高达 53%左右。[3]

最后,我国的对外贸易依存度[4]显著上升。我国 20 世纪 80 年代对外贸易依存度平均达 19.7%,90 年代上升至 34.3%,加入世贸组织后一路攀升,在 2006 年达到了 67%的历史性高点。[5]2006 年以后受我国经济转型、内外需的结构调整及全球经济危机影响,我国对外贸易依存度逐步回落,由 2006 年的 67%回落至 2011 年的 50.1%[6],2018 年继续降到 37%。但相比较而言,2019 年美国、日本对外贸易依存度分别为 19.32%、28.07%[7],我国的对外贸易依存度仍然高企,反映了我国不管在供给还是需求方面,对国际市场的依赖度依然存在。

---

〔1〕 数据来源:根据海关总署数据计算。
〔2〕 数据来源:世贸组织报告《2021 年第二季度中间产品贸易记录》。
〔3〕 数据来源:商务部数据。
〔4〕 对外贸易依存度是指一国的进出口总额占该国国民生产总值(GNP)或国内生产总值(GDP)的比重。
〔5〕 数据来源:国家统计局。
〔6〕 数据来源:海关总署。
〔7〕 数据来源:新华财经。

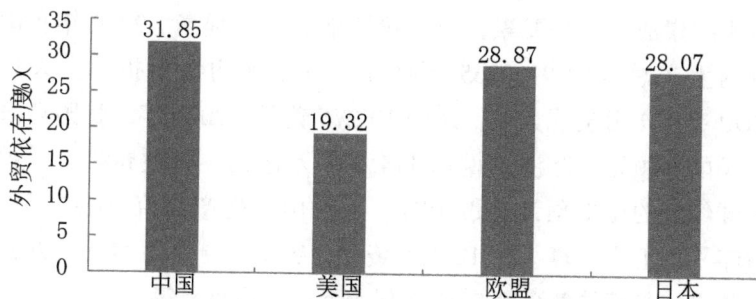

图1-1 2019年全球主要经济体对外贸易依存度

数据来源:新华财经。

这一阶段,我国加快"走出去"进程,对外直接投资规模不断攀升,对提高我国企业国际竞争力、开拓国际化市场以及全球资源优化配置具有巨大的推动作用。对我国资本过度积累、产能过剩的行业,通过对外直接投资输出,结构性地调整过剩资本和产能,这一阶段"外循环"结构与模式的多元化对实现宏观经济均衡发展起到了重要作用。

(四)2009年金融危机后的十年:内、外循环并重的经济发展模式

1. 经济发展模式变化的原因

经过改革开放后的前30年发展,我国的经济总量和国内需求规模持续扩大,要素禀赋发生了改变,受这两方面因素的影响,外循环的地位由升到降,内循环地位持续提升。

经过多年的经济发展,我国的平均收入水平得到了大幅提高,劳动力成本相对不再廉价,人口红利逐步消失,20—50岁主力劳动力和消费群体数量也将进入快速下降通道[1];我国的

――――――――

[1] 2018年我国总和生育率(TFR)下降至1.51,这背后是育龄女性数量下降及生育意愿下降,最终将导致我国人口拐点提前到来,人口高峰峰值下降。

资本要素成了丰裕要素,对外投资能力大为提高。2019年我国国内生产总值为99.0865万亿元,按年平均汇率折算,人均GDP突破1万美元大关,达到10 276美元;2021年,我国经济增长国际领先,经济总量达114.367万亿元,居世界第二,占全球经济的比重预计超过18%;人均国内生产总值80 976元,按年平均汇率折算,达12 551美元,突破了1.2万美元;2021年年末,外汇储备余额32 502亿美元,稳居世界第一。

从产业体系看,我国已经拥有41个工业大类、207个工业中类、666个工业小类,是全世界唯一拥有联合国产业分类中所列全部工业门类的国家;从消费需求看,2021年全年国内生产总值1 143 670亿元,比上年增长8.1%,稳居世界第二,人均GDP超8万元,按年均汇率折算为12 551美元,已超过世界人均GDP水平。上述要素禀赋的巨大变化使得"内循环"在我国经济发展中的地位上升,"外循环"的地位较改革开放后的前30年相比有较为明显的下降,但依然保持稳定。

2.经济发展模式变化的特征

首先是加工贸易比重有明显下降。1978年,全国第一家"三来一补"企业太平手袋厂在东莞诞生,开启了我国加工贸易的发展史。从最初的不到17亿美元发展到1.2万亿美元,顶峰时期我国加工贸易进出口值占外贸进出口总值的近六成。2008年金融危机之后,随着我国经济的发展,加工贸易占比继续下滑,从2008年的41%持续平稳地下滑到2017年的27%,年均下降1个多百分点。

我国外贸依存度也有明显下降,由60%以上下降到2019年的30%多,国内供给和国内需求对于经济循环起到主要支撑作用。[1]

---

〔1〕 中国外贸依存度由60%多降至30%多,光明网,2020-10-30。

（五）双循环新发展格局确立

2018 年底中央经济工作会议提出"畅通国民经济循环"，并"促进形成强大国内市场"。2019 年底的中央经济工作会议，强调供给侧结构性改革重点关注"补短板"。2020 年 5 月 14 日，中央政治局常委会会议首次提出国内国际双循环新发展格局。2020 年 7 月 21 日，习近平在企业家座谈会上进一步阐释了双循环的基本内涵。随后，7 月 30 日，中央政治局会议再次提出"加快形成以国内大循环为主体、国内国际双循环相互促进的新发展格局"。与此同时，中央已着力推动双循环发展格局，相继印发《关于构建更加完善的要素市场化配置体制机制的意见》《关于新时代推进西部大开发形成新格局的指导意见》《关于新时代加快完善社会主义市场经济体制的意见》《海南自由贸易港建设总体方案》等，而且还在积极推动中欧双边投资协定谈判、RCEP 协定等。双循环新发展格局将成为中长期经济政策指导思路，对"十四五"规划和中长期发展也将产生重要影响。[1]

二、过去 40 年我国经济外循环的主要特征

过去，中国开放发展战略的基本特征是基于低成本优势、利用西方市场进行出口导向参与国际经济大循环。具体来说，具有以下鲜明的特征。

首先，它利用我国相对低廉的生产要素成本优势，融入全球价值链的中低端环节，由于技术优势不明显，对研发设计、商品营销等高附加值环节涉及较少。在全球价值链体系中，"两

---

〔1〕 董志勇、李成明："国内国际双循环新发展格局：历史溯源、逻辑阐释与政策导向"，载《中共中央党校（国家行政学院）学报》2020 年第 5 期。

头在外、大进大出"出口导向型经济使得我国长期处于产业链中低端，产业链上游核心技术和关键零部件仍高度依赖发达国家出口，企业国际竞争力受到较大限制。过去"以市场换技术"战略为我国技术引进、消化、吸收再创新创造了技术捷径，但也受到了西方工业国技术发展路线的限制，在多项重点领域我国仍存在不少"卡脖子"的技术难题。

其次，囿于我国的居民收入和消费水平相对较低，经济发展不能单纯依靠国内市场，导致我国过去多年对发达国家市场的依赖度较高，受国际市场的波动性影响也较大。

最后，它是"两头在外、大进大出"的单循环，原材料和产成品的市场都在国外，不是以国内大循环为主体的国内国际双循环，这样就导致国内生产与出口的核心需求脱节，容易被锁定在全球价值链的低端环节。

改革开放几十年来，我国依托在生产要素方面的巨大比较优势参与全球价值链，采取以国际"外循环"发展为主的经济发展模式，完全符合当时的历史条件、国内外环境和比较优势，这种外向型经济主导的发展战略也取得了巨大成功。对此，习近平主席有过总结："新中国成立后特别是改革开放以来，我们用几十年时间走完了发达国家几百年走过的发展历程。我国经济总量在世界上的排名，2005 年超过法国，居第五；2006 年超过英国，居第四；2007 年超过德国，居第三；2009 年超过日本，居第二。2010 年，我国制造业规模超过美国，居世界第一。2019 年，我国经济总量接近 100 万亿元，人均 GDP 历史性地突破 1 万美元。同时，我国政治、文化、社会、生态文明等各个领域都取得伟大成就。"[1]

---

〔1〕 习近平："在危机中育新机 于变局中开新局"，载《人民日报》2020 年 5 月 28 日，第 10 版。

第二节 内外"双循环"新发展格局的文献综述与实现路径

自 2008 年全球金融危机爆发以来，世界经济正在经历深刻变化和调整。在新冠疫情冲击下，全球经济形势更是呈现出前所未有的复杂格局。我们面对的是百年未有之大变局。全球经济大变局意味着此前的世界生产和分工格局已经不可持续，持续多年的新冠疫情增强和加速了这一变局，[1]进一步加剧了国际形势的不确定性和不稳定性，影响全球产业链和供应链的稳定，对我国过去依靠国际经济大循环的经济赶超模式提出了严峻的挑战。

为了应对这种挑战，2020 年 5 月 14 日，中共中央政治局常委会会议提出，"要充分发挥我国超大规模市场优势和内需潜力，构建国内国际双循环相互促进的新发展格局"；5 月 23 日，习近平在看望参加政协会议的经济界委员时强调，"逐步形成以国内大循环为主体、国内国际双循环相互促进的新发展格局，培育新形势下我国参与国际合作和竞争新优势"。

一、内外"双循环"新发展格局的文献综述

针对内外"双循环"新发展格局，学术界、政策界对此进行了一系列的政策解读和理论探讨。

（一）关于内外"双循环"新发展格局含义的研究

围绕内外"双循环"新发展格局，众多学者提出了自己的观点，从不同角度进行了解读。其中，比较有代表性的有如下

---

〔1〕《中国经济报告（2020）》总报告组："全球经济大变局、中国潜在增长率与后疫情时期高质量发展"，载《高等学校文科学术文摘》2020 年第 6 期。

观点。黄群慧（2021）提出了"阶段—模式—动力"的三维理论解释，认为构建新发展格局是与现代化新阶段相适应的经济现代化路径，是中国基于自身资源禀赋和发展路径而探索的、以自立自强为本质特征的、突破"依附性"、具有"替代性"的一种经济现代化模式，是一种充分利用大国经济优势、围绕着自主创新驱动经济循环畅通无阻的经济现代化战略。刘志彪（2020）认为，"双循环"战略的基本逻辑是扩大内需—虹吸全球资源—发展创新经济—构建国内经济为主体的大循环格局—促进形成国内国际双循环相互促进的新发展格局；裴长洪，刘洪愧（2021）认为，"以国内大循环为主体"首先表现为改革开放后中国经济增长动力始终以内需为主，国内贸易始终大于国际贸易，中国参与国际循环主要是为国内大循环服务。

（二）关于构建"大循环、双循环"新发展格局的研究

已有研究主要从向内开放与制度完善，自主创新能力和扩大消费能力，以建立国内统一、顺畅、有活力的大市场，并寻求与国际循环相互促进的视角展开。黄群慧（2020）指出，"主动型"的"双循环"新发展格局不是一蹴而就的。要从需求侧着手扩大有效投资和促进消费，重点是加快"两新一重"（新基建、新型城镇化和重大工程建设）的投资和积极出台一系列促进居民的消费的方案；从供给端着手，深化供给侧结构性改革，通过技术创新和制度创新解决中国面临的"卡脖子"技术问题，提高经济供给质量。裴长洪，刘洪愧（2021）提出，实现新发展格局需要切实疏通"国内大循环""国内国际双循环"的堵点和难点。此外，高培勇（2021）、江小涓和孟丽君（2021）、倪红福（2020）等进行了一些理论、政策方面的探讨和解读。

二、畅通国内大循环的实现路径与政策措施

所谓国内大循环，是指再生产活动的每一个环节，即投资、生产、分配、流通、消费这种有机过程的周而复始所形成的循环，都是以满足国内需求作为出发点，同时也以此作为落脚点，这种大循环格局是以内需而不是以外需为基础的（刘志彪，2020）。如何构建国内循环为主的双循环新发展格局，出现了多个视角的讨论。本部分参考徐奇渊（2020）、江小涓（2020）的文章，着重从供给、需求两端的互动出发来分析如何畅通国内经济大循环，通过生产、分配、流通、消费各个环节的畅通来推动构建"双循环"新发展格局。

（一）需求侧管理是双循环新发展格局的关键

1. 从消费和投资两方面着手扩大内需，将其作为经济内循环的主要抓手

2020 年 11 月 25 日，刘鹤在《人民日报》发表署名文章，首提"需求侧管理"。12 月 18 日发布的中央经济工作会议通稿再次提到"需求侧管理"，并进一步指出：加快构建以国内大循环为主体、国内国际双循环相互促进的新发展格局，要紧紧扭住供给侧结构性改革这条主线，注重需求侧管理，打通堵点，补齐短板，贯通生产、分配、流通、消费各环节，形成需求牵引供给、供给创造需求的更高水平动态平衡，提升国民经济体系整体效能。

"以国内大循环为主体"，需要在需求侧激活国内超大规模市场的消费潜力，持续创造多层次的需求增量，使中国经济从外需驱动转向内生增长。以国内大循环为主体，意味着中国经济增长动力要以内需为主，用内需来打通国内市场和国际市场之间的桥梁。其实现机制和内在逻辑是：通过扩大内需，产生

虹吸效应,吸引全球的技术和生产要素到国内市场上来,形成以新兴产业为主导的现代产业链,依靠这个产业链,将基础产业高级化、产业链现代化,从而构建国内经济为主体的大循环格局,最终形成国内国际双循环相互促进的新发展格局。

我国"两高一低"(高投资、高出口、低消费)的粗放型经济增长累积导致的总需求结构失衡,极度抑制了我国居民的消费能力。数据显示,2000 年以来我国经济最终消费占 GDP 比例持续下滑,从 2000 年的 47% 下降到 2010 年的 35% 历史最低点。反观主要发达经济体,消费早已超过投资、出口成为经济增长主要动力,美国近十年来消费对经济增长的贡献率已超过70%。因此,如何充分发挥我国超大规模经济体的巨大潜力是经济转向内循环的关键所在,从消费和投资两方面着手扩大内需,将其作为经济内循环的主要抓手,增加居民收入、培育消费新增长点以及解决城乡分化问题等政策应是今后扩大内需战略的重点。

从消费和投资两方面着手扩大内需,一方面要提升国内消费市场份额,同时通过消费升级扩大最终消费。提升居民消费能力和意愿是促进"内循环"的逻辑起点。

中国的消费支出占 GDP 比重在 2011—2020 年间平均为53.3%,到 2021 年,最终消费支出对经济增长贡献率为 65.4%,拉动 GDP 增长 5.3 个百分点,与世界银行发布的发达国家最终消费支出占 GDP 比重 80% 以及发展中国家占 70% 以上的数据相比仍有较大的差距,显示出我国还有较大的提升空间。只有居民有足够的消费能力和意愿,企业生产的产品和提供的服务才有广阔的市场,各种生产要素才能充分有效地得到动员,企业才能在激烈竞争的现实和更上一层楼的理想驱使下扩展投资、升级技术。

2. 积极推进城镇化建设也是扩大内需的重要渠道

城镇化是扩大内需的最大潜力所在。根据国际经验，城镇化的前期主要是投资驱动。一旦完成了基础设施的基本投资，城镇化将发挥拉动消费、扩大内需的作用。实现城镇化与消费增长的联动，将为我国经济社会持续健康发展提供强劲动力。资料显示，中国城镇化率每提高 1 个百分点，就有 1300 多万人口从农村转入城镇，由此带动的投资、消费需求，至少可维持 4%—5% 的经济增速。据国家统计局数据，2020 年末，我国常住人口城镇化率超过 60%，但仅有 40% 左右为拥有城市户籍的常住居民，而其余 20% 是农民工，人数高达 2.8 亿。他们虽然常年在城市就业，但是收入不稳定。他们很难享受到所在城市的福利政策，对未来预期不稳，在城市的消费行为仅维持基本生存，而不是发展，这种情形造成了这个庞大社会群体的边际消费倾向较低（江小涓等，2021）。

（二）在分配环节改革收入分配制度

扩大内需既要增加总量，做大"蛋糕"，也需要改进结构，使"蛋糕"尽量公平分配，多劳多得。我们要努力刺激生产增加，提高生产率，这是扩大内需的决定性因素，但也要重视收入分配制度的改革。在一个收入和财富分配不平衡的社会结构中，由于高收入者的消费边际倾向很低，而低收入者又没钱消费，那么即使这个社会财富和收入都很高，也达不到扩大内需的作用。

三、供给侧结构性改革是内外双循环新发展格局的关键

（一）要补足我国的产业链短板，完善自主创新的体制机制

国内产业链，尤其是高科技产业的自主可控和安全稳定对于国内大循环非常重要。深化要素市场化改革与供应链补短板，

主要路径为在供给层面上实现本土产业链的完善和提升——"补短板"与"锻长板"相结合——带动更丰富的产业链优化升级的机会。在关系国家安全的领域需要"补短板",做到核心技术的安全、自主、可靠。在产业链分工层面,逐步完善"国产替代"链条,帮助我国在关键时刻不受制于人的前提下,获取产业链利润分配的有利位置。

如果关键技术无法自给,发展必然受制于人,经济循环就不可能畅通。因此在引进技术的同时,完善自主创新的体制机制。科技创新需要同时发挥好政府和市场的双重作用,构建多主体创新体系,厘清政府、科研机构、企业和科研人员的作用,营造出良性互动、既分工又合作的新局面,加快关键重大基础科学和核心技术的形成,并促进科研成果向技术产品转化(裴长洪,2021)。一方面,政府要加大基础研究投入,持之以恒地支持原创性研究,为技术创新提供源泉。目前我国的研发效率显著偏低。十年来,我国科技投入大幅提高,全社会研发经费从 1.03 万亿元增长到 2.79 万亿元,居世界第二位;研发强度从 1.91% 提高到 2.44%,接近经合组织(OECD)国家的平均水平,如何提高研发效率是政府需要考虑的重中之重;另一方面,要更好地发挥市场在技术研发领域配置资源的基础性作用,政府可以通过规制和政策调整利益机制,引导创新资源的配置,特别要发挥民营企业和新型研发机构的重要作用,加强对知识产权的定价与保护,完善知识产权相关问题立法。要完善科技创新激励和评价机制,要以国家重大科技需求和长远发展为导向,给予科研人员以更多物质激励和精神鼓励。

(二)将数字经济与传统制造业深度融合,促进制造业的转型升级

在外部经济环境复杂变幻的时代,靠引进获得先进技术的

难度大大增加。习近平总书记在四川考察时曾强调"推进科技创新，要在各领域积极培育高精尖特企业，打造更多'隐形冠军'，形成科技创新体集群"，指出"我国是制造大国，要努力提高自主创新能力，加快向制造强国转变"。[1]我国具备建设完整信息生态建立的三要素条件：完备的产业链覆盖、完善的数字基础设施、广阔的市场容量（张馨元，2020），大力发展数字经济，并与传统制造业进行深度融合，也是我国实现国内国际双循环的关键。

我国发展数字经济具备独特优势，我国目前已建成全球规模最大、技术领先的网络基础设施，截至2021年底，我国建成142.5万个5G基站，总量占全球60%以上，行政村、脱贫村通宽带率达100%；IPv6地址资源总量位居世界第一；2017年到2021年，我国数据产量从2.3ZB增长至6.6ZB，全球占比9.9%，位居世界第二。大数据产业规模快速增长，从2017年的4700亿元增长至2021年的1.3万亿元。截至2021年6月，我国网民规模为10.11亿，互联网普及率达71.6%，远远超过任何一个国家，滋养培育出了许多全球极具竞争力的数字企业；再加上我国集中力量办大事的制度优越性、培育信息产业巨头的制度环境以及工程师红利带来的人才基础等，发展数字经济，将是我国进行国际外循环的新赛道。

（三）做好制度设计，激发市场活力

我国构建内需主导型的经济双循环，政府的作用非常关键，需要从三个层面做好制度设计。

首先，从微观层面要培育和保护企业家精神，坚决刺激和

[1] 韩鑫："提高自主创新能力 加快迈向制造强国（人民时评）"，载《人民日报》，2022年6月16日，第5版。

维护市场主体活力。其次，从中观层面维护产业平等竞争，解决好提高资源配置效率这个根本问题。政府需要制定公平竞争政策，用改革的方法打通经济运行的难点、堵点，破除机制桎梏和利益藩篱，确保竞争机制发挥作用。过去政府经常使用直接或间接手段补贴"困难"企业，造成一些"僵尸"企业虽然长期亏损，却亏而不倒，挤占和浪费了大量社会资源，不利于资源配置效率的提升。企业只有在"有进有出、能进能出"的市场竞争下实现优胜劣汰，促使有效益、有前瞻性和有担当的企业持续涌现，才能提供最广泛、最多元的就业机会和形态，从而进一步夯实和提升居民的消费能力，以此形成一个"消费—投资—就业—消费"的螺旋式良性循环。[1]最后，要从宏观层面优化政府的经济治理体系，达到优化资源配置的目的（凌永辉，2020）。

四、更高水平国际外循环的实现机制与政策措施

在提出新发展格局的同时，习近平总书记在 2020 年 11 月 4 日第三届中国国际进口博览会暨虹桥国际经济论坛开幕式的主旨演讲中特别指出，"当前世界经济面临诸多复杂挑战，我们决不能被逆风和回头浪所阻，要站在历史正确的一边，坚定不移全面扩大开放，推动建设开放型世界经济，推动构建人类命运共同体"。他强调，"新发展格局不是封闭的国内循环，而是开放的国内国际双循环"。也就是说，外循环要从过去"大进大出、两头在外"的国际经济循环转变为以国内市场为主导的国际大循环。

---

〔1〕 钟正生、孙艳芳："促进'内循环'的关键抓手"，载《中国外汇》2020年第 17 期。

具体而言,我们要达到更高水平的国际外循环,需要从以下方面着手。

(1)提升我国在全球价值链的地位。我国要从目前处于全球价值链中下游的位置,向上游迈进,在设计、品牌力上升级,以科技创新催生新发展动能,提升效率、提升自主率,重塑与引导全球经贸体系。同时,我国要从目前所处的全球价值链的"供给"中心,升级为"需求—供给"双中心,巩固我国在全球价值链的地位。

(2)提升技术水平,形成具有独创性的新技术和新产品。我国在新中国成立初期和改革开放后,两次大规模的技术引进极大地促进了经济发展,目前我国经济发展进入一个新的阶段,除自主创新之外,要继续大力引进先进技术,利用发展中国家的"后发优势",在消化、吸收、创新的基础上,结合我国的实际情况,进行"二次创新",实现技术上的跨越式发展,形成具有独创性的新技术和新产品,并在不同区域国际产业链树立"链主"地位。

目前社会上对"二次创新"存有一定的误解,认为只有自主创新才是真正的创新,"二次创新"被戏称为"山寨"。其实,历史上德国、美国、日本这些科技强国都有利用"二次创新"并取得成功的经历。这些国家善于学习和模仿他国技术,擅长利用引进的先进技术进行"二次创新",反而实现了技术反超。我们要在继续引进先进技术的同时,做到分解、吸收、再创新,通过"二次创新"可以掌握全部或部分核心技术和知识产权,同样有助于我们提升自主创新能力。美国学者布莱兹尼茨和莫里夫(2011)认为中国强大的"二次创新"能力,即中国企业在全球化生产中自下而上形成的改进和应用国外先进技术的能力,使得中国企业虽然原始创新能力不强,但在全球化过程中能紧跟全球技术前沿，很大程度上促进了中国制造业的转型升级。

在技术引进与消化吸收工作中，政府部门应发挥其规划、组织、协调的作用，克服重复引进，建立产学研合作平台，集中社会资源，组织企业和科研单位进行联合攻关，做到科研的投入产出比最高。与此同时要调整国内教育培训体系，健全多层次的人才培养机制，学术型教育和职业教育要均衡发展。毕竟，我国经济的发展既离不开高精尖的科技人才，也离不开高素质的产业工人，大学、企业要在人才创新的各阶段发挥各自的不同作用。

（3）以国内循环作为国际外循环的"发动机"。要让国内市场在资源配置和经济成长中起决定性作用，改变中国参与国际产业竞争的形式和途径。先在国内形成产业分工和循环，依托国内超大规模的市场优势培育国际竞争力，然后形成对外的产业辐射（裴长洪，2020）。不仅要以国内大市场体系循环代替"两头在外、大进大出"的单循环格局，而且要让国内市场与国际市场链接起来。一旦巨大的内需市场建立起来，会产生虹吸效应，吸引国际上的创新要素流入国内，形成创新产业链，促进和带动国内企业参与国际市场循环。同时，巨大的内需市场还会产生规模经济效应，降低企业的生产成本，使企业在国际上的竞争能力更强。

通过上述途径，以国内供、需双升级为支撑，以国内大循环为主体带动国内企业参与国际经济循环，以国内经济循环来促进国际经济循环，中国经济更易于抵御外部冲击与经贸博弈，从而更为主动、稳健地嵌入全球产业链中，这样，中国作为发展中的大国经济体就摆脱了对发达国家市场的依赖和控制，实现"国内国际双循环相互促进"。

（4）继续吸引和扩大外商投资。外商直接投资的意义对东道国来说，不仅是成本最低的资金来源，也是享有技术溢出效应的有效途径，由于外资带来了较多的技术资源，外商投资企业成为带动我国技术向更高水平创新阶段迈进的重要力量（江小涓，2021）。大批技术创新能力强的外商投资企业，产生了明显的技术外溢效应，除此之外，在管理、营销理念等方面也有诸多可借鉴之处，带动我国经济的创新发展和结构升级，对提升我国经济的国际竞争力产生了明显的正向作用。

（5）提升我国在国际舞台上的软实力[1]。塑造国际价值链不仅需要我国具备强大的硬实力，还需要具备一定的软实力，能够对服务、信息和数据进行有效的控制。软实力（soft power）是相对于国内生产总值等硬实力而言的，是指一个国家的文化、价值观念、社会制度等影响自身发展潜力和感召力的因素，它是一种终极竞争力，而且是居于竞争力的核心部分。软实力产生的效力是缓慢的、长久的，而且更具有弥漫扩散性，更决定长远的未来。[2]美国哈佛大学约瑟夫·奈（Joseph S. Nye）教授认为，软实力是"一国通过吸引和说服别国服从本国目标从而使本国得到自己想要的东西的能力"，一个国家的软实力主要存在于三种资源中："文化（在能对他国产生吸引力的地方起作用）、政治价值观（当这个国家在国内外努力实践这些价值观时）及外交政策（当政策需被认为合法且具有道德威信时）"，"硬实力和软实力同样重要，但是在信息时代，软实力正变得比以往更为突出"[3]。

我国在国内国际双循环的畅通过程中，在硬实力的培养过

---

［1］ 哈佛大学教授约瑟夫·奈（Joseph Nye）首创"软实力"概念，从此启动了"软实力"研究与应用的潮流。

［2］ 马庆国等：《区域软实力的理论与实施》，中国社会科学出版社2007年版。

［3］ ［美］约瑟夫·S. 奈（Joseph. Nye, Jr.）：《美国注定领导世界：美国权力性质的变迁》，刘华译，中国人民大学出版社2012年版。

程中，绝不能忽视软实力的锻造与提升。美欧对数字贸易规则的区域化演进策略弱化了中国等广大发展中经济体在规则构建过程中的话语权。未来我国实施的双循环不仅限于实物产品的国际生产分工与流动，还包括服务、信息和数据的流动与循环。所以，中国需要在兼顾信息自由流动与国家安全的同时，积极参与国际数字贸易及其国际规则的构建，逐步从国际规则的旁观者和接受者向制定者和引领者转变，这也是未来国内国际双循环相互促进的重要目标。

第二章

内外"双循环"促进我国制造业
转型升级的动因与机理

第一节 我国经济发展的内在要求

一、我国的比较优势发生变化

随着我国经济发展水平的提升，我国国内的生产要素成本不可避免地上升，尤其是劳动力成本和环境成本上升迅速，基于此，我国在国际分工中的动态比较优势也随之发生重大改变。

（一）劳动力低成本优势消失

改革开放 40 年来，我国利用劳动力相对低廉的比较优势成功嵌入全球价值链，实现了经济的高速发展。但是，随着连续三十多年计划生育政策的严格实施与贯彻落实，以及该政策调整相对于人口形势的滞后性，中国的人口结构发生了重大变化，低生育率和低死亡率导致人口负增长和老龄化。从 2012 年以后中国的劳动力条件发生了变化。作为世界第一人口大国，中国劳动年龄人口在 2012 年首次出现了相当长时期以来绝对数量的下降。

尽管目前我国计划生育政策已经调整〔1〕，但最近几年我国

〔1〕 2011 年 11 月，中国各地全面实施"双独"二孩政策。2013 年 11 月，《中共中央关于全面深化改革若干重大问题的决定》提出"启动实施一方是独生子女的

人口下滑的现象没有得到改观。据国家统计局资料，2020 年我国人口出生率为 8.52‰，首次跌破 10‰，人口自然增长率仅为 1.45‰；2021 年出生率进一步降至 7.52‰，自 1991 年我国总和生育率降至更替水平 2.09，跨入低生育率水平，此后，生育率一直在更替水平之下波动下行，2020 年为 1.3，标志着我国已经在低生育水平状态下持续运行了近 30 年。我国人口负增长道路即将开启，从而深刻改变国家发展的人口基础，劳动力成本低的优势逐渐消失。

中泰证券研究所在经典的 Leslie 模型基础上，考虑了不同年龄阶段、不同教育程度女性生育意愿的差异，模拟生育率变化从而对未来人口趋势进行预测。结果表明，我国总人口在未来十年将出现趋势性的负增长，劳动年龄人口减少的情况会更加严重，未来 5 年我国劳动年龄人口将每年减少 300 万以上。

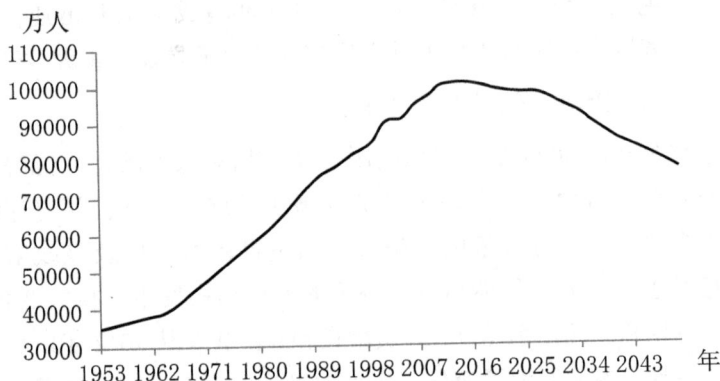

图 2-1　我国 15-64 岁劳动年龄人口总数预测

（接上页）夫妇可生育两个孩子的政策"。2016 年 1 月 1 日起正式实施全面二孩政策；2021 年 5 月 31 日起实施一对夫妻可以生育三个子女政策及配套支持措施。

另外，经济增长本身就是最好的"计划生育"，随着我国人均收入水平的提高，医疗保险和社保制度会对"养儿防老"这种"人格化的养老产品"产生替代效应[1]，人们的生育意愿降低，年轻人口数量大幅减少，我国逐渐丧失当初参与国际分工的比较优势。

（二）环境、资源成本上升

除了低劳动力成本优势逐步消失之外，我国在大工业发展中，包括城市土地在内的油、电、煤、气、运等各种资源的成本都提高了不少，综合成本比较优势开始减弱。改革开放以来，我国制造业取得了持续快速增长，但同时也面临着日趋严重的环境恶化问题，部分地区高消耗、高排放和高投资的粗放型增长方式，使得我国的环境和资源付出了巨大的代价。近年来，我国实行严格的环境监管制度，生态环保的压力增加，使得环境成本上升明显。继续走"拼资源、拼消耗、拼投资"的粗放型发展老路，势必是行不通的[2]，我国制造业必须走上创新驱动、劳动生产率上升的内涵发展新路。

二、过度依赖国际外循环导致我国区域经济发展失衡

我国传统的国际经济大循环虽然在全球贸易模式下深度融入了全球价值链，建立了产业链下游领域的比较优势，但也带来了内外循环结构性失衡的问题。其中区域经济发展的巨大差距是影响我国经济高质量均衡发展的非常重要的问题，也是构建国内大循环新格局的关键所在。沿海地区的外向型经济带动了区域经济的快速发展，且通过深度参与全球产业链分工体系

---

〔1〕 赵燕菁、宋涛："经济内循环：底层架构与制度方向"，载《社会科学战线》2020 年第 12 期。

〔2〕 刘志彪："重塑中国经济内外循环的新逻辑"，载《探索与争鸣》2020 年第 7 期。

建立起优势产业，但对外依赖性较大，传统产业面临升级、创新压力。同时，中西部地区发展水平仍较低，传统产业占比较大，以内向型经济为主的产业发展动力不足，与东部发达沿海地区产业关联度低，不利于形成高效的区域发展内循环体系。在构建国内大循环过程中，应注重区域协调发展战略，按照优势互补、协同均衡发展的原则推动区域经济可持续发展，在立足国内大循环的基础上构建更高水平、更为开放的外循环发展模式。

三、我国经济增长的内在逻辑发生转变

（一）我国经济实力激增

改革开放以来，我国经济发展水平得到迅速提升。2021年我国经济总量按年平均汇率折算，达到17.7万亿美元，预计占世界经济的比重超过18%，对世界经济增长的贡献率达到25%左右，稳居世界第二大经济体[1]。巨大的经济体量决定了中国无法永远依托外部经济循环来发展经济。

2020年中国GDP首次超过100万亿人民币，中国货物贸易进出口总值达到32.16万亿元，[2]经常项目顺差占GDP的比重已经由2007年的10%下降到2019年的1%左右；外贸依存度，即外贸进出口总额与GDP的比例，也由过去的60%以上下降到目前的30%多[3]，经济增长越来越依靠国内消费和投资，说明在十八大以后，新常态下中国的经济已经从外循环为主逐渐转变成内、外双循环。

---

〔1〕《2021年国民经济和社会发展统计公报》，国家统计局2022年2月28日发布。
〔2〕 2021年1月18日，国务院新闻办公室召开新闻发布会，通报2020年国民经济运行情况。
〔3〕 2020年10月30日，中共中央举行新闻发布会发布的数据。

十年来，我国制造业的竞争力明显增强。从 2012 年到 2021年，我国工业增加值从 20.9 万亿元增长到 37.3 万亿元，年均增长 6.3%；制造业增加值从 16.98 万亿元增加到 31.4 万亿元，占全球比重从 20%左右提高到近 30%。500 种主要工业产品中，我国有四成以上产品的产量位居世界第一。我国产业体系完整优势进一步巩固，拥有 41 个工业大类、207 个工业中类、666 个工业小类，产业链、供应链的韧性和竞争力持续提升。

同时，我国有着庞大的内需市场。2019 年我国内需规模接近百万亿元；从支出法 GDP 核算看，据初步估算，2020 年我国最终消费和投资累计达到 99 万亿元左右，接近百万亿元[1]，我国已经取代美国成为世界商品消费第一大国，我国经济增长的"人口红利"正在转化为"超大规模的市场优势和内需潜力"，超大规模的内需市场成为我国经济发展中的新比较优势，也是拉动中国经济发展的决定性力量。[2]我国应当更多地利用内需市场去消化庞大的产能。

（二）资本短缺问题解除

这一时期，中国从国际外循环转向国内循环的关键因素——资本问题也得以解决。始于 20 世纪 80 年代，完成于 21 世纪初的土地金融（land finance）为我国创造了巨大的资本市场，使我国一举摆脱了资本短缺这一发展中国家所面临的最大桎梏。广义货币供应量（M2）[3]借助土地资本急剧膨胀，我国开始摆脱对

〔1〕"百万亿内需市场背后，是居民生活的日益富足"，载《新京报》2021 年6 月 8 日，第 A02 版。

〔2〕蒲清平、杨聪林："构建'双循环'新发展格局的现实逻辑、实施路径与时代价值"，载《重庆大学学报（社会科学版）》2020 年第 6 期。

〔3〕广义货币供应量（M2）是指流通于银行体系之外的现金加上企业存款、居民储蓄存款以及其他存款，它包括了一切可能成为现实购买力的货币形式。

外资的高度依赖[1];同时,国内的高储蓄率也为国内市场的投资需求提供了充足的资金来源。

所有这些因素构成了我国良好的国内经济基本面,使得我国经济增长转向"以国内大循环为主体、国内国际双循环相互促进的新发展格局"成为必然。

第二节　国际外部环境变化的影响

当今世界处于百年未有之大变局,这是习近平总书记站在人类历史进程的高度,以大国领袖的担当,对世界发展大势做出的重大战略判断。在新的时期,我国发展面临的国际外部环境和条件发生了显著变化,面临的战略竞争有所加剧、战略风险有所增多、战略压力也有所增大,国际外部环境的变化是促使我国通过内外"双循环"推进制造业转型升级的重要动因。

一、全球经济增速放缓将导致我国出口需求收缩

全球经济增速放缓导致国际市场需求呈收缩趋势。从需求端看,世界银行 2021 年 6 月《全球经济展望》(Global Economic Prospects)预测,全球经济增速将继续下降,由 2021 年的 5.5% 进一步下降到 2022 年的 2.9%,相比于今年 1 月预期的 4.1%,大幅降低。由于欧、美此前实行的宽松货币和财政政策的陆续退出(美国联邦储备委员会 2022 年 7 月宣布加息 75 个基点,将联邦基金利率目标区间上调到 2.25% 至 2.5% 之间,这是美联储 2022 年以来第四次加息,也是连续第二次加息 75 个基点;欧

---

〔1〕 赵燕菁、宋涛:"经济内循环:底层架构与制度方向",载《社会科学战线》2020 年第 12 期。

洲央行在 2022 年 7 月加息 25 个基点,这将是该机构 2011 年以来的首次加息),报告预计 2022 年发达经济体的增幅将从 2021 年的 5.1% 大幅下降至 2.6%,2023 年进一步放缓至 2.2%,全球经济可能正在进入增长乏力、通胀高企时期。发展中国家也不能幸免,预计 2022 年全球发展中经济体的人均收入将比新冠疫情暴发前的趋势水平低近 5%。[1] 显而易见的是世界贸易的增长速度必然会受到世界经济增速下滑的影响,世贸组织预计全球货物贸易量增速也将由 2021 年的 10.8% 放缓至 2022 年 4.7%,对国际市场需求形成强烈的收缩效应。

联合国发布的《2022 年世界经济形势与展望》(World Economic Situation and Prospects 2022)同样对世界经济增长持悲观态度,报告预计俄乌冲突对欧洲经济体影响巨大,将推高通胀,阻碍经济从疫情中恢复。该报告预计 2022 年欧盟 GDP 仅增长 2.7%,远远低于 1 月初预测的 3.9%。欧洲中央银行执行委员会成员法比奥·帕内塔(Fabio Panetta)甚至认为,欧洲经济已经"实际停滞"(de facto stagnating),"欧洲主要经济体正在受折磨,西班牙的 GDP 增长放缓,法国停滞,意大利收缩,德国的经济增长动力已经很小"。美国的经济增长也会受到很大影响,该报告对美国 GDP 的预测是 2022 年增长 2.6%,2023 年增长 1.8%,相对今年 1 月发布的预测显著下调。

作为国际市场需求主体的欧美国家,经济发展前景也许不会像"长期停滞"(Secular Stagnation)描述得那么悲观,但是由于其国内顽固的高通胀,快速上涨的花费会极大地挤压这些经济体的家庭预算,影响其消费,也会促使企业削减或延缓投资,加上俄乌冲突的战争溢出效应等,所有这些因素都会对世

---

[1] 数据参见世界银行(World Bank)2021 年 6 月发布的《全球经济展望》(Global Economic Prospects)。

界经济增长造成拖累，由此引发世界市场需求萎缩、商品价格波动等，将对我国的出口前景造成比较大的不稳定性和不确定性。

二、贸易保护主义盛行

近几年全球经济增速由于多种因素的制约而显著放缓，不论是发达国家还是发展中国家都出现了经济增长乏力的状况，在全球经济发展前景暗淡的条件下，贸易保护主义有重新抬头之势，使得全球贸易增速下降，反过来又加大了全球经济的下行压力，形成恶性循环。贸易保护主义的盛行体现在贸易壁垒不论形式还是数量上均呈增长态势。

贸易壁垒一般分为两类：非关税壁垒和关税壁垒。关税壁垒，又称为关税措施，指在关税设定、计税方式及关税管理等方面阻碍进口的措施。常见的关税壁垒有几种形式：关税（从量关税、从价关税、选择关税、混合关税）、关税高峰[1]、关税升级、关税配额[2]、特别关税（附加关税）。非关税贸易壁垒则是指除关税以外的一切限制进口措施所形成的贸易障碍，又可分为直接限制和间接限制两类。直接限制是指进口国采取某些措施，直接限制进口商品的数量或金额，如进口配额制、进口许可证制、外汇管制、进口最低限价等；间接限制是通过对进口商品制定严格的条例、法规等间接地限制商品进口，如歧视性的政府采购政策，苛刻的技术标准、卫生安全法规，检查和包装、标签规定以及其他各种强制性的技术法规。

---

〔1〕 关税高峰：尽管有关税减让表规定的减让水平，仍然在特定产品领域维持高关税。

〔2〕 关税配额：对一定数量（配额量）内的进口产品适用较低的关税税率，对超过该配额量的进口产品适用较高的税率。实践中，配额量的确定、发放和管理过程中的不适当做法常常成为贸易壁垒。

(一) 新贸易保护主义主要的壁垒形式

随着传统贸易壁垒的使用日益受到 WTO 等国际组织的限制，关税、配额和许可证等贸易壁垒的作用逐渐弱化，为了维护本国企业的国际竞争力，目前一些发达国家出现了不同于以往的新型贸易壁垒形式。

1. 绿色贸易壁垒

又称为环境壁垒，是国际社会为保护人类、动植物及生态环境的健康和安全而采取的直接或间接限制甚至禁止某些商品进出口的法律、法规和政策措施，其实质是发达国家依赖其科技和环保水平，通过立法手段，制定严格的强制性技术标准，从而把来自发展中国家的产品拒之门外。

2. 技术性贸易壁垒

技术性贸易壁垒是非关税壁垒的主要表现形式，是指商品进口国制定的技术法规、标准以及合格评定程序对外国进口商品构成了贸易障碍。即通过颁布法律、法规、技术标准、认证制度、检验制度等方式，在技术指标、卫生检疫、商品包装和标签等方面制定苛刻的规定，最终达到限制进口的目的或效果，这种限制或阻碍进口的技术性措施就是技术性贸易壁垒。

3. 反补贴、反倾销和保障措施壁垒

反补贴、反倾销和保障措施是 WTO 规定的三大贸易救济措施，原本是合规性贸易壁垒，现在某些国家利用这些措施以保护本国企业的利益，成为新型贸易壁垒的主力形式。反补贴指一国政府或国际社会为了保护本国经济健康发展，维护公平竞争的秩序，或者为了国际贸易的自由发展，针对另一国政府对某行业的补贴行为而采取必要的限制性措施。反补贴措施包括临时措施、承诺及征收反补贴税。反补贴是补贴的伴随产物，也是进口国反击出口补贴国家的行为；反倾销是指进口国以产

品存在倾销为由，为削弱产品在进口国市场的竞争力而采取的限制进口的手段。由于反倾销被普遍认为是合理、合法的措施，因而已被众多发达国家用来阻止发展中国家产品的进入，甚至一些发展中国家也纷纷仿效，对发展中国家产品出口产生巨大障碍；保障措施是指当不可预见的发展导致某一产品的进口数量增加，以致对生产同类或直接竞争产品的国内产业造成严重损害或严重损害威胁时，进口成员国可以在非歧视原则的基础上对该产品的进口实施限制。

我们的近邻，同为发展中国家的印度，就对我国实施了数量众多的"两反一保"（反补贴、反倾销和保障措施）贸易壁垒措施。2020 年 7 月 20 日，印度商业和工业部（Ministry of Commerce and Industry）发布公告称，应印度人造纤维工业协会（Association of Man-Made Fibre Industry of India，AMFII）提交的申请，对原产于或进口自中国的 60 旦以上粘胶长丝纱线（Viscose Rayon Filament Yarn above 60 deniers）启动反补贴立案调查，补贴调查期为 2019 年 4 月 1 日至 2020 年 3 月 31 日（12 个月），损害调查期为 2016 年至 2017 年、2017 年至 2018 年、2018 年至 2019 年及倾销调查期。尽管 2021 年 8 月 9 日，印度商工部对此做出反补贴否定性终裁，建议不对中国的涉案产品征收反补贴税，但长达一年的调查还是对我国的化纤产业造成了不小的负面影响。

4. 劳工标准壁垒

有些发达国家试图把劳工问题同贸易捆在一起解决，以期削减发展中国家的劳动成本优势。劳工标准壁垒的内容主要有：废除强制劳动；禁止劳改产品出口；严禁使用和剥削童工；非歧视的工资水平、同工同酬；实行最低工资标准，保证劳工的最低工资水平；工人有自由结社和集体议价的权利等。

(二) 目前贸易保护主义的发展态势

1. 近十年全球贸易限制措施的数量与规模

世贸组织指出，全球约有占比不小的进口贸易受到 2009 年以来实施的进口限制措施的影响。如果将从 2009 年开始施行的进口限制措施相加，现在所有进口限制措施的总量已经占全球进口总值的 8.7%，也就是总价值高达 1.7 万亿美元的进口商品受到过去 10 年 WTO 成员方实施的进口限制的影响[1]。从 2009 年算起，无论是从商品价值，还是从所占全球进口总量比例的角度而言，这个数字都在逐年增长。

具体而言，仅在 2018 年 10 月中旬至 2019 年 10 月中旬这为期一年的统计区间中，WTO 各成员方就实施了 102 项新的贸易限制措施，包括提高关税、数量限制、更严格的海关程序等。新的进口限制措施针对的行业主要包括矿物油和燃料油、机器和机械设备、电机及其零部件和贵金属。在同一统计区间中，WTO 各成员方实施的进口限制措施的贸易覆盖范围估计为 7470 亿美元，这是自 2012 年 10 月以来的最高水平，相比前一年的 5880 亿美元增长了 27%。

新冠疫情之下，贸易保护主义的发展态势并没有得到完全遏制，根据世界贸易组织（WTO）2020 年发布的贸易政策审查机构定期年中报告来看，2019 年 10 月中旬至 2020 年 5 月中旬，世贸组织成员实施了 56 项与疫情无关的贸易限制新措施，主要是提高关税、进口禁令、出口关税和更严格的出口海关程序等。新的进口限制措施涉及价值约 4231 亿美元商品，达到自 2012 年 10 月份以来第三高水平。

2010 年至 2021 年，全球发起的贸易救济案件中，反倾销

---

[1] 数据来源：新浪财经。

2731 起，占比 81.21%；反补贴 403 起，占比 11.98%；保障措施 225 起，占比 6.69%；特别保障措施 4 起，占比 0.12%。[1]"处于历史高位的贸易限制措施正在损害全球的经济增长、就业和购买力。"WTO 总干事罗伯托·阿泽维多认为。

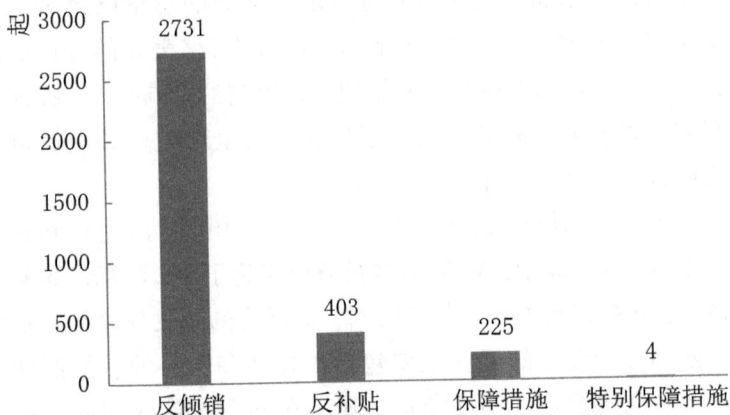

图 2-2　2010—2021 年全球贸易救济案件的数量与类型

数据来源：中国贸易救济信息网。

2. 针对我国的贸易保护案件高发

从 2010 年到 2021 年这十一年间，国际上针对我国的贸易保护主义案件频发，不仅是美欧等发达国家不断加大对我国产品的贸易壁垒，包括印度、巴西、阿根廷在内的新兴经济体对我国的贸易保护措施也呈现增长趋势。2010 年至 2021 年，全球对我国贸易救济案件总计 1126 起，其中，排名前三的申诉国家（地区）分别为美国，171 起，其次是印度，168 起，第三位是欧盟，76 起。[2]除此之外，巴西、阿根廷、印度尼西亚、土耳

---

〔1〕　数据来源：中国贸易救济信息网（http://cacs.mofcom.gov.cn/）。

〔2〕　数据来源：中国贸易救济信息网（http://cacs.mofcom.gov.cn/）。

其等发展中国家以及澳大利亚、加拿大等发达国家针对我国的贸易救济案件的数量均激增，显示我国已成为贸易救济案件最大的目标国，我国国际大循环所依赖的国际外部环境日益严峻，不稳定性加大。

2010 年到 2021 年这十多年间，受贸易救济案影响最大的三个行业分别为钢铁工业（211 起），金属制品工业（195 起）和化学原料和制品工业（180 起）。

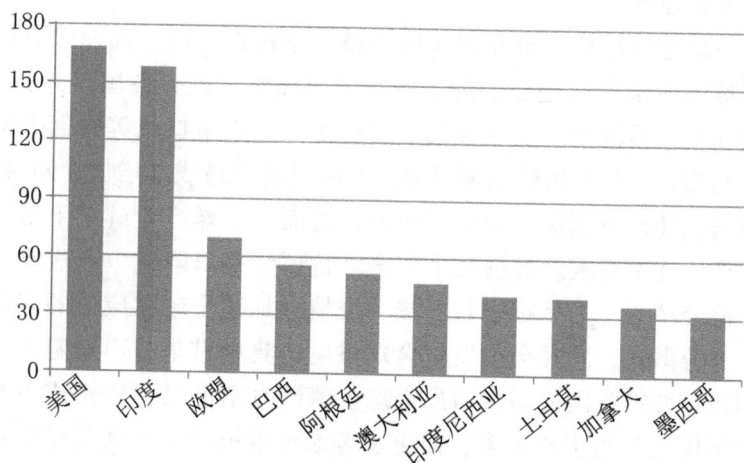

图 2-3 2010-2021 年对我国出口发起贸易救济案最多的 10 个经济体
资料来源：中国贸易救济信息网。

三、全球产业链重构的冲击将日益显现

当前世界，贸易保护主义与民粹主义有所抬头，"逆全球化"浪潮来袭，叠加新冠疫情，全球产业链受到巨大挑战。积极、稳定的国际外部环境对现有全球产业链的形成和发展有积极的推进作用，反之，局部或者整体的外部环境变化（例如贸易摩擦、区域冲突或全球性突发事件等）都可能引起产业链的

调整甚至重构。[1]

在全球产业链重构的过程中，我国正面临前有堵截、后有追兵、中间国家摇摆、内有转型之困等挑战。国际金融危机后，全球价值链逐渐呈现收缩态势，伴随着世界经济复苏乏力，社会贫富分化加剧、全球性利益分配不均衡以及失业等经济社会问题凸显，加之难民潮、地区冲突等国际安全问题，国际上出现了质疑甚至反对全球化的声音和行为，经济"逆全球化"特征开始显现。

新冠疫情从供给和需求两端挤压全球产业链，加速已有的全球产业链变化趋势。为了应对新冠疫情，世界各国（地区）往往对人员流动、货物贸易、交通工具、边境口岸等方面采取限制措施，导致国际物流迟滞、国际货物贸易成本增加。同时，疫情迫使部分国家工业生产中断，进而对全球产业链上下游国家产生连带影响。过去几十年全球价值链是以降低生产成本和提高经济效率为目标进行布局，疫情会加速全球供应链的多元化和分散化，同时会引发对全球供应链集中带来的不稳定性的担忧，使得跨国公司在布局全球价值链时不再以"经济成本和效率优先"为主导因素，而更多考虑价值链的安全性与稳定性问题，未来布局全球价值链将在成本效率和稳定性之间做出权衡。

可以预见未来全球价值链将更加分散化，呈现出整体规模萎缩、本土化、区域化加强甚至出现多中心化的格局。多重压力之下，全球供应链的多元化和分散化进程会有所加速。未来跨国公司将围绕终端市场布局全球价值链，在降低成本和提高效率的同时，使得全球供应链和终端需求匹配度较高，供应网

---

[1] 李颖婷、崔晓敏："亚洲产业链：现状、演变与发展趋势"，载《国际经济评论》2021年第2期。

络相对更稳定。

另外，全球价值链数字化转型加速，世界主要大国对中国实施价值链拆解，这些国际外部环境的变化趋势使得我国制造业通过内外"双循环"进行转型升级势在必行。虽然短期内中国的优势不会消退，比如完备的工业体系、完善的基础设施和稳定的政治环境；但从中长期来看，中国需要不断提升产业链的附加值，从制造大国向制造强国转型，在自动化生产等高端制造领域重新建立新的比较优势。

第三节 内外"双循环"促进外向型制造业转型升级的内在机理

加快构建内外"双循环"新发展格局是一个全局性、长期性的发展战略，反映了当前和今后一段时期经济发展中新的政策框架和市场环境，将引起中国资源配置格局和重心的调整转变，也将使中国外向型制造业转型升级的条件和空间发生变化，对外向型制造业转型升级的方向和路径提出了新的要求。[1]

一、外向型制造业转型升级的概念界定与研究综述

国内外学者对制造业转型升级的研究主要有价值链升级和产业结构升级两个方面，但尚未形成统一的认识。对于外向型制造业的转型升级，国外学术界相关观点分散在对全球价值链（Global Value Chain）、外商直接投资（FDI）、代工（OEM）和外包（Outsourcing）等有关研究中。格里菲（Gerrifi）早在1999年提出代工企业在全球价值链中的四种升级路径：产品升级、

---

[1] 郭克莎、田潇潇："加快构建新发展格局与制造业转型升级路径"，载《中国工业经济》2021年第11期。

经济活动升级、部门内升级和部门间升级。汉弗莱（Humphrey）（2002）在格里菲（Gerrifi）等（2001）的研究基础上，总结了企业从低级到高级的四种升级路径，即流程升级、产品升级、功能升级和部门间升级。朱利安尼（Giuliani），彼得罗贝利（Pietrobelli）和拉贝洛蒂（Rabellotti）（2005）分析了全球生产网络下企业升级的三种升级路径：一是嵌入新的全球价值链的升级路径，但可能会遭到价值链里其他企业的排斥；二是通过全球价值链上领导企业的升级而带动自身升级；三是进入更高端价值环节的功能升级路径，这种升级路径由于影响购买者的核心竞争能力而可能会遇到障碍。

对于中国外向型制造业的转型升级，美国学者布莱兹尼茨和莫里夫（2011）认为中国强大的"二次创新"能力，即中国企业在全球化生产中自下而上形成的改进和应用国外先进技术的能力，使得中国企业虽然原始创新能力不强，但在全球化过程中能紧跟全球技术前沿，很大程度上促进了中国外向型制造业的转型升级。

对于这一问题，近年来国内学者展开了多个角度的研究，主要包括两个方向：第一个研究方向是沿着价值链跟进和攀升的转型升级路径，相关研究者有王子先（2004）、张燕生（2004，2010）、裴长洪（2011）等。第二个研究方向是从"OEM→ODM→OBM"的转型升级路径。相关研究者有隆国强（2008）、刘志彪（2007，2009）等。

二、促进我国制造业转型升级的意义

制造业一直被视为后发国家实现赶超的"扶梯"和"引擎"。经2017年的研究表明，制造业是促进实际工资水平提升从而跨越中等收入阶段的重要途径，相关研究者有克鲁兹（Cruz）

和纳亚尔（Nayyar）。党的十九大以来，制造业作为"底层"和"基础"的作用被更为突出地强调。《中共中央关于制定国民经济和社会发展第十四个五年规划和二〇三五年远景目标的建议》在强调推动现代服务业同先进制造业、现代农业深度融合的同时，明确提出要"保持制造业比重基本稳定"，[1]对制造业发展的重要性做进一步的强调。现代制造业是制造技术、材料技术、信息控制技术等相互融合的产业，只有协同发展，融合创新，才有可能向中高端水平迈进。

（一）制造业的转型升级是化解结构失衡的关键

2017 年中央经济工作会议的总体判断是"经济形势呈现缓中趋稳、稳中向好的发展态势"，但是"产能过剩和需求结构升级的矛盾仍然突出，经济增长内生动力不足，金融风险有所积聚，部分地区困难增多等"。这些风险和问题都可以归结为结构性问题，包括产业结构、需求结构、投资结构等方面都出现了比较明显的结构性失衡问题，化解结构失衡问题的关键在于我国的制造业要转型升级，做大做强。

（二）制造业的转型升级是构建内外"双循环"新发展格局的关键

制造业是经济增长的引擎，也是实体经济的绝对核心，要构建国内大循环为主体、国内国际双循环相互促进的新发展格局，关键是通过高水平的自立自强，驱动经济循环畅通无阻。[2]制造业具有更强的技术外溢性与产业关联性等特征，在构建内外双循环的过程中能够发挥强劲的引擎作用。

---

〔1〕 黄群慧、杨虎涛："中国制造业比重'内外差'现象及其'去工业化'涵义"，载《中国工业经济》2022 年第 3 期。

〔2〕 黄群慧、杨虎涛："中国制造业比重'内外差'现象及其'去工业化'涵义"，载《中国工业经济》2022 年第 3 期。

鉴于核心设备、关键技术在经济循环中的关键作用，在新发展格局构建的过程中，需要超越单纯的数量比例指标，而上升到产业链和价值链的控制力上来。在以数字化、智能化为关键特征的现代产业体系中，工业软件、芯片等所占的绝对比例并不高，但其供给往往具有垄断性，并决定着整个产业活动能否持续。

我国制造业规模已连续多年保持世界第一，令人担忧的是，我国的制造业增加值占 GDP 的比重多年来呈现持续下降的态势。根据世界银行数据，按当年美元价格计算，进入 21 世纪的第二个十年以来，中国制造业增加值占 GDP 比重的峰值出现在 2011 年，为 32.1%，之后持续下降，到 2016 年下降至 28.07%，2020 年下降至 26.29%，成为主要制造业大国中制造业增加值占 GDP 比重下降幅度最大的国家。与此相对应，我国实体经济规模占 GDP 的比例也在不断下降，从 2001 年的 71.5% 下降到 2015 年的 62.1%；虚拟经济则一直在上升，M2 倍数已经从 1.74 同比上升到 2.03。对我国制造业这种"过早去工业化"的现象值得政府和相关行业警惕。黄群慧等（2017）学者认为，中国进入中高收入阶段后，作为增长动力的制造业的实际占比和全要素生产率同时出现下降趋势，加大了中国落入中等收入陷阱的风险。如果以制造业为代表的实体经济不能转型升级，又会带来更深层次的问题。如果缺乏一定的制造业规模作为基础，创新的知识来源、驱动动力和作用对象，都会大打折扣，这显然不利于构建以高质量内需为导向的国内经济大循环。

三、内外"双循环"促进我国外向型制造业转型升级的内在机理

内外"双循环"的新发展格局对我国外向型制造业的转型升级既有长期的导向作用，也有短期的促进作用。

（一）庞大内需是拉动外向型制造业转型升级的直接动力

在内外"双循环"的新发展格局下，我国规模巨大、持续增长的内需市场，为外向型制造业转型升级提供了不断增强的需求拉动作用。扩大内需的长期战略势必提升消费在新发展全局中的地位，消费对供给的牵引作用将更加突出，使消费升级进一步牵引供给变动，消费偏好通过需求导向引导生产者加快技术改良和创新；通过市场效应促进生产技术要素从低端供给部门向中高端供给部门流动，从而带动资源再配置以此提高资源配置效率，使制造业转型升级走上更适应国内大市场、更符合高质量发展要求的道路。

国家统计局发布的《2019 年居民收入和消费支出情况》表明，2019 年我国居民人均可支配收入[1]为 30 733 元，比上一年名义上增长 8.9%，扣除价格因素，实际增长 5.8%。其中，城镇居民人均可支配收入达到 42 359 元，农村居民人均可支配收入 16 021 元，全国居民人均可支配收入中位数 26 523 元，中位数是平均数的 86.3%。

2019 年，全国居民人均消费支出 21 559 元，其中，城镇居民人均消费支出 28 063 元，农村居民人均消费支出 13 328 元。从支出类型来看，2019 年全国居民交通和通信支出为 2861.57元/人，居民教育文化和娱乐支出为 2513.08 元/人，居民居住支出为 5054.8 元/人，居民生活用品及服务支出为 1280.85 元/人，居民食品烟酒支出为 6084.18 元/人，居民衣着支出为 1338.15 元/人，居民医疗保健支出为 1902.25 元/人。根据国家外汇局 2019 年中美汇率数据推算[2]，2019 年中国社会消费品

---

〔1〕 居民人均可支配收入=城镇居民人均可支配收入×城镇人口比重+农村居民人均可支配收入×农村人口比重。

〔2〕 2019 年人民币兑美元平均汇率约为 6.8985∶1。

零售总额只比美国少 2703.32 亿美元。

庞大的内需是拉动外向型制造业转型升级的直接动力，我国的消费升级会不断地催生新需求、新产业、新业态、新模式，从而倒逼制造业转型升级，使得国内产业体系能更有效地满足消费需求升级，不断提升生产制造供给与国内新消费需求的匹配程度，实现本土制造供给与国内消费需求良性互动，以此作为制造业的转型方向，对制造业转型升级产生直接动力。

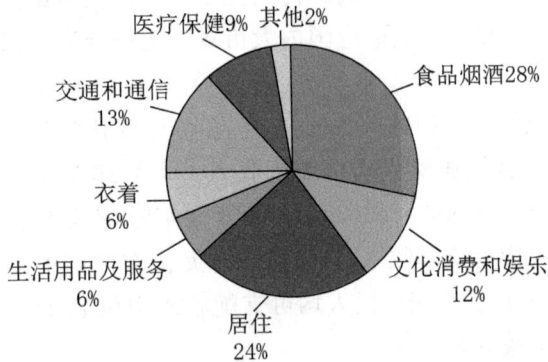

图 2-4　2019 年全国居民人均消费支出结构占比

资料来源：国家统计局。

（二）自主创新是推动外向型制造业转型升级的重要推力

内外"双循环"新发展格局下制造业转型升级的核心动力是创新驱动，创新驱动、高质量的供给对新消费需求具有强大的创造和引领作用，创新驱动对制造业转型升级的推动作用将日益增强。

内外"双循环"的新发展格局下，技术研发和创新的发展将迎来新的局面。在我国以往的长期发展格局中，企业技术进步的一条重要路径是通过引进新技术，在消化吸收的基础上再创新，构建内外"双循环"的新发展格局要求我国制造业更多地依靠自主创新来提高自身的技术水平，新的技术来源将更多地依靠重点行业和部门的自主创新。

构建内外"双循环"的新发展格局，我国的制造业会或被动或主动地转变技术创新观念和创新模式，走出一条适合自身特点、有利于自主创新和高质量发展的道路，这对我国的制造业转型升级具有强大的推动作用，具有中国特色的制造业转型升级进程将明显加快。

第三章
疫情冲击对我国制造业的影响

2020 年新冠疫情在全球的暴发，对世界产业格局和我国产业经济发展都产生了重大影响。新冠疫情从供给、需求、出口等多方面对我国不同产业造成了差异不等的冲击，也影响到了全球产业链的重构趋势。疫情造成的冲击不仅有短期影响，也有深层次的、长期影响。"疫情终将过去，但世界从此不同"，本章将就新冠疫情对我国制造业的影响做详细分析。

第一节　新冠疫情对我国制造业的影响机理

新冠疫情在投资、国际贸易以及心理影响等各个方面对全球产业链造成很大冲击，也对身处全球产业链供需中心的我国制造业造成巨大影响。

一、疫情背景下通过投资渠道对我国制造业造成影响

新冠疫情的蔓延增加了全球产业链的断供风险，会促使跨国企业寻求全球多元化布局。疫情之前，跨国企业的布局主要从经济效益来考量，依靠单一供应商集中生产供应可以降低生产成本，但随着市场规模不断扩大，企业面临的供应链中断风险也在增加。一旦突发事件影响上游供应商的生产，那么供应链下游企业的生产计划会因此被打乱，甚至可能出现由于一个

零部件断供而导致企业完全停工的现象。出于分散风险的考虑，供应链的核心企业会加快进行全球多元化布局，希望在全球范围内寻找更广泛的原材料供应商和下游客户，减少对单一供应商或单一市场的过度依赖。因此，从投资渠道来看，疫情会促使跨国企业寻求全球多元化布局，这会导致部分外资工厂从我国撤离。

以日本为例，由于疫情，中国、日本两个主要贸易伙伴之间的供应链断裂，日本将创纪录地从其经济刺激计划中拨出22亿美元，以帮助本国制造商将生产转移到中国以外的地区。2020年6月首批87家日本企业撤出中国，其中30家将生产线转移到东南亚，57家迁回本国，同年7月，申请第2批撤离补贴的日企多达1670家。日本电器巨擘东芝召开中国大连厂"千人遣散大会"，宣布于2021年9月30日关闭该厂，另外东芝在中国24个城市的33家工厂与研发机构都于2021年12月底关闭，其中研发机构与精密零组件生产将返回日本，电企业务则全部转往越南。

二、疫情背景下通过国际贸易渠道对我国制造业造成影响

2009年，我国成为全球货物贸易第一大出口国和第二大进口国。2013年，我国超越美国成为全球货物贸易第一大国，2014年至2015年保持这一地位。2017年至2018年，我国继续保持全球货物贸易第一大国地位。在疫情防控期间，一国的国内市场需求不足、生产活动停顿叠加物流受阻，会对外贸进出口活动造成严重影响。外贸出口与进口订单受疫情影响会发生转移；同时，我国制造业中间品贸易全球占比20%左右，疫情也通过国际贸易渠道对我国制造业的生产和出口造成阻碍，尤其是我国的汽车制造、航空制造、电子等产业，由于相当一部

分高科技含量的中间品依赖国际市场输入，受新冠疫情冲击较大。

三、疫情背景下通过心理渠道对我国制造业造成影响

从需求端来看，疫情反复使得消费信心难以显著提升。消费信心指数通常包括两个部分，一是消费者对现状的满意程度，二是对未来的预期。新冠疫情暴发以后，两者都会受到冲击。由于疫情的暴发，消费受抑会使得人们对于现状的满意度降低。对于未来，由于不确定性的增加，人们就会有意无意地高估这种负面影响。很多行业终端产品与居民购买力水平紧密相关，所以疫情对我国制造业的需求端造成负面影响；从供给端来看，疫情带来的不确定性会影响一国的营商环境和外界对其持有的市场信心，间接地影响到制造业。

第二节 新冠疫情对我国外向型
制造业的影响——短期视角

新冠疫情对世界经济的影响是全方位的，无论是从供给和需求的经济分析框架看，还是从生产、分配、交换、消费的经济维度看，制造业作为实体经济的核心，短期内各个方面都受到了极大冲击，从长期看可能发生的深远影响也在逐步显现，[1]有消极影响，也不乏积极影响。

一、新冠疫情使我国制造业产业链的断供风险增加

新冠疫情对中国制造业产业链的影响主要表现为疫情从供

---

〔1〕 黄群慧："新冠肺炎疫情对供给侧的影响与应对：短期和长期视角"，载《经济纵横》2020年第5期。

给及需求两端压缩我国相关产业的发展空间。

（一）基于产业视角分析我国制造业产业链的断供风险

由于我国很多产业的原材料和中间产品需要从国外进口，尤其是制造业出口产品中的部分高技术零部件和中间品需要从发达国家进口。新冠疫情的全球暴发在一定程度上增加了我国制造业部分高科技核心部件的断供风险。从图3-1中可以清楚地看到，多年来我国的进出口总值占GDP的比重一直较高，虽然近年来呈持续下降的态势，但仍然占据不可忽视的比重。2021年货物与服务进出口拉动GDP增长1.7个百分点，对GDP增长贡献率达到了20.9%。新冠疫情的全球蔓延，各国出于疫情防控需求对国境、关境的封锁给国际物流的正常运行增加了阻力，全球产业链循环受阻、供应链局部断裂的现象突出。

整体而言，我国制造业位于全球产业链的中下游，有些高度依赖进口的中间投入品，以及单一集中来源的产品，疫情造成的暂时停滞对我国制造业供给端的影响很大。2018年，《科技日报》在"亟待攻克的核心技术"的系列报道中，列举了35项"卡脖子"技术，以及中国在这些技术上的差距。这些"卡脖子"的关键技术掌握在美欧日等发达国家手中。关键技术和核心零部件高度依赖进口，关键零部件、关键材料和关键元器件等的自给率仅为1/3。高端数控机床、芯片、光刻机、操作系统、医疗器械、发动机、高端传感器等，存在"卡脖子"的技术问题，中国制造在这些领域的研发和生产依然存在亟需攻破的技术难关。我国工业和信息化部对中国30多家大型企业130多种关键基础材料的调研结果表明，32%的关键材料仍为空白，52%的关键材料依赖进口，大部分计算机和服务器95%的高端专用芯片、70%以上的智能终端处理器以及绝大部分存储芯片依赖从外国进口。以下分析几个严重依赖进口的典型产业，新冠疫情防控防控期间这些产业由于进口受限，对我国制造业供给端的冲击明显。

1. 数控机床产业——高端产品极度依赖进口，产业链配套欠缺

机床是制造业的基础装备，广泛应用于各种类型的制造业，如汽车、机械、电子、军工等产业。数控机床是一种装有程序控制系统的自动化机床，它较好地解决了复杂、精密、小批量、多品种的零件加工问题，是一种典型的机电一体化产品。数控机床产业链的上游是传动系统、数控系统、数控机床主体及零部件等领域；中游则是各类机床，主要包括金属切削机床、金属成形机床、特种加工机床；下游包括航空航天、兵船核电、石油化工、汽车、3C（计算机、通信以及消费类电子产品）等产业领域。

我国是全球最大的机床生产国和消费国，2019 年我国机床产值与消费额分别为 194 亿美元和 223 亿美元，占全球产值和消费总额的 23.06% 和 27.19%，较排名第二的国家高出 6.43% 和 15.38%。[1] 根据我国一家调查公司 MIR 的统计数据，2019 年，我国汽车、通用机械、3C 电子、模具、航天航空产业对数控机床的需求占比分别为 30%、27%、17%、7%、5%。目前我国国内机床的中低端市场基本被国内企业占据，但是数控机床的高端产品极度依赖进口，国产化率较低，高端数控机床的上游各功能部件尚未形成较好的产业配套系统。

以数控系统为例，系统是数控机床的大脑，约占高端数控机床成本的 20%—40%。我国数控系统虽然取得了较大的发展，但高档数控机床配套的数控系统 90% 以上都是国外产品，国产

---

［1］ 数据来源：彭博（Bloomberg）数据库。

功能部件在品种、数量、档次上都不能满足国内高端数控机床制造厂商的主机配套要求，多数功能部件被日本、德国、美国的公司垄断，新冠疫情全球暴发造成的生产停顿、物流延滞对我国机床及相关产业的供给端影响巨大。

2. 高端发动机产业——严重依赖进口

我国目前已经完全能够生产中低端发动机，但是高端发动机，不论是飞机发动机、汽车发动机、航母柴油发动机，还是呼吸机发动机，都大量依赖国外进口。以被誉为飞机"心脏"的航空发动机为例，它是飞机的核心部件和动力来源。目前我国大部分国产民用飞机的发动机仍依赖进口；在军用领域，受制于航空发动机极高的技术壁垒，我国目前军用飞机配备的发动机也有相当数量的进口产品。国际军用航空发动机的市场基本由俄罗斯以及欧美的传统巨头占据；商用发动机则由英、美两国主导，主导公司是美国通用电气（GE）、美国普惠（PW）、英国罗罗（R&R）三家公司。根据《Commercial Engines 2021》统计，2020 年全球商用航空发动机行业的 CR4[1]高达82.23%，呈现出高度寡头垄断特征[2]，新冠疫情的全球蔓延对我国相关产业的供给端影响巨大。

3. 集成电路、芯片、半导体[3]产业——严重依赖进口

集成电路（Integrated Circuit，IC）是采用一定的工艺把一

---

〔1〕　CR4 是行业前四名份额集中度指标，可以对产业的竞争和垄断程度分类研究。在一个行业中，若干最大企业的产出占该行业总产出的百分比，一种典型的度量方法是四企业集中度，即最大的四家企业的产出占总产出的百分比。

〔2〕　有数据表明，2020 年全球总共交付 1374 台民用航空发动机，美国 GE、PW、英国 R&R、CFM（美国 GE/法国 SAFRAN 合资公司）四家公司占据 100%的市场份额。

〔3〕　半导体主要由集成电路，光电器件，分立器件，传感器四个部分组成，但是由于集成电路占了器件市场 80%以上的份额，因此通常将半导体和集成电路等价；半导体还包括电阻电容以及二极管等元器件，芯片是半导体元件产品的统称。

个电路中所需的晶体管、电阻、电容等元件集成在半导体晶圆上，成为具有所需电路功能的微型结构。集成电路可进一步细分为承担计算功能的逻辑芯片、承担存储功能的存储芯片以及承担传输与能源供给功能的模拟芯片等，芯片是集成电路的载体。我国整体半导体技术水平相对较低，特别是中高端产品，无论是 CPU、GPU、FPGA 等逻辑芯片，还是以高性能 DRAM 为代表的存储器，或是各种高性能功率器件和模拟芯片，还无法实现完全自给，必须依赖进口。在射频芯片领域，我国尚无完全国产化能力；在模拟芯片[1]领域，2017 年至 2020 年我国自给率从6%提升至12%，但总体仍处于较低水平；在逻辑芯片[2]领域，我国国产化进程缓慢，近两年采用国产 CPU 的桌面和服务器产品发展迅速，但市场份额仍不足 5%。而日本、美国、德国等老牌发达国家是全球半导体材料的主要出口商，在晶圆、光掩模材料制造上日本占到了全球产值的50%以上。

（二）基于进口来源地的视角分析我国制造业产业链的断供风险

以我国的主要贸易伙伴国——日本、韩国、欧盟和美国为代表（见表 3-1），分析我国制造业供给端对这些经济体的依赖以及疫情之下我国制造业供给端的断供风险。

疫情对于中国制造业产业链的影响主要表现在疫情从供给及需求两端压缩我国相关产业的发展空间。从供给端看，疫情

---

〔1〕 模拟芯片是连接物理现实世界和数字世界的桥梁，主要是指由电阻、电容、晶体管等组成的模拟电路集成在一起用来处理连续函数形式模拟信号（如声音、光线、温度等）的集成电路。

〔2〕 逻辑芯片也叫"可编程逻辑器件"（Programmable Logic Device，PLD），PLD 芯片属于数字类型的电路芯片，而非模拟或混合信号（同时具有数字电路与模拟电路）芯片。PLD 与一般数字芯片不同的是：PLD 内部的数字电路可以在出厂后再进行规划决定，有些类型的 PLD 也允许在规划决定后再次进行变更、改变。

在一定程度上增加了中国制造业的断供风险，因为中国制造业中的部分高技术零部件、中间品以及初级产品需要从国外进口，从图3-1中，可以清楚看到过去十年来中国进出口总值占GDP现价的比例、中国出口中来自其他经济体的增加值占比等指标一直居高不下，虽然呈下降趋势，但绝对比重仍然不低。

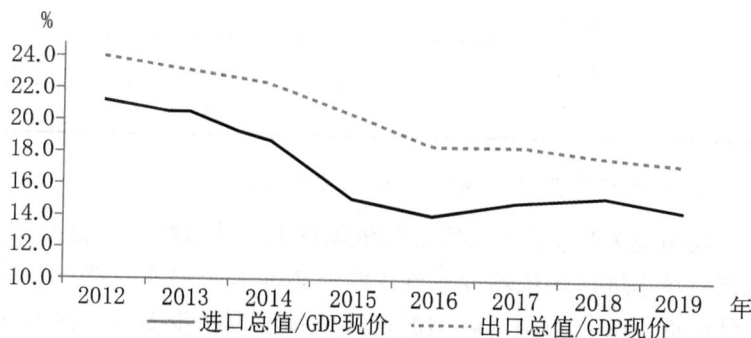

图3-1 我国进出口总值与GDP的比重变化

从2019年来看，我国的主要进口来源地是东盟、欧盟、韩国、日本、美国等经济体，这些经济体对我国制造业供给端的影响较大。下面我们分别以日、韩和欧、美为例说明新冠疫情防控期间由于进口来源地的集中给我国制造业供给端造成的断供风险。首先是日本、韩国，它们与我国产业链联系极为紧密，特别是在计算机、电子光学产业方面；其次是欧盟和美国，在机械和医药、化工、动力机械、专业机械、通用机械、公路车辆、其他运输设备（飞行器为主）等多领域对我国存在大量出口。来自这些经济体的进口品有很大比例是用于国内工业生产的中间投入品、机械设备的零部件、初级产品等。

表 3-1 2019 年中国主要进口来源地

主要进口来源地	进口占比（%）
东盟	13.6
欧盟	13.3
韩国	8.4
日本	8.3
美国	5.9
其他	42.2

1. 我国制造业供给端对日本、韩国的依赖

我国很多产业的上游零部件依赖日本、韩国两国。2010 年，我国对日本进口的依赖度达到 12%，近年来虽然有所降低，但仍然接近 10%；中国对韩国的进口依赖度也稳步提升，在 10% 左右波动。

我国制造业供给端对日本、韩国的进口依赖主要体现在芯片与电子元器件[1]、机械设备与零件等领域，具体来看：在芯片与电子元器件领域，我国对日、韩的芯片进口额超过 1000 亿美元，占我国芯片总进口额的四分之一。

除此之外，我国光导纤维、蓄电池、电容器等产品对日韩进口占比较高。机械设备领域，尤其在半导体设备上对日韩依赖较大，进口占比达到 45%。此外柴油发动机、分析仪器、工业机器人对日韩的进口占比也超过了 50%。产品零部件领域，在滚动轴承、传动轴、齿轮、发动机零件等精密机械部件上，我国对日、韩的依赖较大。

---

[1] 我国是世界第一大芯片进口国，2018 年、2019 年、2020 年连续三年的芯片进口金额都超过 3000 亿美元，是我国第一大宗进口商品，我国的国产芯片自给率仅有 12%、88% 的市场需求都要从国外进口。

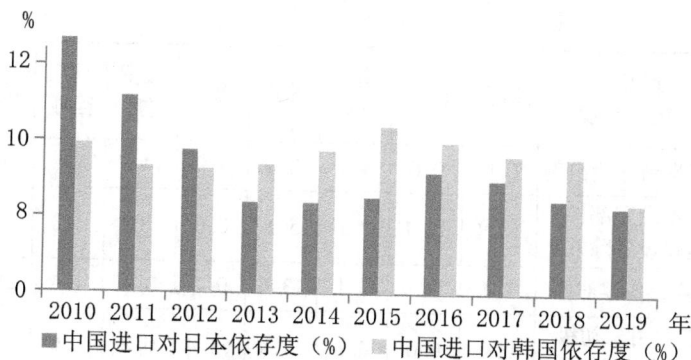

图 3-2 我国进口对日本、韩国的贸易依存度

资料来源：联合国贸易与发展会议数据库。

（1）日本对我国制造业供应链的影响。

日本作为我国第四大贸易伙伴国，对国内制造业影响较大。从进口来源国的角度考察，2018 年我国进口的全部中间品中约有 7.0%来自日本，仅次于韩国（10.1%），其中我国从日本进口的运输设备零部件约占我国该种商品总进口量的 21.9%；2019 年我国全年进口金额 20 771.0 亿美元，其中来自日本的进口比重达到 8.3%。[1]

表 3-2 2018 年我国中间品进口中所占份额最大的经济体

（单位:%）

商品 （按 BEC 分类）	韩国	日本	澳大利亚	美国	巴西	俄罗斯	马来西亚	德国
初级工业用品	0.3	1.5	31.1	4.9	10.5	1.6	0.9	0.4
加工工业用品	17.3	8.5	1.5	6.4	1.0	1.3	4.5	2.8

---

〔1〕 数据来源：Win. d。

续表

商品 （按 BEC 分类）	韩国	日本	澳大利亚	美国	巴西	俄罗斯	马来西亚	德国
初级燃料和润滑剂	0.0	0.0	4.1	2.6	5.9	14.7	1.8	0.0
资本品零部件 （运输设备除外）	10.4	14.1	0.1	5.1	0.0	0.0	2.8	7.4
运输设备零部件	7.4	21.9	0.1	13.6	0.2	0.1	1.5	21.8
（工业用）初级 食品和饮料	0.0	0.0	3.3	17.4	63.0	0.8	0.0	0.1
（工业用）加工 食品和饮料	0.1	0.1	2.5	3.8	4.1	3.7	14.1	1.3
加工燃料和润滑剂（除汽油）	1.1	1.7	28.3	5.8	0.0	1.3	6.6	1.1
全部中间品	10.1	7.0	6.0	5.9	4.6	3.4	3.3	3.2

资料来源：联合国商品贸易统计数据库。

日本在我国制造业的上游投入中占有非常重要的地位。我国在零部件、中间品方面对日本进口的依赖度相对较高，中间品和零部件的进口合计占我国自日本进口总额的65%以上。

以半导体设备为例，半导体设备作为芯片制造的基础，在整个产业链中扮演着举足轻重的地位。我国半导体设备对日本的对外依赖度很高，尤其是前道加工设备[1]。日本是我国半导体设备第一大贸易进口伙伴，仅2022年上半年，我国半导体设备进口额达188.45亿美元，其中日本占了26%的进口份额，可见大陆对日本的半导体设备进口依赖严重。

[1] 根据中国大陆海关的口径，前道加工设备包括氧化扩散等热处理设备、薄膜沉积设备（CVD、PVD 等）、刻蚀机（含其他刻蚀机剥离设备）、光刻机（含其他投影绘制电路图装置）、离子注入机、其他机器及装置。

根据头豹研究院提供的数据得知，目前中国晶圆材料供应商只能将硅晶圆减薄到170μm，而国外晶圆材料供应商可将硅晶圆减薄到100-200μm的量级。受此影响，晶圆材料市场长期被日本信越化学工业株式会社、三菱住友株式会社、德国 Siltronic、韩国 SK Siltro 等厂商垄断，这几大晶圆供货商在全球晶圆市场中的占比为92.4%，导致中国大陆地区在8英寸或8英寸以上的硅晶圆主要依赖进口，自给率较低，尤其是8英寸以上硅晶圆。封装材料是 IGBT 生产的另一种主要原料，可分为塑料封装、环氧树脂封装、陶瓷封装和金属封装四种。中国在 IGBT 封装材料虽然已取得一定的进步，但其仍存在技术壁垒，尤其在大电压的 IGBT 封装材料方面。整体而言，中国 IGBT 生产商对进口材料依赖性较大。

从细分行业来看，中国自日本进口的中间品主要集中在纺织品和非金属制品行业，进口零部件金额最大的是电气机械，其次是通用设备，第三位是交通运输设备。相对而言，我国对自日本进口的消费品以及初级产品依赖度较低，初级产品和消费品共计占比12%左右，中国对日进口消费品主要集中在交通运输设备和化学制品领域。我国在零部件、中间品上对日本有相对较高的依赖度，日本疫情期间的生产停滞导致我国部分进口中间产品缺乏，对我国制造业供给端造成很大困扰。

在日本出口中国的前十大行业中，中间品制造业出口占比达到64.7%，其中基本金属制造、化学品和化学产品制造、其他非金属矿物产品制造的中间品占比接近100%，而电脑、电子和光学产品的制造占比57.5%，电气设备制造占比60.0%。

在日本对我国的基本金属、其他非金属矿物产品以及化学品的出口中，几乎全部为中间品，这意味着我国在这些产品上对日本依赖度非常高；除此之外，橡胶和塑料品制造、纺织品、服装和皮革制造业、焦炭和精炼石油产品制造业、金属制品制造（机械和设备除外）、木材制造业、采矿和采石、其他运输设备制造中占比较高，均超过 70%。疫情对日本的冲击会一定程度上影响中国在上述产业的中间品供应。

我们进一步观察中国制造业供给端来自日本的具体产品类别。在 HS2 位编码分类下[1]，2018 年我国共有 19 种商品从日本进口的份额超过 20%。其中主要集中在化工产品、纺织品、金属制品以及部分机械设备和运输设备。

表 3-3　2018 年我国对日本依赖度较高的进口商品（HS2）

章[2]	产品名称	来自日本的进口占该类商品总进口比例（%）
95	杂项制品	59.3
37	照相及电影用品	43.8

[1] HS 编码即海关编码，为编码协调制度的简称，其全称为《商品名称及编码协调制度的国际公约》（International Convention for Harmonized Commodity Description and Coding System），简称协调制度（Harmonized System，HS）。HS 采用六位数编码，把全部国际贸易商品分为 22 类、98 章。章以下再分为目和子目。商品编码第一、二位数码代表"章"，第三、四位数码代表"目"（Heading），第五、六位数码代表"子目"（Subheading）。前 6 位数是 HS 国际标准编码，HS 有 1241 个四位数的税目，5113 个六位数子目。有的国家根据本国的实际，已分出第七、八、九位数码。

[2] HS "章"分类基本采取两种办法：一是按商品原材料的属性分类，相同原料的产品一般归入同一章。章内按产品的加工程度从原料到成品顺序排列。如 52 章棉花，按原棉—已梳棉—棉纱—棉布顺序排列。二是按商品的用途或性能分类。制造业的许多产品很难按其原料分类，尤其是可用多种材料制作的产品或由混合材料制成的产品（如第 64 章鞋、第 65 章帽、第 95 章玩具等）及机电仪产品等，HS 按其功能或用途分为不同的章，而不考虑其使用何种原料，章内再按原料或加工程序排列出目或子目。HS 的各章均列有一个起"兜底"作用，名为"其他"的子目，使任何进出口商品都能在这个分类体系中找到自己适当的位置。

续表

章	产品名称	来自日本的进口占该类商品总进口比例（%）
68	石料、石膏、水泥、石棉、云母及类似材料的制品	31.3
91	乐器及其零件、附件	30.5
56	絮胎、毡呢及无纺织物；特种纱线；线、绳、索、缆及其制品	28.8
81	贱金属工具、器具、利口器、餐匙、餐叉及其零件	27.6
72	钢铁	25.5
35	蛋白类物质；改性淀粉；胶；酶	24.0
73	钢铁制品	23.8
58	特种机织物；簇绒织物；花边；装饰毯；装饰带；刺绣品	23.7
34	肥皂、有机表面活性剂、洗涤剂、润滑剂、人造蜡、调制蜡、光洁剂、蜡烛及类似品、塑型用膏、"牙科用蜡"及牙科用熟石膏制剂	23.2
69	陶瓷产品	22.4
86	车辆及其零件、附件，但铁道及电车道车辆除外	22.3
33	精油及香膏；芳香料制品及化妆盥洗品	22.3
32	鞣料浸膏及染料浸膏；鞣酸及其衍生物；染料、颜料及其他着色料；油漆及清漆；油灰及其他胶粘剂；墨水、油墨	22.2
54	化学纤维长丝	21.5
79	锡及其制品	20.7
6	活树及其他活植物；鳞茎、根及类似品；插花及装饰用簇叶	20.3

章	产品名称	来自日本的进口占该类商品总进口比例（%）
83	核反应堆、锅炉、机器、机械器具及其零件	20.1

资料来源：联合国商品贸易统计数据库（UN Comtrade）。

进一步细分产品，2018 年我国进口金额最大的 200 种商品的进口金额约占我国当年进口总额的 78.6%，其中来自日本的进口份额超过 30% 的商品，如下表所示：

表 3-4　中国自日本进口占比最大的产品

章	HS6 位编码	商品英文名称	商品中文名称	自日本进口占中国总进口的比重（%）
87	870340	Vehicles; with both spark-ignition internal combustion reciprocating piston engine and electric motor for propulsion, incapable of being charged by plugging to external source of electric power	汽车；既有火花点火内燃机又有用于推进的电动机，不能通过接通外部电源充电	88.9
84	840734	Engines; reciprocating piston engines, of a kind used for the propulsion of vehicles of chapter 87, of a cylinder capacity exceeding 1000cc	发动机；气缸容量超过 1000cc 的第 87 章车辆推进用往复式活塞发动机	65.1

续表

章	HS6 位编码	商品英文名称	商品中文名称	自日本进口占中国总进口的比重（%）
87	870324	Vehicles; with only spark-ignition internal combustion reciprocating piston engine, cylinder capacity over 3000cc	车辆；只有火花点火内燃机往复式活塞发动机，气缸容量超过 3000c	64.0
84	842952	Mechanical shovels, excavators and shovel loaders; with a 360 degree revolving super structure	机械铲、挖掘机和装载机；具有 360 度旋转的上部结构	62.4
84	845710	Machiningcenters; for working metal	加工中心；金属加工用	49.8
84	848630	Machines and apparatus of a kind used solely or principally for the manufacture of flat panel displays	专门或主要用于制造平板显示器的机器和设备	48.7
87	870840	Vehicle parts; gear boxes and parts thereof	车辆零件；齿轮箱及其零件	42.4
84	840890	Engines; compression–ignition internal combustion piston engines (diesel or semidiesel engines), of a kind used for other than marine propulsion or the vehicles of chapter 87	发动机；非船用推进或第 87 章车辆用压燃式内燃机（柴油机或半柴油机）	40.9

章	HS6 位编码	商品英文名称	商品中文名称	自日本进口占中国总进口的比重（%）
39	392062	Plastics; plates, sheets, film, foil and strip (not self-adhesive), of poly (ethylene terephthalate), non-cellular and not reinforced, laminated, supported or similarly combined with other materials	塑料；聚对苯二甲酸乙二酯制的非多孔、非增强、层压、支撑或与其他材料类似组合的板、片、膜、箔和带材（非自粘）	40.3
84	844399	Printing machinery; parts and accessories, n. e. c. in item no. 8443.91	印刷机械；零件和附件	39.3
90	900120	Optical elements; polarizing material, sheets and plates thereof	光学元件；偏振材料及其薄板	37.8
39	392099	Plastics; plates, sheets, film, foil and strip (not self-adhesive), of plastics n. e. c. in heading no. 3920, non-cellular and not reinforced, laminated, supported or similarly combined with other materials	塑料；3920 税号中的塑料制板材、薄板、薄膜、箔材和带材（非自粘），不含泡沫，也不与其他材料增强、层压、支撑或类似组合	37.1
85	854890	Electrical parts of machinery or apparatus; N. E. C. in chapter 85	机械或仪器的电气部件；	36.5

续表

章	HS6 位编码	商品英文名称	商品中文名称	自日本进口占中国总进口的比重（%）
85	853222	Electrical capacitors; fixed, aluminumelectrolytic	铝电解固定电容器	33.8
85	854160	Crystals; mounted piezo-electric	晶体；安装压电	33.8
35	350691	Adhesives; prepared, based on polymers of heading 3901 to 3913 or on rubber	粘合剂；3901 至 3913 税号的聚合物或橡胶制备	33.6
39	391990	Plastics; plates, sheets, film, foil, tape, strip, other flat shapes thereof, self-adhesive, other than in rolls of awidth not exceeding 20cm	塑料；板、片、膜、箔、带、条及其其他扁平形状的自粘材料，宽度不超过 20 厘米的卷状材料除外	33.2
38	382499	Chemical products, mixtures andpreparations; N.E.C. heading 3824	化工产品、混合物和制剂，3824 税号以外的其他产品	32.8
84	848120	Valves; for oleo hydraulic or pneumatictransmissions	阀门；用于油液传动或气动传动	32.3
84	848690	Machines and apparatus of heading 8486; parts and accessories	8486 税号的机器和设备；零件和附件	32.1
84	841490	Pumps and compressors; parts, of air or vacuum pumps, air or other gas compressors and fans, ventilating or recycling hoods incorporating a fan	泵和压缩机；空气或真空泵、空气或其他气体压缩机和风扇的零件，包括风扇的通风罩或再循环罩	31.1

续表

章	HS6 位编码	商品英文名称	商品中文名称	自日本进口占中国总进口的比重（%）
38	381800	Chemical elements; doped for use in electronics, in the form of discs, wafers or similar forms; chemical compounds doped for use in electronics	化学元素；以圆盘、晶片或类似形式掺杂用于电子的化合物．掺杂用于电子的化合物	30.8

资料来源：联合国商品贸易统计数据库。

从表3-4中可以看出，这些产品主要集中于汽车及其零部件、泵和压缩机、塑料化工产品等科技含量较高的产品上，说明我国目前在这些高技术产业上仍然面临国产化不足的困境，部分产品严重依赖日本等发达国家。

从2019年的贸易数据来看，我国自日本进口的产品类别以机电产品占比最大（47%），尤其对日本机床需求量大[1]，其次为化工产品（12%），运输设备（11%）、光学仪器（9%），这意味着，我国对日本的资本品和中间品的依赖度依然维持高位，疫情造成的生产、物流停滞对我国某些产业供给端的影响巨大。

---

〔1〕 中国是日本机床的主要海外市场。日本工作机械工业会日前发布的数据显示，2020 年日本机床订单额为9007 亿日元，合人民币约562.8 亿元，同比减少26.8%。但中国地区的需求却持续增长，1—11 月累计订单额同比增长12.7%，达1720 亿日元，占日本海外订单的1/3。

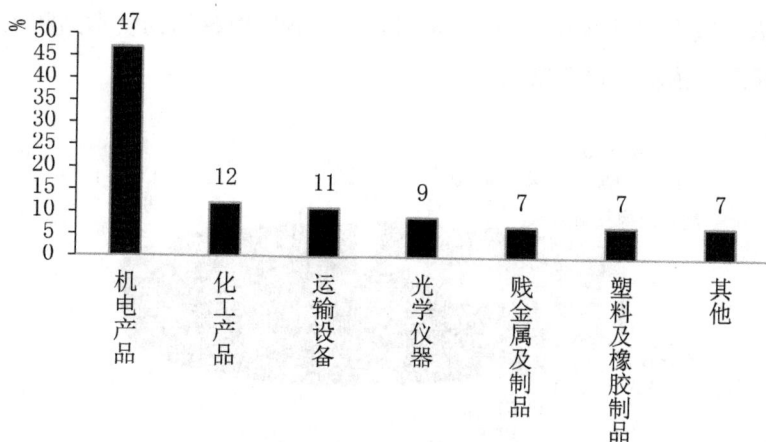

图 3-3　2019 年中国自日本进口的产品类别占比 （%）

（2）韩国对我国制造业供应链的影响。

根据 2014 年世界投入产出数据库 （World input-output database，WIOD），韩国对我国中间品出口占比较高，按照出口量排序，前十位行业主要包括金属制品制造、焦炭和精炼石油产品制造、电气设备制造、电脑、电子和光学产品制造、打印和复印记录媒体、未分类的机械设备制造、批发贸易、食品、饮料和烟草制造、其他非金属矿物产品制造、维修等。其中其他非金属矿物产品制造中间品占比为 98.9%，焦炭和精炼石油产品制造出口中间品占比为 98.3%，电脑、电子和光学产品制造为 63.5%，电气设备制造为 36.5%。

从 2019 年的贸易数据来看，我国自韩国进口的产品类别与日本相似，机电产品、化工产品、光学仪器和塑料橡胶是韩国对中国出口的主要产品。机电产品占比最大 （58%），其次为化工产品 （12%），光学仪器 （7%），塑料及橡胶制品 （7%）。2020 年我国占韩国半导体总出口的 41.57%，为近 4 年来 （2016

年)以来的最高水平[1]。可以看出,我国对韩国的资本品和中间品的依赖度也非常高。

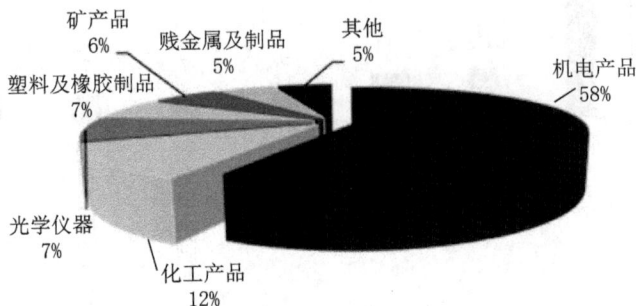

图3-4 2019年中国自韩国进口产品类别占比

数据来源:海关总署,Win. d。

根据韩国海关发布的资料,2021年前四个月,中国大陆是韩国最大的出口目的地,出口金额为497.9亿美元,占韩国出口总额的25.17%。我国从韩国进口的货物八成以上是中间品,其中主力产品包括存储芯片、无线通信设备零部件、合成纤维和对二甲苯,这些产品是我国制造业重要的中间投入品,一旦韩国工业生产、运输物流出现问题,将直接导致以上行业中间品缺货,影响我国某些产业中间品的供给。

2. 我国制造业供给端对欧盟、美国的依赖

综合而言,欧盟、美国新冠疫情带来的制造业断供风险主要集中在两个领域:首先是传统制造业,美国在初级产品制造业,比如在农产品、食品饮料烟草、煤炭原油产品、林业与木材、采选业方面,均属于中国制造业上游的主要贡献国,极大

---

[1] 数据来源:韩国国际贸易协会(Korea - International - Trade - Association,KITA)发布的数据。

地抑制我国诸如食品加工、采选、木材加工等相关行业上游的生产需求。此外，美国在橡胶塑料以及医药行业的上游化工品制造对我国也有一定影响。其次是在航空、航天器及零部件、车辆、机械设备及零部件等具有较高技术含量的制造业，目前我国这些产业外购零部件的可替代性很小，对欧盟、美国的供应形成一定的依赖。与日本、韩国的不同是，欧盟、美国在电子、计算机设备产业的断供风险比日本、韩国小得多。

（1）美国对我国制造业供应链的影响。

在我国制造业的供给方面，美国主要在汽车、货物运输用车发动机、飞机、用于航空或太空导航仪器、医疗、外科手术器械和器具、显像仪等对我国出口占比较高。此外，在农产品，相纸、纸板、纺织品以及部分化学产品、农业收割机械、涡轮机等占比也比较高。

美国主导了全球 EDA（electronic design automation）市场，EDA 软件用于半导体设计，EDA 之于芯片的重要性类似于 office 软件之于办公。芯片的设计、制造、封装、测试这些流程，哪一个都离不开 EDA 的帮助。EDA 软件国产化率虽然从 2018 年的不足 6%，上升到 2020 年的接近 12%，但依旧不算高。

从细分章节来看，以商品 HS 六位码[1]分析，占比较高的产品主要有：HS 编码 87 章中，汽车、货物运输用车发动机等占比较高；88 章中，飞机和其他飞机（空载重量超过 2000 公斤但不超过 15 000 公斤）占比最高；90 章中，用于航空或太空导

―――――――――

〔1〕　HS 于 1988 年 1 月 1 日正式实施，每 4 年修订 1 次，HS 采用六位数编码，把全部国际贸易商品分为 22 类，98 章。章以下再分为目和子目。商品编码第一、二位数码代表"章"，第三、四位数码代表"目"（Heading），第五、六位数码代表"子目"（Subheading）。前 6 位数是 HS 国际标准编码，HS 有 1241 个四位数的税目，5113 个六位数子目。有的国家根据本国的实际，已分出第七、八、九位数码。也就是说，国际通用的只有前六位，我国一般使用的是 8—10 位编码申报。

航仪器，医疗，外科手术器械和器具、显像仪占比较高，此外，相纸（成卷，未曝光，宽度超过610mm），纸板，纺织品，部分化学产品、食品、农业收割机械、涡轮机等产品占比也较高。

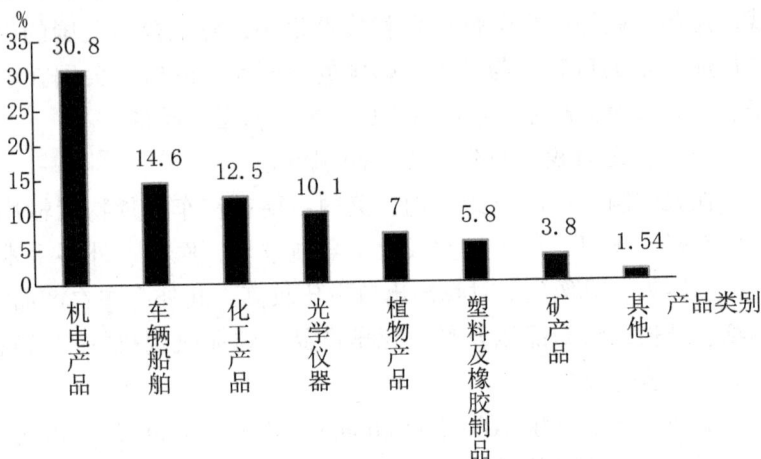

图3-5　2019年中国自美国进口产品类别占比

（2）欧盟对我国制造业供应链的影响。

我国在部分机械设备、电气设备、医药消费品以及产品零部件上对欧盟的进口依赖较为严重。具体来看，在机械设备领域，我国半导体设备、电力控制设备、分析仪器、电压器、变感器、液体泵、离心机、空气泵等来自欧盟的进口额较高，其中半导体设备作为芯片制造的基础，被称为国家工业的明珠，在整个产业链中扮演着举足轻重的地位。我国半导体设备的对外依赖度非常高，尤其是前道加工设备。

材料领域，我国在民用飞机上对欧盟依赖极其严重，进口额与进口占比呈现"双高"局面，欧盟与五眼联盟几乎垄断了我国民用飞机的进口市场。产品零部件领域，我国在机动车零件与车辆照明装置上对欧盟依赖较为严重，机动车零件进口额超过 150 亿美元，两个商品分别占我国商品总金额的 51.8% 与 62.9%。此外，在发动机零件、飞机直升机配件、滑轮、阀门上的进口占比也均超过 40%。中国的进口产品中，来自欧盟的航天器及其零部件，船舶，车辆及零部件，机械设备，电子，计算机光学设备领域占比较高。具体来说，机械设备中的泵和压缩机，起动活塞发动机用铅酸蓄电池，铁路、有轨电车、机车车辆及其零部件，直升机（空载重量超过 2000 公斤）等均在中国总进口中占比较高。除此之外，传统制造中的家具、造纸、纺织品占比也不低，因此，欧盟对中国产业链的冲击从高端装备到轻工制造都有涉及。

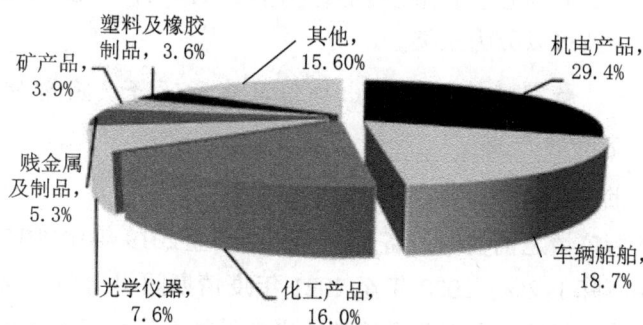

图 3-6　2019 年中国自欧盟进口产品类别占比

数据来源：海关总署，Win.d。

二、受新冠疫情冲击我国制造业订单的流失与流入

在 2020 年初新冠疫情暴发初期，为了防止疫情扩散，我国政府实施严格的疫情防控措施，导致工厂生产稳定性较差，物流运输速度放缓，我国制造业外贸订单遭遇流失，部分订单流向海外。

由于我国的新冠疫情管控措施得力, 在全球经济率先恢复增长, 在新冠疫情全球蔓延之际, 大批订单回流我国。2020 年, 国内防疫政策带来新的比较优势, 我国货物贸易进出口总值 32. 16 万亿元, 比 2019 年增长 1. 9%, 创历史新高, 其中, 出口 17. 93 万亿元, 进口 14. 23 万亿元, 贸易顺差 3. 7 万亿[1]。2021 年, 在全球供应链产业链饱受冲击背景下, 中国制造一枝独秀, 2021 年医药制造业、汽车制造业、化学原料和化学制品制造业、金属制品业出口比上年分别增长 64. 6%、40. 3%、40. 3%、39. 9%。

由于制造业各个行业性质、竞争优势各有不同, 所受疫情冲击的影响差异也很大。尽管我国制造业整体出口势头良好, 在疫情中逆势增长, 也有行业订单出现大幅流失。按照受影响程度, 大致可以分为三类。

(一) 新冠疫情之前, 出口份额有所下降, 疫情期间又进一步下降的产业

1. 机电设备及其零部件产业

新冠疫情之前机电设备及其零部件产业 2019 年比 2015 年出口份额下降 1. 2%, 2020 年至 2021 年疫情期间出口份额又继续下降 0. 5%。[2]这个产业虽然整体出口份额下降, 但内部分化严重。传统制造业, 比如船舶、音频设备、家用电器等这些对生产成本要求较高的商品, 出口份额下降, 对机电产品整体出口起到拉低作用, 而科技含量较高的产业, 比如, 自动数据处理设备及其零部件在 2020 年前十个月出口 1. 17 万亿元, 增长 10. 5%; 也就是说, 具备较高科技含量的商品, 出口增速依然保

---

〔1〕 海关总署 2021 年 1 月 14 日发布的数据。
〔2〕 数据来源: 联合国国际贸易中心数据库。

持在较高水平，我国制造业出口结构实际上在优化和升级。

2. 服装、鞋靴、皮包产业

服装、鞋靴、皮包产业在新冠疫情之前出口份额已经出现下降趋势，2020 年至 2021 年疫情期间又有小幅下降。2020 年前 10 个月，服装出口额为 7768.7 亿元，下降 6.9%；鞋靴出口额为 1971.6 亿元，下降 22%；箱包出口额为 1136.1 亿元，下降 25%。这类商品具有典型的低附加值、劳动密集型特征，随着我国劳动力成本的提高，生产成本的比较优势快速流失，防疫优势也没有阻止份额回落，预计未来份额还将持续下滑。

（二）新冠疫情之前出口份额出现下降，疫情期间重新回升的产业

这类产业在新冠疫情之前，2015 年到 2019 年间出口份额出现下降，疫情期间由于我国政府对疫情防控政策的严格执行和精准把控，保证了国内产业链、供应链的稳定运行，很多海外订单回流我国，2020 年到 2021 年间出口份额重新回升。

1. 机械设备产业

2020 年我国主要机械设备出口表现优异，尤其是通用机械设备，我国优秀制造业企业在积极拓展中高端产品的海外市场，比如，泵的出口，与 2019 年相比，2020 年增速达 109.1%；有"工程机械之王"之称的挖掘机，2021 年共销售挖掘机 342 784 台，同比增长 4.63%；其中出口 68 427 台，同比劲增 97%[1]。

表 3-5 2021 年工程机械主要大类产品销售情况

产品名称	企业统计数（家）	1—12 月份海外销量（台）	同比增长（%）
挖掘机	26	68 427	97

[1] 据中国工程机械工业协会对 26 家挖掘机制造企业的统计数据。

续表

产品名称	企业统计数（家）	1—12月份海外销量（台）	同比增长（%）
装载机	22	34 008	38.2
推土机	11	2974	77.6
平地机	10	5357	93.2
汽车起重机	8	3182	54.5
叉车	33	315 763	73.8
压路机	23	5323	68.3

资料来源：中国工程机械工业协会。

2. 灯具、家具产业

灯具、家具产业是我国轻工业的重要组成部分，近几年，我国的灯具产业由传统灯具向 LED 灯具转变，并逐步形成了完整的产业系统。新冠疫情虽然给灯具产业带来巨大冲击，但同时也加速了灯具产业的转型，并孕育出新的发展机遇，自 2020 年以来，我国灯具、照明装置及其零件出口总量大幅增长，2021 年我国灯具产业出口总值为 654.70 亿美元，较 2020 年增长 24.50%，较 2019 年增长 44.09%，其中 LED 灯具的出口总额为 474.45 亿美元，较 2020 年增长 33.33%，较 2019 年增长 57.33%[1]。

2021 年，由于新冠疫情的影响，海外消费者需要长时间的居家生活及办公方式的转变，消费者们更加注重家居环境的改善，从而催生一波"宅经济"，家庭家具及相关产品的需求短时间显著提升。2021 年 1 至 11 月，中国家具及其零件出口额为 4316.4 亿元，同比增长 21.7%。在主要出口目的地中，中国对

---

[1] 数据来源：中国照明电器协会。

东盟、欧盟和美国等主要贸易伙伴进出口均出现增长。[1]2021
年我国向全球最大的家具进口国——美国出口了价值91.17亿
美元的家具，较2020年增长了24%[2]，再次"夺回"对美家
具出口大国的头把交椅，这在一定程度上可以反映出我国在家
具产业方面的实力得到了增强。

除此之外，纺织品、橡胶及其制品、贱金属杂项制品以及
铁道车辆、轨道装置等产业在新冠疫情防控之前，出口订单有
不同程度的流失，出口份额呈下降趋势，但在疫情期间，得益
于我国良好的防控措施，产业链较快恢复，在2020年至2021年
出口逆势而上，订单增幅较大。比如，2020年我国包括口罩在
内的纺织品出口达1538.4亿美元，同比增长29.2%[3]，在口
罩、防护服等防疫物资的带动下，我国纺织品出口竞争力稳步
释放，出口规模接近2014年产业创下的历史最高水平。

（三）我国比较优势正在提升的产业

这类产业2015年以来出口份额持续上升，新冠疫情之下我
国的防疫优势反而为该产业提供了良好出口基础，这类产业的
市场份额获得系统性提升。

1. 汽车及零部件产业

（1）我国汽车及零部件产业出口的优势提升。

2021年我国汽车出口量实现201.5万辆，同比增长101.1%，
创历史新高；2022年上半年汽车出口122万辆汽车，同比增长
47.1%[4]，在国内疫情最严重的时期，依旧取得了不错的销量
成绩。2022年上半年，新冠疫情导致整个上海接近停摆，同为

---

〔1〕　数据来源：海关统计数据。
〔2〕　数据来源：中国木业网。
〔3〕　数据来源：海关总署。
〔4〕　数据来源：中国汽车工业协会。

汽车主要生产城市的长春市,也因为同样的原因而停产。但整个上半年,上海和长春生产了1211万辆汽车,同比仅下降了3.7%。2022年4月份,特斯拉销量仅为1512辆,出口量为0,在中断一个月后,特斯拉于4月底正式复工复产。在5月份,生产量就达到了33 544辆,其中出口了22 340辆,90%以上的零部件都是我国制造[1]。

我国出口至发达国家的新能源车增长速度比传统燃油车更快,2022年上半年,我国的新能源汽车海外销量总计为20.2万辆,同比增长130%[2]。上汽大通MAXUS生产的新能源车型在海外市场的认可度非常高,其纯电轻客车在欧洲、美洲和中东地区以及澳大利亚和新西兰都很受欢迎。尤其在快递运输行业,英国皇家邮政、德国邮政、爱尔兰国家邮政以及美国联邦快递都采用了上汽大通MAXUS旗下的EV30和EV90等作为快递运输的车型。在2022年的前5个月,上汽大通MAXUS的厢式货车占澳大利亚轻型商用车销量的13.28%,而在新西兰地区,以28.4%的销售份额,成为当地最受欢迎的品牌。

汽车零部件作为汽车工业的基础,是支撑汽车工业持续健康发展的必要因素。2021年我国汽车关键件出口额为318.6亿美元,同比增长38.5%,其中,汽车车身(包括驾驶室)出口占比5%;机动车用其他附件及架座出口占比1%;汽车发动机出口占比14%;汽车驱动桥(装有差速器)出口占比8%,汽车空调及压缩机出口占比2%;变速箱出口占比14%;转向系统出口占比15%;制动系统出口占比41%[3]。

我国汽车零附件出口额为265.1亿美元,同比增长34.89%;

---

〔1〕 数据来源:中国汽车工业协会。

〔2〕 数据来源:中国汽车工业协会。

〔3〕 数据来源:海关总署、智研咨询。

其中，车轮出口占比 25%；车身覆盖件出口占比 35%；车窗、天窗升降器出口占比 1%；车用座椅调角器出口占比 1%；车用坐具出口占比 1%；车用速度计出口占比 1%；车用线束出口占比 10%；车灯出口占比 1%；无线电导航设备出口占比 4%[1]。

此外，我国产新能源汽车的竞争优势也在持续提升，2021 年新能源汽车的出口量增长 305%，2022 年上半年增长 130%[2]。

（2）汽车产业采购体系的改变有助于我国汽车及零部件产业出口。

我国汽车，尤其是零部件产业的迅猛发展与世界汽车产业供应链的变局有着很大关系。在特斯拉之前汽车配件产业的供应链与八年前的"苹果供应链"非常相似。苹果对手机行业生产进行了一个重大变革，采用"自主设计+垂直采购体系"，即苹果把整个生产全部外包出去之后，把更多的零件拆分出来，让几百家供应商直接进入苹果的采购体系中。在手机行业封闭采购的时代，中国电子产业的厂商，由于固有的低端形象，很难进入苹果的供应链，现在因为苹果的垂直采购体系，中国厂商就有了与全球的同行竞争升级产品与技术的机会。事实证明，中国电子产业的厂商并非只能生产低端产品，它们缺少的只是平等竞争的机会。苹果早期的供应商绝大部分都是日本、韩国以及欧美企业，现在一大半是中国供应商。

在特斯拉之前，汽车的供应链体系比手机的供应链体系更保守。以汽车电子为例，大型汽车企业电子零组件的采购和定价，被博世、德尔福、大陆等总成系统商牢牢掌控，这些系统在掌控超额利润的同时，对供应商采取了高度保守的进入政策。

---

〔1〕　数据来源：海关总署、智研咨询。
〔2〕　数据来源：海关总署、智研咨询。

零部件厂商进入全球大车企的供应体系非常困难，可一旦进去后，又相对稳定，这对于后发的中国汽车零部件行业，非常不利。马斯克历来注重成本控制，他效仿苹果采用垂直采购模式，打破原有汽车供应体系，几年来，特斯拉的一二级供应商数量从200家增加到600家，极大地降低了成本，传统车企如果不跟进，必然降低竞争力；如果跟进，就必须改造供应链，加大垂直采购的比例。新能源车给中国的汽车零部件供应商带来不仅是采购量和发展机遇。

2. 化工产业

化工产业兼具一定技术含量和规模效应，是我国出口比较优势提升较大的产业，包括塑料及其制品、有机化学品、杂项化学品、化纤长丝、无机化学品等化工产品，多年来发展保持强势，新冠疫情期间继续增长。比如，塑料及其制品2015年至2019年年出口份额提升1.5%，疫情期间仍保持同样的提升速度；有机化学品、杂项化学品和化纤长丝2015年至2021年出口份额分别上升3.7%、1.3%和9.1%。近年来我国化学纤维产量持续增长和技术水平的不断提高，由于规模效应，出口优势明显，出口量高速增长。2021年1月至9月中国涤纶长丝出口数量为231万吨；涤纶短丝出口数量为70万吨；锦纶长丝出口数量为23万吨；氨纶产品出口数量为7万吨；粘胶短纤出口数量为24万吨[1]。

3. 玩具、游戏和运动用品产业

玩具、游戏和运动用品产业也是兼具技术含量和规模效应的产业，这类产品占我国出口的份额为3.1%，在新冠疫情之前出口增长势头良好，2017年至2019年，中国玩具出口增幅分别为30.2%、4.7%和24.1%，疫情期间逆势增长，是我国提升幅度最

---

〔1〕 数据来源：海关总署、智研咨询。

大的产业之一。2021 年，我国玩具（不含游戏）出口额为 461.2
亿美元，比 2020 年增长 37.8%，增速为近 5 年最高[1]，美国是
我国玩具出口的第一大目的地，出口额为 134.8 亿美元，比上
年增长 57.3%，占中国玩具出口额的 29.2%，较上年增长
3.7%。从我国玩具细分产品出口情况来看，主要出口玩具是动
物玩具，其次是智力玩具和玩偶，其中智力玩具的出口增长较
快，2021 年中国智力玩具出口数量 20 亿套，出口金额 56.32 亿
美元；[2]2022 年 1 月至 6 月，我国玩具出口金额为 213.997 亿
美元，同比增长 24.7%。远高于我国上半年货物贸易出口 13.2%
的增速[3]。

综合来看，新冠疫情对我国制造业的冲击明显不均衡，同
一产业内，由于企业规模、技术水平各异，所受影响也有明显
差异。

第三节　新冠疫情对我国外向型
制造业的影响——长期视角

新冠疫情对我国制造业的短期冲击是巨大的，表现在疫情
以后就业人数和就业天数的异常下降，制造业企业原材料供应
困难、采购库存大幅下滑、厂商推迟复工、交通运输受限等一
系列的问题。但全球性的新冠疫情暴发对中国制造业的影响绝
非仅仅是短期的劳动力停工失业增多、企业停产倒闭风险上升
等，还会对我国制造业产业链的安全、产业的生产方式等产生
深远影响。

---

〔1〕　数据来源：海关总署。
〔2〕　数据来源：海关总署、智研咨询。
〔3〕　数据来源：海关总署。

一、新冠疫情造成我国制造业产业链的转移风险

中国是全球制造体系的中心，工业增加值占全球工业增加值比重近 1/4，在全球中间品市场的份额高达 1/3，是 120 多个国家的最大贸易伙伴，以及大约 65 个国家的第一大进口来源国，[1] 这意味着疫情对中国制造业的冲击，会对全球供应链链条产生巨大的影响。在新冠疫情暴发的初期，我国采取严格的防控措施，部分制造业企业停工停产，引发其他经济体对世界供应链中断风险的担忧，

（一）发达国家制造业回流

新冠疫情的冲击使得美国、日本等发达国家的跨国公司开始反思过去单纯以效率为主导的供应链管理思路，更多开始着眼考虑效率和安全的平衡，为提高自身供应链韧性进行供应链重组。

发达经济体纷纷实施制造业回流战略，以社会成本作为最终标准，对医疗、高科技等关键产业的供应链布局进行调整，将部分工厂转移出中国，尤其是医疗卫生设施、农业等涉及居民基本生存和健康的行业以及国防军工等行业。[2] 新冠疫情叠加成本和技术因素，进一步导致发达经济体制造业向本国国内回流。发达经济体的制造业以化学品及药剂制品、计算机光电产品、机动车辆等中高技术制造业为主，其产业链上下游具有更强的回流动力，新冠疫情冲击加速了跨国企业的全球多元化布局。

欧美各国政府也纷纷确立提高经济和社会韧性的战略目标，

---

〔1〕 蔡婷贻等："全球供应链波动：脆弱与韧性"，载《财经》2020 年第 5 期。

〔2〕 徐奇渊，七个维度吃透中国产业链的"危与机"，新浪财经。

强调产业链的自主性和可控性，以维护国家经济安全为名，出台各种措施吸引制造业，降低对跨国生产的依赖。为应对新冠疫情对于经济带来的负面影响，2020 年日本经济产业省推出了总额高达 108 万亿日元（约合人民币 7 万亿元）的一项抗疫经济救助计划，其中 2200 亿日元是专为日本企业将制造生产能力迁出我国而准备。美国对制造业回流本国也有过直白的表态，对于中国，第 67 任美国国务卿希拉里强调，美国政府必须支持重建独立的国内产业链，哪怕提供"一定程度的工业补贴"。尽管其成本"当然不会低"，尽管只是泛泛地说要调整税率、为企业提供激励，但在她看来，为了与中国竞争，这些都是必要的。

（二）我国制造业产业链向海外转移

自改革开放以来，中国通过扩大开放，吸引外商直接投资，迎接世界制造业转移，成为世界工厂。新冠疫情冲击使得各国开始对全球产业链分工过于细化、经济全球化程度过高产生一定的担忧，也使跨国公司意识到多元化产业布局的重要性。新冠疫情的全球蔓延强化了各个经济体和跨国企业对产业链韧性的偏好，导致原世界工厂的外商直接投资有可能分散至全球更广阔的领域，东南亚、拉丁美洲成为较为理想的产业转移目的地，影响我国在全球产业链供应链中的地位。

新冠疫情之后，发达国家在我国布局的跨国公司将部分产业链向海外转移，2019 年 10 月，三星宣布关闭位于惠州的最后一家中国的手机工厂，并搬迁至东南亚。苹果、富士康等企业也纷纷将部分产业链外迁。

以跨国公司为主导的产业链转移也可以通过对外资的统计在一定程度上得到反映。在疫情冲击的 2020—2021 年，部分传统对华投资主要国家的投资规模呈现出下降或波动趋势。2020

年1月至6月，中美两国之间的投资包括公司的直接投资和风险资本的流入，较上年同期下降16.2%，降至109亿美元，这与2016年和2017年半年近400亿美元的总额相去甚远。其中，美国公司在我国的投资下降了31%，降至41亿美元。此外，日本、加拿大等国对我国的外商直接投资也出现下降趋势。

因产业技术复杂度、规模经济特征及技术标准化程度差异，关键驱动因素不同，受外部冲击的反应也各不相同。[1]我国的制造业产业链向海外转移主要分为两类，第一类是中低端制造业转移海外，如纺织服装生产与加工业转移到越南等国，越南已经是耐克鞋类产品的第一大生产国，2020年，越南生产了耐克50%的鞋类产品，2021年，该比例进一步升至51%，并承接了42%的阿迪达斯鞋类产品生产；2020年，印度尼西亚取代我国，成为耐克鞋类产品的第二大制造国；相比而言，中国承接以上两大企业生产的份额下降到21%和15%。

第二类是中高端制造业的加工环节。如富士康、三星、苹果、东芝等通信、机械制造企业从我国撤资，导致加工组装环节的外移。以越南为例，截至2021年，越南已经承接了三星超过50%的手机出口量，1/3的电子产品出货量；2020年日本自中国向越南转移的15家企业也基本以航空零部件、汽车零部件加工业为主。代工厂逐渐迁至越南等地，对我国来说会有非常大的负面效应，国内的制造业将失去通过与全球顶级企业竞争，来进一步提高自身的技术、营销、管理等各个层面的机会。

---

〔1〕 陶涛："全球产业链重塑的新动向"，载《人民论坛（学术前沿）》2022年第7期。

二、新冠疫情促使我国制造业创新发展加速

(一) 高科技产业的国产替代加速

外资企业在生产、交货、售后服务等多方面均受到疫情影响，综合竞争力降低，面对新冠疫情带来的机遇，我国制造业中原来对国外市场依赖度较高的产业纷纷加速国产化进程，生产技术水平得到一定程度的提高。国外高技术制造业的回流也倒逼我国提高科技创新水平，完善关键的短板领域。

新冠疫情对我国制造业生产的影响因企业规模大小、行业性质不同而有较大差异。机电、化工、光学仪器、运输设备和橡胶塑料等行业对日本、韩国、美、意、德等国的需求依赖度较高，容易受到新冠疫情全球蔓延的影响，尤其是光学影像、医疗器械、车辆及零部件、集成电路与半导体等产品，从国外进口的高附加值零件、设备面临供应中断风险，这给了我国相关产业国产替代、自我升级的良机 。

比如，我国工业机器人[1]企业凭借强大的技术与服务能力，迅速抢占外资原有市场，国产化进程在新冠疫情之下得到加速，核心产品份额持续加速提升。2021年国产工业机器人在国内市场的市占率达到32.8%，同比增长4.2%[2]，其中，埃斯顿2021年机器人销量首次突破万台，在年度中国工业机器人市场排名中位列机器人品牌第七位，其中六关节机器人出货量

---

〔1〕 工业机器人，即面向工业领域的机器人，是广泛用于工业领域的多关节机械手或多自由度的机器装置，具有一定的自动性，可依靠自身的动力能源和控制能力实现各种工业加工制造功能。工业机器人被广泛应用于电子、物流、化工等各个工业领域之中。

〔2〕 数据来源于《高端制造行业深度研究报告：我国高端制造国产替代突围进展如何》。

仅次于国际四大机器人厂商[1]，排名第五位；2021 年汇川技术通用伺服系统在国内市场份额达到 16.3%，首次超越外资品牌，获得市场份额第一，2022 年上半年，其通用伺服系统在国内市场份额继续上升至 21.6%，远远高于第二名西门子的市场占有率[2]。

(二) 我国制造业数字经济加速发展

新冠疫情全球暴发导致全球性的生产停顿和供应链中断，使我国企业意识到数字化转型是"迫在眉睫"的任务。从历史上看，诸如疫情、战争和一些突如其来的社会经济环境巨变往往会成为促进技术创新、制度创新和管理创新的新机遇。[3]

2017 年国务院发布关于深化"互联网+先进制造业"发展工业互联网的指导意见，指出要"加快建设和发展工业互联网，推动互联网、大数据、人工智能和实体经济深度融合，发展先进制造业，支持传统产业优化升级"[4]，在新冠疫情冲击下，我国制造业对以互联网信息技术为代表的数字化技术有着更深、更广的需求，促进我国制造业加速向信息化、智能化方向发展。数字经济作为国民经济的"稳定器""加速器"作用更加凸显，2021 年，我国数字经济发展取得新突破，数字经济规模达到 45.5 万亿元，同比名义增长 16.2%，高于同期 GDP 名义增速

---

[1] 瑞士的 ABB、德国的库卡、日本的发那科和安川电机被称为四个工业机器人家族。它们在亚洲市场很重要，占中国机器人行业市场份额的 70% 以上，几乎垄断了机器人制造、焊接等高级领域。

[2] 前四名厂商及市占率分别是：汇川，21.6%；西门子，10.1%；松下，8.7%；安川，7.7%。

[3] 黄群慧："新冠肺炎疫情对供给侧的影响与应对：短期和长期视角"，载《经济纵横》2020 年第 5 期。

[4]《国务院关于深化"互联网+先进制造业"发展工业互联网的指导意见》，发布日期：2017 年 11 月 27 日。

3.4 个百分点，占 GDP 比重达到 39.8%，数字经济在国民经济中的地位更加稳固、支撑作用更加明显；我国产业数字化规模达到 37.2 万亿元，同比名义增长 17.2%，占 GDP 比重为 32.5%。工业互联网成为制造业数字化转型的核心方法论。[1]

1. 数字经济的界定与涵盖领域

从宏观层面看，数字经济的界定与规模测算都较为困难，原因是数字化应用已经渗透到每个行业中，很难将其分门别类地进行准确测度。[2]数字经济的本质在于信息化，是由计算机与互联网等生产工具的革命所引起的工业经济转向信息经济的一种社会经济过程。从经济学意义上讲，数字经济是人类通过大数据（数字化的知识与信息）的识别—选择—过滤—存储—使用，引导、实现资源的快速优化配置与再生、实现经济高质量发展的经济形态。凡是直接或间接利用数据来引导资源发挥作用，推动生产力发展的经济形态都可以纳入数字经济的范畴。以"互联网+"为主要特征的数字经济在制造业领域基本涵盖以下四个方面：数字技术应用、互联网商业模式、智能制造和现代信息系统等。

中国信息通信研究院在《中国数字经济发展报告（2022年）》中，对数字经济下了一个类似的概念，认为数字经济是以数字化的知识和信息作为关键生产要素，以数字技术为核心驱动力量，以现代信息网络为重要载体，通过数字技术与实体经济深度融合，不断提高经济社会的数字化、网络化、智能化水平，加速重构经济发展与治理模式的新型经济形态。报告将数字经济分为四大部分：一是数字产业化，即信息通信产业，

---

〔1〕　参见《中国数字经济发展报告（2022年）》。
〔2〕　赵宸宇、王文春、李雪松："数字化转型如何影响企业全要素生产率"，载《财贸经济》2021年第7期。

具体包括电子信息制造业、电信业、软件和信息技术服务业、互联网行业等；二是产业数字化，即传统产业应用数字技术所带来的产出增加和效率提升部分，包括但不限于工业互联网、智能制造、车联网、平台经济等融合型新产业新模式新业态；三是数字化治理，包括但不限于多元治理，以"数字技术+治理"为典型特征的技管结合，以及数字化公共服务等；四是数据价值化，包括但不限于数据采集、数据标准、数据确权、数据标注、数据定价、数据交易、数据流转、数据保护等[1]。

新冠疫情防控期间制造企业应用数字经济，采用互联网等信息技术作为生产性服务投入，智能制造进一步拓展，有效地降低了新冠疫情所带来的风险，提高企业内部协调和外部沟通能力。大量的制造企业通过数字化挖掘新的价值，连接新的资源，创造新的服务模式和商业模式，以创新的方式实现资源的优化配置。

2. 目前我国制造业数字经济发展的特征与表现

新冠疫情成为数字经济发展的"试金石"，在疫情防控期间，数字经济作为宏观经济的"加速器""稳定器"的作用愈发凸显。[2]在制造业领域，数字经济贯穿了整个生产运营过程，通过数字化、网联化、智能化等数字技术提升各生产环节的运营效率，赋能企业尤其是广大中小企业，极大地提升了国际竞争力。

工业互联网是数字化转型的路径，新冠疫情的暴发促使我国制造业数字化转型加快，通过工业互联网和平台，提高全产业链全要素生产率和交易资源配置效率。在设计端，基于数字

---

〔1〕 参见《中国数字经济发展报告（2022 年）》。
〔2〕 参见《中国数字经济发展报告（2022 年）》。

孪生[1]及人工智能等技术的仿真设计，可通过避免重复进行物理原型测试并改进质量，降低产品设计研发成本；在生产端，数字经济促进供给与需求相互融合，能够满足个性化需求，提高了消费者效用，制造业生产模式可以从少品种、大批量向多品种、小批量转变，提高生产过程的柔性和效率；此外，基于大数据分析，可以更加准确地模拟稳定的消费，或者带有规律性的消费变化，使降低供需缺口成为可能。无论是哪种机制，资源配置效率都会被大大提高，市场生产的"盲目性"都会降低；[2]在运维端，基于算法和大数据分析等技术对设备和物料情况进行规划并进行事前预测性维护，有助于提高生产制造过程的稳定持续性，降低设备运营和维护成本；在检测端，传统的检测环节通常由人工完成，存在检测效率低、识别错误率相对较高等问题，而"人工智能+机器视觉"的检测方案有良好的延展性、统一的标准及较高的定制化程度，能够减少人力成本、提高检测效率；在物流端，智慧物流是具有分析决策和智能执行能力、高度智能化和自动化的物流系统，通过信息流与物品流的快速高效流转，实现降本提效。

　　总之，新冠疫情对我国外向型制造业的影响是综合性的，我们在看到其消极负面影响的同时，也要看到它在一定程度上倒逼我国外向型制造业苦练内功，增强自主创新能力，加速了我国外向型制造业转型升级的进程。

---

　　[1]　数字孪生是一种虚拟模型，研究对象配备了与重要功能领域相关的各种传感器，这些传感器产生有关物理对象性能不同方面的数据（例如能量输出、温度、天气条件等），然后将该数据转发到处理系统并应用于数字副本。一旦获得此类数据，虚拟模型可用于运行模拟、研究性能问题并带来可能的改进，然后可以将其应用回原始物理对象。

　　[2]　杨新铭："数字经济：传统经济深度转型的经济学逻辑"，载《深圳大学学报（人文社会科学版）》2017年第4期。

第四章
我国制造业在全球价值链的地位演变

第一节　引言与研究综述

自 2017 年以来，美国政府将大幅贸易逆差的来源归结到中国的头上。特朗普政府随美国税改落地、密集的贸易调查结果出炉、中期大选，开始对中国进行史无前例的贸易制裁。2020年以来，叠加新冠疫情影响，以美国为首的西方多国进行了全球产业链回缩和替代战略。比如，美国政府从财政上支持美国企业迁出中国，搬迁支出可以计入相关费用抵扣；日本政府从经济刺激方案中拨出 22 亿美元，帮助制造商转移生产基地，以维护其产业链安全；欧盟也在美国的怂恿之下，暂停了《中欧贸易协定》，对中国加以打压。

自改革开放以来，通过贸易、投资和技术交流，中美之间在经济上已经形成高度相互依赖的格局。但是，随着中美经济差距的缩小，美国一些政治精英产生了严重的恐中情绪。特朗普政府把中国当作头号对手。美国政府不但对中国发动贸易战，大幅提高关税，而且把大量中国高技术企业列入"实体清单"，对中兴和华为等高技术企业实施制裁。特朗普政府的官员公开声称他们这样做的目的是要把中国踢出全球产业链。尽管相比特朗普政府，拜登政府的对华经济政策在调门上有所缓和，但到目前为止还看不出美国的全球产业链会有实质上的调整。

国内外学者围绕全球产业链、价值链的研究主要集中在研究区域内国家间资源禀赋差异导致的价值链分割以及研究各国不同时期和不同制度环境导致的全球价值链差异等。

首先，学者们利用"跨国投入—产出表"和不断创新的"投入—产出"方法来分析全球产业链分工。大多数学者选择使用包含 41 个经济体、35 个行业、1995—2014 年的 WIOD 数据库，并采用了不断深入的投入—产出方法。华西里·列昂惕夫（1936）作为投入—产出分析方法的创始人，利用投入—产出表为研究一国社会生产各部门之间的相互依赖关系打开了一扇大门；罗纳德·E. 米勒（Ronald E. Miller）、彼得·D. 布莱尔（Peter D. Blair）做了"投入—产出"研究领域的一些重要进展。随着研究全球产业链问题的日益深入，学者们开始将投入—产出方法由一国内部扩展到跨国领域，比如 Hummels 等（2001）、Pol Antràs & Davin Chor（2012）、Richard Baldwin & Javier Lopez-Gonzalez（2013）、Koopman R（2012，2014）、Wang etc.（2017）等。

王直、魏尚进等（2015）将库普曼等提出的一国总贸易流分解法扩展到部门、双边和双边部门层面的研究，把各层面的国际贸易流都分解为被国外吸收的国内增加值、返回并被国内吸收的国内增加值、国外增加值和纯重复计算四大组成部分，并根据贸易品的价值来源、最终吸收地和吸收渠道的不同，区分为 16 种不同路径，从而在传统国际贸易统计与国民经济核算体系之间建立了一个系统性的对应框架。这一新的核算体系揭示了国际贸易研究中广泛使用的指标，如贸易平衡、垂直专业化、增加值出口和显性比较优势等在方法上的局限，进而对这些指标做了重新阐释。[1]

王直等学者（2017a、2017b）在前续研究的基础上继续扩展，将全球价值链的分析框架从出口阶段延伸到生产阶段，建立了生产分解模型的核算框架，对国内生产的前向联系和后向联系进行分解，定义了国家—部门层面参与全球价值链的程度、位置、竞争力等指标。

本节主要是以跨国投入—产出表为基础展开研究，由于数据最全面的 WIOD 数据目前只更新到 2014 年，2014 年以后，特别是近几年，国际经济环境发生了急剧变化，突出表现为经济全球化倒退，美国组织主要西方发达国家对中国进行贸易制裁，全球价值链联系发生了巨大变化，现有文献受限于数据滞后性，未能揭示中国近年来参与全球价值链的最新变化。本章借助新发布的亚洲开发银行制作的投入—产出表，借鉴王直等学者（2015）的方法，重点从后向关联的角度测算中国与其他经济体的增加值关联程度，计算中国在全球产业链中的位置，并在增加值基础上重新测算近年来中国主要制造业的比较优势指数，并据此预测中国制造业出口的未来走向与演变趋势。

第二节　价值链、产业链和供应链的关系

价值链、产业链和供应链是三个相互联系但未被清晰界定的概念。贺俊在"从效率到安全：疫情冲击下的全球供应链调整及应对"一文中提及：价值链是指研发、制造、销售等创造价值的活动；供应链强调企业间产品或服务的投入产出关系或上下游关系。狭义的产业链包括价值链和供应链两个方面，而

---

〔1〕 王直、魏尚进、祝坤福："总贸易核算法：官方贸易统计与全球价值链的度量"，载《中国社会科学》2015 年第 9 期。

广义的产业链除狭义产业链外，还包括产业间的关系。[1]

价值链与产业链和供应链不完全相同。"三链"有相同点，但是考虑的重点不同。一般来讲，价值链主要是考虑福利的问题，[2]从福利的角度看一国的价值链，就是要获得更多的价值增加值。

供应链主要从企业的角度讲企业上下游的分工协调、成本管理，供应链一般会涉及安全性，而价值链的安全概念提得比较少。

产业链也讲产业链安全与风险，但是产业链主要是从国家、政府的角度，它是一个战略性的概念。比如讲半导体产业链的安全，是长期的视角。

企业的供应链组成国家产业链，供应链、产业链蕴含了价值链，国家和企业都是为了获得更高的增加值，但是在生产全球分割的环境下，供应链、产业链的研究一般都重点考虑其安全与风险的问题，相对而言，价值链一般不讨论安全和风险。

一、关于产业链的研究

有关产业链的研究，国内学者有诸多丰富的理论研究成果。关于产业链的定义，目前有多种解读。

（1）形成产业链的企业，可以是同一产业的企业，也可以是来自不同产业的企业。以三星为例，一方面，三星自己可以提供包括处理器、屏幕、摄像头等全系列关键的手机元器件；另一方面，三星作为上游原材料供应商向下游中国诸多手机厂

---

〔1〕　贺俊："从效率到安全：疫情冲击下的全球供应链调整及应对"，载《世界经济导刊（人大复印）》2020年第9期。

〔2〕　商务部做价值链的数据库主要目的是希望中国获得更多的增加值，是从福利的角度考虑的。

商提供屏幕、摄像头和处理器等元部件。

（2）产业链是企业的集合，企业是产业链的载体。

（3）产业链以产品为对象，即以生产的对象为对象形成的，这里的产品既可以是有形的产品，也可以是无形的服务。前者比如汽车、钢材，后者比如金融、IT、咨询服务等。

（4）产业链是以投入产出为纽带，上一企业生产的产品一定是下一企业的投入，直到完成整个产品的生产为止。比如，上游的铁矿石加工成为铁精粉后和其他原料一起成为下一道工序炼钢/炼铁的原料。

（5）产业链是以价值增值为导向的。产业链中的企业从上游到中游再到下游是一个不断增值的过程，直到用户买走产品，实现了产业链的价值为止。

（6）产业链是以满足用户需求为目标的。产业链从原材料供应一直到生产出用户需求的产品，整个过程都是按用户需求来组织生产的，如果生产出的产品，用户不需要，则产业链的价值就无法实现。从这点上可以看出，它和"价值链"的用户价值导向相联系。

（7）产业链的关联关系有时间的次第性和空间的区位指向性。首先产业链中上下游产品的出产和衔接按照时间的顺序进行，只有上游的企业把下游需要的产品生产出来才能供下游企业使用。其次上下游企业的排布不一定都在一个特定的区域，有可能是全国甚至全世界。

（8）产业链的组织性质是中间性组织形式，是"有组织的市场"和"有市场的组织"双重属性的合作竞争型准市场组织。合作和竞争贯穿于产业链的各个环节，企业不仅要与竞争对手争夺下游市场份额和用户，也要延伸到上游整合合作伙伴。

二、关于价值链的研究

1985 年迈克尔·波特（Michael E. Porter）[1]在其代表作《竞争优势》中首次提出"价值链"概念。波特认为，每个企业的运作都有其目的，都是取得价值的最大化。为了达到其目的，需要进行一系列的运作活动，包括设计、生产、营销以及对产品起辅助作用的各种活动的综合，所有这些活动都可以用价值链表示。

（一）价值链的定义

所谓价值链，是指一系列创造价值的活动，通常是企业内部各部门或者行业内部多个企业合作开展的，旨在向最终消费者提供服务产品的一系列活动。当服务产品满足了消费者的需求时，其各项生产活动才能成为价值创造的环节，这一系列活动环节才能构成价值链。

对于"全球价值链"（GVC），联合国工业发展组织给出的定义是：为实现商品或服务价值而连接生产、销售、回收处理等过程的全球性跨企业网络组织，涉及从原料采购和运输，半成品和成品的生产和分销，直至最终消费和回收处理的整个过程。从这一界定可以看出，全球价值链涵盖全球产业链（global industry chain）和全球供应链（global supply chain）。

---

[1] 迈克尔·波特（Michael E. Porter）是哈佛大学商学研究院著名教授，当今世界上少数最有影响的管理学家之一。他曾在 1983 年被任命为美国总统里根的产业竞争委员会主席，开创了企业竞争战略理论并引发了美国乃至世界的竞争力讨论热潮。他还是世界各地很多企业领导和政府官员的顾问。他先后获得过威尔兹经济学奖、亚当·斯密奖，三次获得麦肯锡奖，拥有很多大学的名誉博士学位。波特已有十四本著作，其中最有影响力的有《品牌间选择、战略及双边市场力量》（1976）、《竞争战略》（1980）、《竞争优势》（1985）、《国家竞争力》（1990）等。

（二）企业价值链活动的构成

企业价值链由两种价值活动构成，即基本增值活动和辅助性增值活动。基本增值活动包括生产经营的各个环节，如内部后勤包括材料购进、产品开发、生产加工、成品发运等；外部后勤如材料、设备供应，市场营销和售后服务。辅助性增值活动包括组织建设、人力资源管理、技术开发和采购管理。

三、关于供应链的研究

产业链是经济学概念，供应链则是一个管理学概念。供应链的概念源于价值链，所谓供应链包括原材料及零部件供应商、制造商、批发商、零售商以及运输商等一系列企业及终端消费者在内，涉及物流、信息流和资金流的企业网络系统。

供应链、产业链之间具有逻辑的必然联系，二者具有极强的相关性，只是在研究的视角、范畴方面有所区别。

根据朱启兵（2020）的研究，所谓产业链，是指各个产业部门之间基于一定的技术经济关联，并依据特定的逻辑关系和时空布局关系客观形成的链条式关联关系形态。所谓供应链，则是指由原材料供应商、制造商、分销商、零售商、消费者组成的链状结构，其连接了原材料和零部件采购、运输、加工制造、分销直至最终送到消费者手中这一整个过程。二者的主要区别在于，产业链是从产业角度出发，涉及的是不同产业的产品，而供应链是从供应角度考察上下游企业之间的关系。

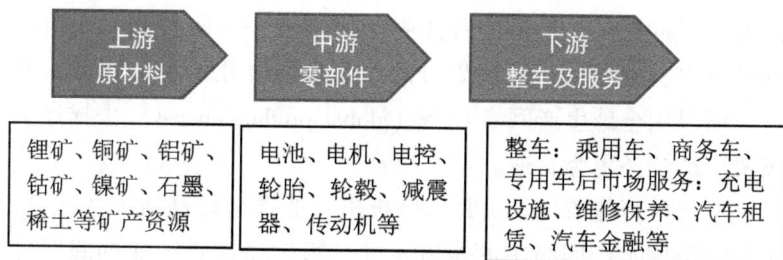

（a）汽车产业链示意图

（b）汽车供应链示意图

图4-1 汽车产业链与供应链示意图

资料来源：作者根据刘立品、朱启兵：《新冠疫情与制造业转移：会影响中国全球产业链供应链地位吗?》一文做了适当修改。

四、全球生产网络

全球产业链（全球价值链）的形成是生产过程碎片化的结果。以集成电路为例，产业链分为芯片设计、晶圆制造、封装测试等环节。设计的起点是在美国，之后在日本制造晶圆，在中国完成芯片的封装测试，加工成为最终的消费品，又运回到美国进行消费，可以用全球产业链的概念来形象地描述这种分工形式。

全球产业链暗示了生产过程的线性，一环扣一环的顺序性。但以全球产业链（全球价值链）的概念来描述20世纪70—80年代以来的新国际分工格局并不充分，因为国际分工的形式比全球产业链（全球价值链）要复杂得多。以飞机的情况为例，飞机的设计和制造过程涉及十几个系统，这十几个系统的工作需要同时推进，并不是像芯片生产那样从一个阶段到一个阶段循环下去、按照生产阶段划分的，而是同时几条生产线齐头并进，所以用全球生产网络GPN（global production net）去描述大飞机生产链条更为合适。

网络分析能够比较清楚地分析出企业在全球网络中的地位，企业在全球生产网络中的位置不同，影响力或者产业的脆弱性就会有很大差别。在图4-2的全球生产网络GPN中，最上方图中A占据支配地位，中间图A的作用有限，最下方图中A和其他位置上的参与者起到的作用基本相同。

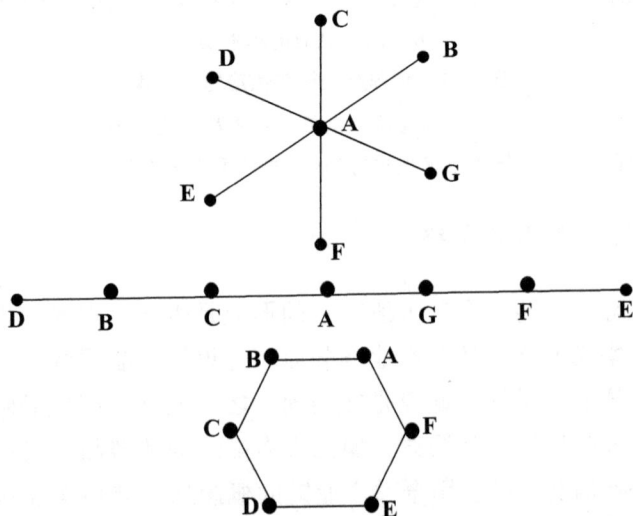

图4-2　A国在全球生产网络中的不同位置示意图

资料来源：《余永定评"2021·曲江报告"：全球产业链重构与中国选择》，新浪财经，2021-06-08。

综上分析，中国必须成为全球生产网络的中心节点，既是供应的中心，也是需求的中心，才能奠定在全球生产网络中的地位。目前来看，中国在全球产业链中的供需地位是不对称的，这种供需的不对称主要是由简单产业链导致的。在简单产业链，中国已成为全球公认的供给枢纽，需求则相对作用较弱，需求视角下中国的中心性要小得多。目前美国对全球产业链需求端的影响作用已经远远小于 2000 年，相比之下，中国的影响作用在提升，世界处在美国的去中心化和中国大陆在亚洲的中心化的此消彼长之中。

第三节　基本分析方法与主要测算指标

在百年未有的大变局之下，全球产业链不可避免地会发生变动，经济全球化的暗淡和倒退必定会动摇现有的全球产业链分工体系，全球产业链回归内向化倾向已经出现，中国在其中的位置也将不可避免地受到影响。本节我们利用投入—产出表对中国在全球价值链的位置与产业竞争力进行分析。

一、一国投入—产出表

投入—产出表是指以产品部门分类为基础的棋盘式平衡表，用于反映国民经济各部门的投入和产出、投入的来源和产出的去向，以及部门与部门之间相互提供、相互消耗产品的错综复杂的技术经济关系。

投入—产出表在 20 世纪 30 年代产生于美国，它是由美国经济学家、哈佛大学教授瓦西里·列昂惕夫（W. Leontief）在前人关于经济活动相互依存性的研究基础上首先提出并研究和编制的。列昂惕夫从 1931 年开始研究投入—产出技术，编制投入产出表，目的是研究美国的经济结构。通过论著，列昂惕夫提出了投入—产出表的概念及其编制方法，阐述了投入—产出技术的基本原理，创立了投入—产出技术这一科学理论。也正是在投入—产出技术方面的卓越贡献，列昂惕夫于 1973 年获得了第五届诺贝尔经济学奖。

投入—产出中的"投入"是指产业部门在生产产品及服务的过程中对原材料、工具设备以及劳动力等的使用。投入可以分成两类，分别是最初投入和中间投入，最初投入是在生产过程中投入的初始要素，这种投入可以是资本品也可以是劳动力，最初投入对应着经济学中的增加值，因此也被称为增加值投入；中间投入是在生产过程中被完整地消耗掉的中间产品，这些中间产品的价值全部进入消耗该中间品的部门的产出价值中。

产出是指进行一项活动的结果，如生产活动的结果为本系统各部门生产的产品（包括物质产品和劳务）。从产出的去向来看，可以分为中间需求（中间产品）和最终需求（最终产品）。中间产品是作为中间投入被各部门生产消耗掉；最终产品进入市场的形式可以为消费、形成资本或出口。

表 4-1 一国投入产出表的简单示例

（单位：亿元）

		中间使用				最终使用				总产出
		农业部门	工业部门	其他部门	合计	消费	资本形成	净出口	合计	
中间投入	农业部门	200	300	50	550	400	100	50	550	1100
	工业部门	200	800	250	1250	500	300	100	900	2150
	其他部门	150	200	100	450	400	300	30	730	1180
	合计	450	1300	400	2250	1300	700	180	2180	4430

续表

		中间使用				最终使用				总产出
		农业部门	工业部门	其他部门	合计	消费	资本形成	净出口	合计	
最初投入	固定资产折旧	50	100	50	200					
	从业人员报酬	350	320	280	950					
	生产税净额	100	280	210	590					
	营业盈余	50	150	240	440					
	合　计	550	850	780	2180					

　　表4-1是一个简化形式的三部门投入产出表，它的水平方向反映了各部门产品的去向，包括中间需求和最终需求（也称为中间使用和最终使用），其中，中间使用是指某部门产品作为中间产品进入其他部门的生产过程中，被完全地消耗掉；最终使用是指产品作为最终产品进入生产活动以外的领域，如消费、企业固定资产形成以及出口等。以表4-1为例，农业部门的总产出为1100亿元，总产出中有550亿元的产出属于中间使用，它们作为中间产品投入各个部门的生产过程中，这550亿元中间使用中有200亿元的产品被投入农业部门，300亿元的产品被投入工业部门，50亿元产品被投入其他部门；总产出中剩余的550亿元产品成为最终使用，其中有400亿元的产品被用于消费，100亿元的产品用于资本形成，剩余50亿元的产品出口到

国外（表中净出口为出口减去进口）。由投入产出表水平方向可得均衡方程如下：

$$\sum_{j=1}^{n} x_{ij} + f_i = X_i (i = 1, 2, \ldots, n)$$

式中，x_{ij} 是 i 部门产品被 j 部门消耗的中间投入部分，f_i 是 i 部门产品被用作最终需求的部分，x_i 是 i 部门总产出。

投入产出表垂直方向描述了各部门生产过程中的投入情况，分为中间投入和最初投入两部分。中间投入是指各部门在生产活动中对原材料、动力、服务等的消耗，这些原材料、动力、服务等被完全消耗；最初投入是指各部门在生产过程中部分消耗的投入，由固定资产折旧、从业人员报酬、生产税净额和营业盈余组成。

以表 4-1 为例，工业部门的总投入是 2150 亿元，生产过程中消耗的中间投入为 1300 亿元，其中消耗农业部门产品 300 亿元，工业部门产品 800 亿元，其他部门产品 200 亿元；工业部门生产消耗的最初投入为 850 亿元，包括固定资产折旧 100 亿元，从业人员报酬 320 亿元，生产税净额 280 亿元，营业盈余 150 亿元。由投入产出表垂直方向可得均衡方程如下：

$$\sum_{i=1}^{n} x_{ij} + v_i = X_i (i = 1, 2, \ldots, n)$$

式中，x_{ij} 是 i 部门产品被 j 部门消耗的中间投入部分，v_j 是 j 部门的增加值矩阵，也是 j 部门的最初投入矩阵。

投入—产出表的基本分析方法就是以水平方向和垂直方向的两个均衡方程为基础，对任意部门，其总投入和总产出是相等的。以工业部门为例，其运用的中间投入总计为 1300 亿元，而部门总产出为 2150 亿元,增加值部分就是最初投入,从收入法角度衡量,就对应着四部分:分配给居民部门的从业人员报酬,分配给政府部门的生产税净额,固定资产折旧,以及留存在企业部门的营业盈余。

二、世界投入—产出表

(一)世界投入—产出表的构建

世界投入—产出表的构建涉及一些基础数据以及一些基本假设。基础数据主要是三个。

第一,各个国家的投入—产出表。全球主要的经济体一般都会定期编制本国的投入—产出表。中国的投入—产出表目前更新至 2018 年。一些不编制投入产出数据的国家,一般将其合并在一起,作为一个整体,列入全球"其他"这一部分,并对这部分的数据作一些估计。

第二,全球商品贸易与服务贸易数据。贸易数据较为完善,以中国的商品贸易数据为例,有出口至各个国家的基于 HS(世界海关组织制定的统一标准,各国前 6 位是一致的)分类编码的各个商品的出口数据。

第三,编码转换表。以商品贸易为例,需要将 HS 分类编码转为投入—产出表编制中使用的行业分类——联合国制定的国际标准产业分类体系(International Standard Industrial Classification of All Economic Activities,ISIC)。此外,需要基于联合国制定的 BEC(它有三大基本货物类别:资本品、中间产品和消费品,与国民核算体系的三大货物类别相一致)将出口的商品分为中间产品和消费品。

主要的基本假设如下:

第一,全球由 m 个国家或地区组成,每个国家或地区的经

济活动分为 n 个行业。理论上，如果数据足够齐全，m 可以为全球所有的国家或地区的数量，n 可以是最细致的行业分类对应的行业数量。但限于数据可得性，m 和 n 都不会太大。m 中会包括一个特殊的国家，即全球除模型中包括的国家之外的地方。

第二，一国生产的商品有两种用途。一种是用于本国或者其他国家的中间消耗。另一种是用于本国或者其他国家的终端消费。即一国的总产出等于用于中间消耗的部分加上用于终端消费的部分。

第三，中间品可以不断地加工或出口。但终端消费品最多出口一次，即要么在本国消费，要么出口到另一个国家被消费。现实中可能存在终端消费品被进口国再次出口到其他国家的现象。

第四，全球所有国家的增加值（GDP）等于所有国家的终端消费之和。但对于一国而言，其终端消费不等于其 GDP。这一点与研究国内的投入产出表时会有点不一样（国内投入—产出表中终端消费加上净出口等于其 GDP）。

（二）世界投入—产出表的结构

世界投入—产出表是利用地区间商品和劳务流动，将各地区投入—产出表连接而成的表格。区域间投入—产出表系统、全面地反映了各个地区各个产业之间的经济联系，并对各个地区间商品和劳务流动进行了描述，是进行地区之间产业结构和技术差异比较、分析地区间产业相互联系与影响、资源在地区间的合理配置、地区经济发展对其他地区经济的带动作用和溢出、反馈效应等相关研究的重要基础工具。

假设世界上有 m 个经济体，$m=1, 2, \cdots, m$，n 个行业，$n=1, 2, \cdots, n$，那么典型的投入—产出表结构如表4-2所示。

表 4-2　亚洲开发银行（ADB）的区域投入—产出表结构

		中间使用			最终使用					出口	总产出
		产业 1	产业 2	……	产业 n	家庭消费	NP-ISH	政府消费	形成固定资产	库存变化		
国内投入	产业 1											X_1
	产业 2											X_2
	……											……
	产业 n											X_n
进口投入	产业 1											
	产业 2											
	……											
	产业 n											
总中间投入												
增加值												
总产出		X_1	X_2									

注：NPISH：服务家庭的非营利组织消费。

以表 4-2 为例，阐述区域投入—产出表的解读方法：

（1）从水平方向来看，它反映了反映各部门的产出及其使用去向，即"产品分配"过程，包括中间使用和最终使用，其中，中间使用是指某经济体某部门产品作为中间品进入各经济体中各产业的生产过程中，被完全地消耗掉；最终使用是指产品作为最终品进入各经济体生产活动以外的领域，如消费、固定资本形成以及出口等。

（2）从垂直方向来看，它反映各部门的投入及其提供来源，即"价值形成"过程，包括中间投入和最初投入（增加值）。其中，中间投入是在生产过程中被完整消耗的中间品，这些中间品的价值全部进入消耗该中间品的部门的产出价值中；最初投入是指某经济体某部门在生产过程中投入的初级要素，它在生产过程中只是被部分地消耗，其价值是部分地、以折旧等方式进入消耗该产品的部门的产出价值中，这种投入可以是资本品也可以是劳动力，对应着经济学中的增加值，因此也被称作增加值投入。

三、测算方法与指标

利用投入产出表的数据可计算得到多类系数，包括直接由表内数据计算可得的基础系数和基于基础系数计算得到的衍生系数，这些系数构成了投入产出分析的基础。

（一）基础系数的测算

假如世界上有三个经济体，中国、美国和其他国家，由世界投入产出表的水平方向可得等式：

$$Z_{11}^{cc} + Z_{12}^{cc} + Z_{13}^{cc} + Z_{11}^{ca} + Z_{12}^{ca} + Z_{13}^{ca} + Z_{11}^{co} + Z_{12}^{co} + Z_{13}^{co} + f_1^{cc} + f_1^{ca} + f_1^{co} = x_1^c$$

式中，上标的含义是经济体，c 为中国，a 为美国，o 为其他经济体；下标是产业或部门，x_1^c 是中国 1 产业的总产出。

由世界投入产出表的垂直方向可得等式：

$$Z_{11}^{cc} + Z_{21}^{cc} + Z_{31}^{cc} + Z_{11}^{ac} + Z_{21}^{ac} + Z_{31}^{ac} + Z_{11}^{oc} + Z_{21}^{oc} + Z_{31}^{oc} + v_1^c = x_1^c$$

x_1^c 是中国 1 产业的总投入，v_1^c 是中国 1 产业的增加值。

（1）区域内直接消耗/投入系数为：

$$a_{ij}^{rr} = \frac{Z_{ij}^{rr}}{X_j^r}$$

其中，下标 ij 为产业或者部门，上标 r 为经济体。
（2）区域间直接消耗/投入系数为：

$$a_{ij}^{rs} = \frac{Z_{ij}^{rs}}{X_j^s}$$

将直接消耗系数记为 A，A=

$$\begin{bmatrix} A_{cc} & A_{ca} & A_{co} \\ A_{ac} & A_{aa} & A_{ao} \\ A_{oc} & A_{oa} & A_{oo} \end{bmatrix}$$

其中，A_{ac} 表示中国各产业中来自美国的中间投入品比例。
列昂惕夫逆矩阵为
$B = (1 - A)^{-1}$，B 也可以表示为矩阵。

$$B = \begin{bmatrix} B_{cc} & B_{ca} & B_{co} \\ B_{ac} & B_{aa} & B_{ao} \\ B_{oc} & B_{oa} & B_{oo} \end{bmatrix}$$

其中，B_{ac} 表示中国各产业的单位产出中来自美国各产业的全部中间投入品比例，既包括来自美国的直接中间投入品，也包括美国流经其他经济体后进入中国的间接中间投入品。
通过上述分析，可以计算某产业的前向和后向联系。j 产业的直接后向联系就是投入系数矩阵 A 的第 j 列的所有元素相加的和，即 $\sum_{i=1}^{n} a_{ij^n}$，直接后向联系相当于产业 j 生产 1 美元的产出所需的所有中间投入品的总价值。

为了便于可比性，经济部门 j 的直接后向联系均加以标准化。标准化值等于产业 j 的直接后向联系 BL（Backward Linkage）与经济中所有直接后向联系的算术平均值之比：

$$\overline{\text{BL}}\ (\text{d})_j = \frac{\sum_{i=1}^{n} a_{ij}}{(1/n)\ \sum_{i=1}^{n} a_{ij} \sum_{j=1}^{n} a_{ij}}$$

（3）j 产业标准化的后向联系指数的计算公式是：

$$\overline{BL_j} = \frac{BL_j}{\dfrac{1}{n} \sum_{j=1}^{n} BL_j}$$

前向联系：

$$x' = v'(I - B)^{-1} = v'G$$

$$FL_i = \sum_{j=1}^{n} g_{ij}$$

j 产业标准化的前向联系指数的计算公式是：

$$\overline{FL_j} = \frac{FL_j}{\dfrac{1}{n} \sum_{i=1}^{n} FL_i}$$

（4）增加值系数为：

$$av_j^r = \frac{v_j^r}{X_j^r}$$

各经济体共同组成的增加值系数向量为：

$$V = \begin{bmatrix} V_c & V_a & V_o \end{bmatrix}$$

（5）区分来源的增加值占比矩阵 VAS（value added share）如下：

$$VAS = \hat{V}B = V(1-A)^{-1} = \begin{bmatrix} V_cB_{cc} & V_cB_{ca} & V_cB_{co} \\ V_aB_{ac} & V_aB_{aa} & V_aB_{ao} \\ V_oB_{oc} & V_oB_{oa} & V_oB_{oo} \end{bmatrix}$$

其中，V_cB_{cc} 表示中国生产的某产业产品中来自本国的增加值比重，V_oB_{oa} 表示美国生产的某产业产品中来自其他国家的增加值比重。在多国框架下，特定行业的所有增加值要么产生于国内、要么产生于国外，二者相加等于 1，所以 VAS 矩阵的每一列求和都为 1，即

$$V_cB_{cc} + V_aB_{ac} + V_oB_{oc} = 1$$

（6）区分来源的出口蕴含增加值占比。

VAS 矩阵包含了在部门层面上区分一国产品中本国和进口增加值占比的所有信息，更进一步，我们可以计算出一国某部门出口产品中本国和进口增加值占比，其公式如下：

$$VASE = \hat{V}B\hat{E} = \begin{bmatrix} V_cB_{cc}E_c & V_cB_{ca}E_a & V_cB_{co}E_o \\ V_aB_{ac}E_c & V_aB_{aa}E_a & V_aB_{ao}E_o \\ V_oB_{oc}E_c & V_oB_{oa}E_a & V_oB_{oo}E_o \end{bmatrix}$$

E 为各经济体各部门的出口（export），包括中间品出口和最终品出口。

VASE 矩阵详细描述了每个经济体的出口品生产所含的增加值来源。根据 Miller & Blair（2009）、Wang et al.（2014）的界定，该矩阵沿着行上的元素（之和）表示由某个"经济体—行业"产生的增加值被其自身以及所有下游"经济体—行业"所使用，这是基于前向关联（forward linkage）或供给视角的分解；该矩阵沿着列上的元素（之和）表示某个"经济体行业"最终品产出中所隐含的来自其自身以及所有上游"经济体行业"的增加值，这是基于后向关联（backward linkage）或使用者视角的分解。这两个视角和两类指标的区分具有重要意义，有助于全面厘清全球价值链分工背景下的各个"经济体—行业"之间的相互关系。

国内增加值对出口的贡献率一定程度上可以反映一国出口产品的自主程度，出口包含国内增加值越大，说明自给自足率越高，对外依存度越低。

（二）一国在全球价值链中的位置

评估一国在全球价值链中的位置，需要从两个维度来予以考虑。

第一，全球分工所处位置（计算公式为：ln［1+前向参与度］-ln［1+后向参与度］）。衡量的是，一国参与全球分工的方式，是更多作为原材料或者中间品供应商参与，还是更多通过进口原材料与中间品，通过组装成终端消费品参与。

第二，全球分工参与度（计算公式为：前向参与度+后向参与度）。前向参与度也称为从出口角度参与全球价值链。后向参与度也称为从进口角度参与全球价值链。

Koopman（2010）等提出了测算一国某产业在 GVC（Global Value Chain）所处国际分工地位的具体指标——"GVC 地位指数"。该指数是用一国某产业"中间品"出口额（用于他国生产和出口"最终产品"），与该国该产业的"中间品"进口额（用于本国生产和出口"最终产品"）进行比较，得到一国某产业在全球价值链中所处的地位，其公式为：

$$GVCposition_{ir} = ln\left(1 + \frac{IV_{ir}}{E_{ir}}\right) - ln\left(1 + \frac{FV_{ir}}{E_{ir}}\right)$$

其中，IV_{ir} 表示 r 国 i 产业的前向参与度，即 r 国 i 产业向其他国家出口的中间品贸易额；FV_{ir} 表示 r 国 i 产业的后向参与度，即其出口的最终产品中包含的国外进口的中间品价值；E_{ir} 表示 r 国 i 产业的出口额。显然，如果一国某产业的出口产品中来自国外的进口中间品比重越小，出口中到其他经济体的中间品比重越大，则说明该产业在全球价值链中的地位越高，越处于上游，即它对外依赖度低，而国外对它依赖度高。

由于 GVC 地位指数是一个比例类型的指标，忽略了一国的经济体量和经济活跃度，因此仅考虑 GVC 地位指数是不够的，还需参考 GVC 参与度，比如，日本和墨西哥的非加工贸易的电气设备制造业的 GVC 地位指数显示二者都位于全球价值链的上游，但是比较二者的 GVC 参与度指数可以发现日本的电气设备制造业参与度高于墨西哥的电气设备制造业参与度，说明日本的电气设备制造业更多地参与到全球价值链中，因此更能印证其位于全球价值链上游的地位。GVC 参与度指数等于前向参与度+后向参与度，公式如下：

$$GVCparticipation_{ir} = \frac{IV_{ir}}{E_{ir}} + \frac{FV_{ir}}{E_{ir}}$$

（三）全球比较优势指数

我们使用显示性比较优势指数（RCA）和贸易竞争力指数（TC）衡量产业的全球比较优势。

1. 显示性比较优势指数（RCA）

显示性比较优势指数（RCA），是美国经济学家贝拉·巴拉萨（Balassa Bela）于 1965 年测算部分国际贸易比较优势时采用的一种方法，可以反映一个经济体某一产业贸易的比较优势。该指数利用现有的贸易模式来确定特定经济在哪些行业具有比较优势，它通过该产业在该国出口中所占的份额与世界贸易中该产业占世界贸易总额的份额之比来表示，剔除了国家总量波动和世界总量波动的影响，可以较好地反映一个国家某一产业的出口与世界平均出口水平相较下的相对优势。传统比较优势指数（TRCA）的公式如下：

$$TRCA_i^r = \frac{\dfrac{e_i^{r*}}{\sum_i^n e_i^{r*}}}{\dfrac{\sum_t^G e_i^{t*}}{\sum_i^n \sum_t^G e_i^{t*}}}$$

根据日本贸易振兴协会（JETRO）的标准，总体来说，若 0<RCA<1，则表示某产业或产品具有比较劣势，RCA 数值越是偏离 1 接近于 0，比较劣势越明显；若 RCA>1，则表示一国某产业或产品在国际经济中具有显示性比较优势，其数值越大，显示性比较优势越明显。如果 RCA>2.5，则具有很强的竞争优势；若 1.25<RCA<2.5，则具有较强的竞争优势；若 0.8<RCA<1.25，则该行业具有较为平均的竞争优势；若 0<RCA<0.8，则不具有竞争优势。

王直、魏尚进和祝坤福（2013）提出了一种新的衡量比较优势指标（NRCA），该指标去除了出口总额中的外国增加值和纯重复计算部分，但包括本部门增加值通过隐含于本国其他部门出口而间接出口的部分。例如，中国农业增加值的出口包含了大量隐含在纺织服装出口中的农业（棉花）增加值，远高于中国棉花出口总值。[1]他们将新比较优势指数（NRCA）定义为基于一国产业部门基于前向联系计算的本国总出口中含的国内增加值 $dvix\_f_i$ 占该国出口中总国内增加值的比例，相对于所有国家出口中的该部门所创造的增加值占全球总出口国内增加值的比例的比较值。[2]新比较优势指数（NRCA）的公式为：

$$NRCA_i^r = \frac{\dfrac{dvix\_f_i^{r*}}{\sum_{i=1}^{n} dvix\_f_i^{r*}}}{\dfrac{\sum_{t}^{G} dvix\_f_i^{t*}}{\sum_{i}^{n}\sum_{t}^{G} dvix\_f_i^{t*}}}$$

新比较优势指数（NRCA）使用与传统比较优势指数（TR-

---

〔1〕　王直、魏尚进、祝坤福："总贸易核算法：官方贸易统计与全球价值链的度量"，载《中国社会科学》2015 年第 9 期。

〔2〕　王直、魏尚进、祝坤福："总贸易核算法：官方贸易统计与全球价值链的度量"，载《中国社会科学》2015 年第 9 期。

CA）的含义完全相同，只是新比较优势指数（NRCA）不使用总出口额，而只使用每个产业出口的国内增加值部分。

2. 贸易竞争优势指数（贸易竞争力指数，TC 指数）

贸易竞争优势指数（贸易竞争力指数），即 TC 指数（Trade Special Coefficient），也称贸易专业化系（指）数（Trade Specialization Coefficient, TSC），是指一国进出口贸易的差额占进出口贸易总额的比重，即某个国家的某种产业的净出口额对该国出口加进口总额的比值，用公式表示为：

TC 指数 =（出口-进口）/（出口+进口）

TC 值越高，则可认为相较于其他国家，本国某产业或产品更具竞争力。如果 TC 指数大于零，表明该类商品具有较强的国际竞争力；TC 指数小于零，则表明该类商品不具国际竞争力；TC 指数为零，表明此类商品为产业内贸易，竞争力与国际水平相当。

显示性比较优势指数（RCA）和贸易竞争优势指数（TC）两者均是衡量一国产业全球比较优势的指标，这里我们将其结合起来看以便作相互验证，且可以剔除 RCA 没有考虑进口影响、TC 没有考虑进出口量级的不足。

表 4-3　测算产业竞争力的主要指标

指标	公式	含义	不足
增加值系数	$\dfrac{\text{产业 } j \text{ 的增加值}}{\text{产业 } j \text{ 的总产出}}$	某产业最终产成品的价值中，来自国内的增加值占产成品价值的比重。若来自国内的增加值越高，则该国在全球价值链中的地位越高	

续表

指标	公式	含义	不足
显示性比较优势指数（RCA）	$RCA=\dfrac{X_i/X}{W_i/W}$	某产业在一国出口中所占的份额与世界贸易中该产业占世界贸易总额的份额之比 RCA 大于 1 可认为相较其他国家，某国某产业更具竞争力	没考虑进口的影响
贸易竞争优势指数（TC）	$TC=\dfrac{出口-进口}{出口+进口}$	某个国家的某种产业的净出口额对该国进出口总额的比值。TC 值越高，则可认为相较其他国家，本国某产业更具竞争力	没考虑进出口量级

资料来源：范爱军主编：《国际贸易学》，高等教育出版社 2016 年版。

以上这些指标从不同角度衡量了一国在全球价值链中的位置与竞争优势，有助于本章接下来对中国在全球价值链中地位与竞争力变迁的分析。

第四节　中国在全球价值链中地位与竞争力的变迁

我们通过上述指标的测算，大致能刻画出近几年中国在全球价值链的地位与比较优势的演变趋势。

自改革开放尤其是加入 WTO 以来，中国凭借低廉劳动力资源切入全球产业链分工体系，从 2000 年至 2017 年，中国逐步成长为全球传统贸易和简单全球价值链网络的供需枢纽。

一、我国制造业出口国内增加值占比的变化

中国在全球价值链中地位发生变化，从低价值产品逐渐转向高价值产品，体现为国内增加值比率的上升。根据亚洲开发银行发布的投入产出数据库，对中国初级产品、低技术制造业和高技术制造业出口额的增加值进行分解，结果显示出，中国初级产品的国内增加值最高，而高技术制造业的国内增加值占比最低。从变化趋势来看，高技术制造业的国内增加值占比提升幅度最大，从 2005 年的 66.6%提升到 2019 年的 85.01%。

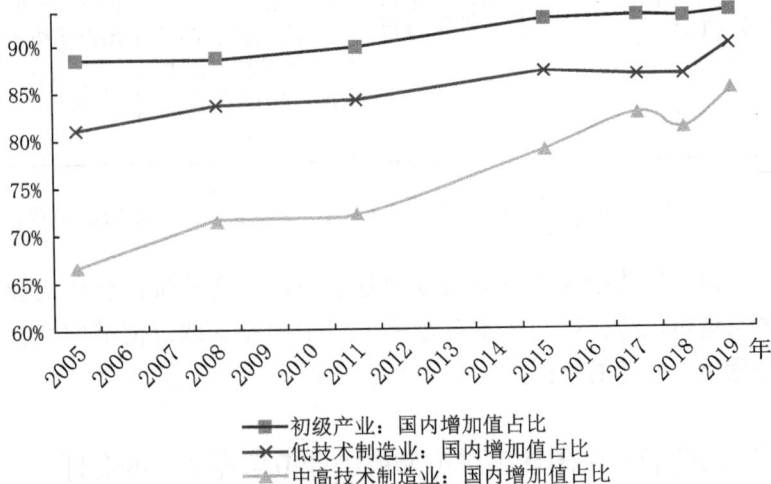

图 4-3　中国不同类别产品的国内增加值变化

数据来源：亚洲开发银行数据库。

通过比较，总体来看，中国各行业的附加值均有所增加，制造业的增加值增幅显著增加。从制造业出口增加值来看，我

国在纺织服装鞋帽皮革羽绒及其制品、木材加工品和家具、食品和烟草、金属制品等产业国内增加值占比均在 80% 以上，反映出中国在低技术产业上具有明显的优势，中间投入品基本依靠国内供应；其他产业的国内增加值提升幅度也不小。2005 年至 2016 年，中国出口产品中国内附加值率的提升幅度排序为：首先为计算机、通信设备、电子设备行业，其次是运输设备制造业（高铁），再次是电气机械及器材，最后是橡塑制品、纸制品与印刷产业。

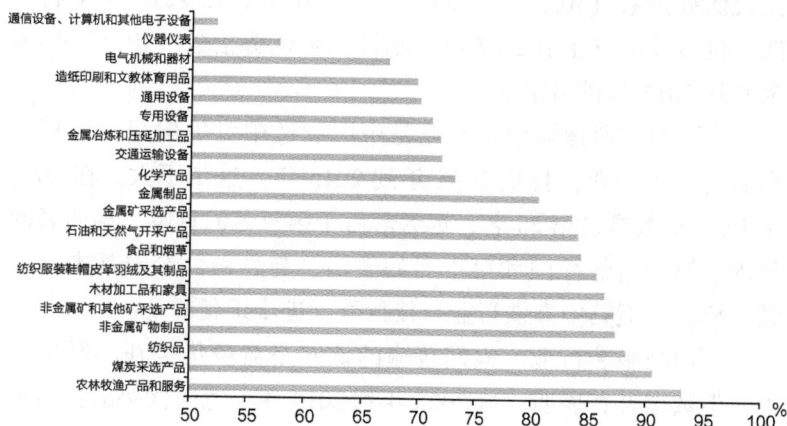

图 4-4　2017 年我国部分制造业出口国内增加值占比

资料来源：商务部全球价值链与中国贸易增加值核算数据库。

另外，中国的贸易产品国内增加值比率在东亚区域内的比例远高于区域外比率，反映了 2008 年以来产业链的全球化处于停滞不前，更多地被区域化深化所取代的状态，以中国为中心的东亚各经济体在中间品环节分工稳定，东亚的区域化协作程度在不断加深。

二、我国制造业竞争力的变化

整体而言，目前在全球价值链中中国的制造业有着较强的比较优势，制造业基于贸易增加值的新比较优势指数（NRCA）在 2015 年排名第一（64 个国家与地区，包括 OECD 全部成员方）。从 2005 年至 2015 年十年间，中国的制造业在多个领域取得了较大进步：电气机械行业，新比较优势指数（NRCA）在 2005 年排名第三，到 2015 年排名第一；电子设备行业，显示性比较优势指数（RCA）在 2005 年排名第五，在 2015 年排名第四；机械设备行业由 2005 年显示性比较优势指数（RCA）排名第九到 2015 年排名第五。

汽车及交通运输设备产业是中国制造中竞争优势排名较为靠后的一个行业，且从 2005 年到 2015 年，进步不大，在 2015 年 RCA 指数排名第 25 名，远远落后于第三名的日本、第四名的韩国、第六名的德国和第十名的美国，与越南、泰国基本处在同一梯队，但其中高铁行业一枝独秀，进步迅猛。

纺织与服装行业，人们普遍的认知是竞争优势在不断地丧失，但数据计算表明，从 2005 年到 2015 年，竞争优势的排名依然保持在第三，尤其是纺织业，竞争优势非常大。

表 4-4　中国新比较优势指数（NRCA）变化（基于贸易增加值）

	2005 年中国 NRCA 指数排名	2015 年中国 NRCA 指数排名	排名变化
制造业	1	1	
食品加工	42	50	下降 8 位
纺织与服装	3	3	无变化

续表

	2005 年中国 NRCA 指数排名	2015 年中国 NRCA 指数排名	排名变化
木材与造纸	25	25	无变化
化工与非金属制品	33	22	上升 11 位
金属与金属制品	13	9	上升 4 位
电子设备	5	4	上升 1 位
电气机械	3	1	上升 2 位
机械设备	9	5	上升 4 位
汽车与交运设备	27	25	上升 2 位
农业	46	50	
采矿业	25	45	
服务业与建筑业	62	62	

资料来源：OECD，华泰证券。

注：参与排名的共计 64 个国家与地区。

（一）四个代表性产业比较优势指数的国际比较

利用亚洲开发银行最新发布的投入产出表，我们分别计算出中国、日本、韩国、美国、德国、英国、法国、印度 8 个国家四个代表性产业的传统比较优势指数和基于国内增加值计算的新比较优势指数（NRCA）。

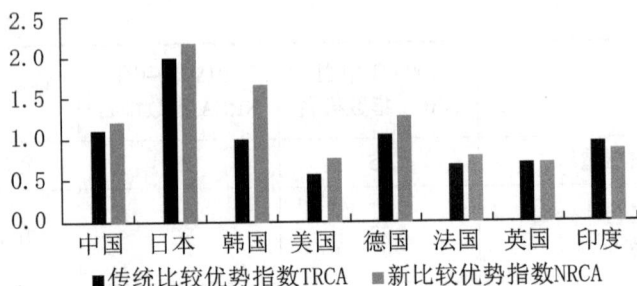

图 4-5 各国在基本金属和加工金属产业上的比较优势（2018 年）

数据来源：亚洲开发银行投入—产出表。

在基本金属和加工金属产业上，中国的基于国内增加值计算的新比较优势指数高于传统的以出口总额为基础计算的比较优势指数，可以看出中国的基本金属和加工金属产业得到了长足的发展，国内技术进步明显，但与邻国日本、韩国相比，不论是传统还是新的比较优势指数，都存在明显差距；与欧洲发达国家德、英、法相比，赶上德国，甚至超过英、法；与同为发展中国家的印度相比，差距不大，但中国的以国内增加值为基础的新比较优势指数要高于印度，反映出中国的基本金属和加工金属行业的技术进步很大，中间投入品主要依靠国内。

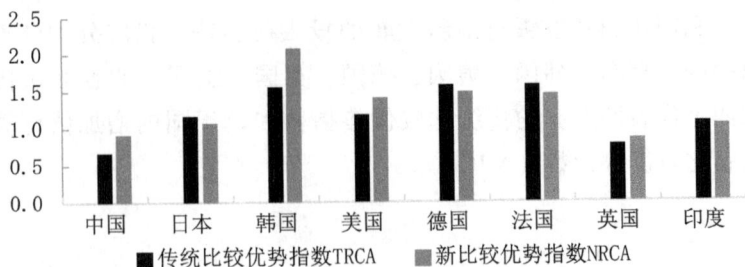

图 4-6 各国在化工和化学品产业上的比较优势（2018 年）

数据来源：亚洲开发银行投入—产出表。

中国化工和化学品产业的发展相比较而言，并不尽如人意，除新比较优势指数比英国稍高以外，不论是基于出口总额还是国内增加值，在作比较的 8 个国家中，比较优势均落在最后，甚至不如印度化工产业的发展。

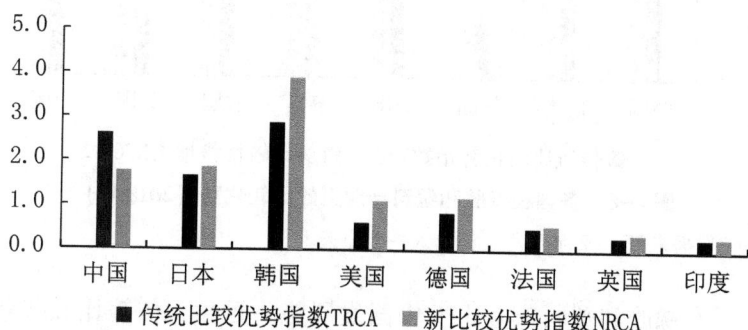

图 4-7　各国在电气和光学设备产业上的比较优势（2018 年）
数据来源：亚洲开发银行投入—产出表。

在电气和光学设备产业上，与其他国家显著不同的是，中国出口国内附加值的新比较优势指数显著小于传统比较优势指数，虽然中国的电气和光学设备产业基于出口总额的比较优势指数虽然较高，但中间投入品要严重依赖国外的进口，中国制造在这些领域的研发和生产依然存在难以攻破的技术难关。尽管如此，中国的电气和光学设备产业发展迅猛，与日本、韩国构成了世界电气和光学设备产业的中心。

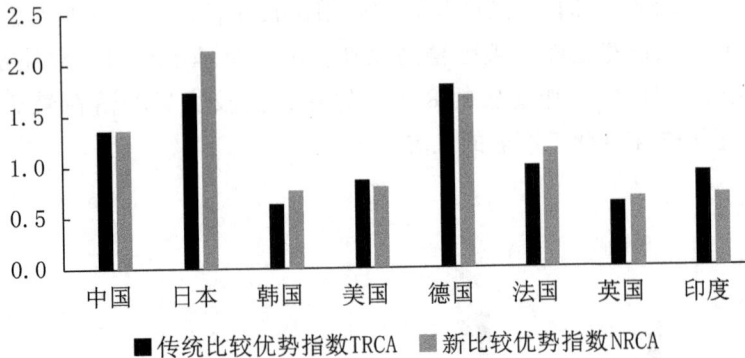

图 4-8　各国在橡胶和塑料产业上的比较优势（2018 年）

数据来源：亚洲开发银行投入—产出表。

在橡胶和塑料产业上，中国发展势头迅猛，传统比较优势指数与新比较优势指数基本相当，仅低于日本和德国，超过了传统的欧洲强国。我国是轮胎和橡胶制品出口大国，美国对华贸易制裁清单中，几乎囊括了所有橡胶制品，叠加海外轮胎"双反"关税影响，2019 年以来橡胶制品出口金额有所下滑。作为全球第一大天然橡胶进口国和消费国，我国拥有完整的橡胶产业链，且产品的行业覆盖率高、区域产业集群建设完善，产品综合竞争力强。据海关总署数据，我国橡胶制品的比较优势在世界市场中处于较强地位，在出口国家中，美国市场占比达 14%，英国、加拿大、日本占比分别为 6.0%、4.6%、4.2%。

（二）世界对中国产业链依赖程度的考察

从世界对中国产业链依赖程度方面也可以看出中国产业竞争优势的变化。世界其他国家对中国生产的依赖度取决于中国生产对该国产业的贡献度以及中国生产的可替代性。中国生产对该国产业的贡献度越高、可替代性越低，则该国对中国生产的依赖程度越大。

比如，美国计算机电子光学出口中来自中国的增加值比例暴涨近三倍，但来自日本、韩国等国家及地区的增加值比例均出现了小幅下降，这表明在计算机电子光学产业，中国的中间品竞争力是较强的；从越南出口中各国海外增加值分布变化来看，中国在同越南关联的过程中一定程度上边际替代了日本、韩国等国家及地区，这事实上印证了中国具备较强的产业竞争力，当然，这一现象能否保持，则是考验我国产业升级的持续性。分工中处于下游的国家通常迟早会发生进口替代，只是不确定从什么时候开始以及达到何种程度。

总体来说，世界对中国的依赖度相对上升，而中国对世界的依赖度相对下降。麦肯锡全球研究院编制的"中国—世界经济依存度指数"显示，2000—2017 年间，世界对中国经济的综合依存度指数从 0.4 逐步增长到 1.2，而中国对世界经济的依存度指数则在 2007 年达到最高点 0.9，到 2017 年则下降到 0.6。

不同经济体对中国的依赖度有较大差异。地理位置邻近中国、资源贸易所占比率较高，并且参与跨境资本流动的国家对中国经济的依存度最高。笔者借鉴了麦肯锡全球研究院的数据，研究各个经济体国内产值出口到中国的比例、来自中国的进口额占国内消费总额的比例和来自中国的外商直接投资占国内投资总额的比例的依存度。自 2007 年以来，在研究的 73 个经济体中，有 69 个经济体的国内产值总额相对于中国的进口的依存度上升；有 72 个经济体的国内消费总额相对于中国出口的依存度上升；还有 58 个经济体的国内投资总额相对于中国资本的依存度上升。

亚洲经济体因为区域供应链而与中国的联系愈加紧密。亚洲国家对中国经济的依存度一直在上升，尤其是那些对中国出口比重较大的国家，它们通过全球价值链与中国建立了紧密的联系, 对华贸易在国内产值中占比很高。马来西亚、新加坡、菲律宾这三个国家的最大贸易伙伴都是中国。例如, 新加坡的对华贸易额 (包括进口和出口) 几乎占到了国内产值的 30%。其他一些经济体对中国资本的依存度也同样明显。全球价值链呈现出全球化减弱, 而亚洲区域化加强的态势。

三、中国在全球价值链中的地位变迁

(一) 供需视角的变化

1. 中国在全球价值链中供需不平衡的地位

在供给的视角下, 中国大陆已经成为世界第一大供应链中枢, 并且已经成为亚洲的绝对产业链中心, 取代了 2000 年时日本在亚洲的中心地位。

在需求的视角下, 中国的中心性要小得多, 美国对全球产业链需求端发挥的作用虽然已经远远小于 2000 年, 但仍处于全球第一的地位。中国的作用仍在提升, 处在美国的去中心化和中国在亚洲的中心化的此消彼长过程。

以纺织业全球产业链为例。中国在全球产业链中供需位置的不平衡主要是由简单产业链行业的高度市场占有率带来的。在纺织业, 中国已成为绝对的全球供给中心, 没有一个国家可以和中国抗衡。根据《2019 年世界贸易统计报告》, 2018 年全球纺织品 (SITC65) 和服装 (SITC84) 出口贸易规模分别达到了 3150 亿美元和 5050 亿美元。中国是全球最大的纺织服装出口国家, 占全球出口市场总额的 33.7%, 中国的出口数额超过全球纺织服装出口国家第 2 名到第 10 名的总和。在需求端, 中国在全球产业链中起到的作用小得多。

表 4-5　发展中国家主要进口来源地

来源地	排名（按进口额排序）		2019 年	
	2019 年	2014 年	进口额 （10 亿美元）	占世界总进口的 比重（%）
中国	1	1	1267	15.9
美国	2	2	843	10.5
日本	3	3	516	6.5
韩国	4	4	409	5.1
德国	6	5	317	4.0
马来西亚	7	9	230	2.9
澳大利亚	8	10	216	2.7
新加坡	9	8	196	2.5
印度	10	11	190	2.4
沙特阿拉伯	11	7	189	2.4
巴西	12	14	178	2.2
泰国	13	13	170	2.1
越南	14	23	165	2.1
阿联酋	15	12	157	2.0
其他地区			2596	32.5
全世界			7991	100

数据来源：亚洲开发银行数据库。

表 4-6 发展中国家主要出口目的地

目的地	排名（按出口额排序）		2019 年	
	2019 年	2014 年	出口额（10 亿美元）	占世界总进口的比重（%）
美国	1	1	1361	16.2
中国	2	2	1102	13.1
日本	4	4	438	5.2
印度	5	5	329	3.9
韩国	6	6	290	3.4
越南	7	14	224	2.7
新加坡	8	7	217	2.6
德国	9	9	208	2.5
荷兰	10	10	198	2.3
马来西亚	12	11	164	2.0
英国	13	12	158	1.9
泰国	14	16	150	1.8
阿拉伯联合酋长国	15	23	145	1.7
世界其他地区			2776	33
全世界			8410	100

数据来源：亚洲开发银行数据库。

2. 全球价值链中不同产业对中国的依存度差异

在 20 个基础产业和制造业中，由于中国的经济体量极为庞大，几乎所有行业都在一定程度上依存于中国：在 20 个产业当中，中国有 17 个产业的消费份额在全球总消费中占比超过

第四章 我国制造业在全球价值链的地位演变

20%。此外，中国在全球服务消费中的占比也在上升〔1〕，中国作为需求方的重要性越发重要。

根据贸易依存度的不同，将行业归纳为以下几个类别。

（1）中国在电子、机械和设备领域已经全面融入全球价值链。在这些深度整合的贸易领域当中，中国的角色既是供应方，也是需求方。中国在这些产业的高占比反映出中国已经高度融入全球贸易——中国占全球出口总额的17%—28%，占全球进口总额的9%—16%。〔2〕

（2）对于贸易属性极高的轻工制造和劳动密集型产业而言，全球各国高度依赖中国的产出。中国在这些产业被称为"世界工厂"，生动地表明了全球各国对中国生产的依存度。中国在全球轻工制造领域，例如纺织和服装，份额甚至高达52%。在很多情况下，全球各国也高度依赖于中国的出口：中国占据了全球纺织和服装出口的40%，家具出口的26%。〔3〕

（3）随着中国的工业化不断取得进展，中国作为需求方的重要性越发重要，全球上游产业对中国的依存度均有所提高。那些为制造业提供原材料的行业很大程度上需要依赖中国的进口。中国制造业产量的增长大幅提升了对原材料和中间品的需求，同时，人均收入的增长也推升了中国的对整体商品的需求。2003—2007年，中国的进口额占全球采掘业进口额的7%，在2013—2017年间这一比例更提升到21%。〔4〕

（4）在制药、汽车等技术含量较高的产业中，中国作为供给者和需求者的地位并不平衡。以制药行业为例，中国的贸易

---

〔1〕 数据来源：麦肯锡全球研究院。
〔2〕 数据来源：麦肯锡全球研究院。
〔3〕 数据来源：麦肯锡全球研究院。
〔4〕 数据来源：麦肯锡全球研究院。

125

额仅占全球药品出口的 4%、全球进口的 3%。同样，中国在汽车领域的贸易额仅占全球出口的 3%、全球进口的 7%。但在这些产业，中国作为需求方，有着相当庞大的国内需求，是一个不容错过的市场。

（二）中国与世界的相互依赖度变化

中国对世界经济的依赖度在相对下降，而世界对中国经济的依赖度却在相对上升。2000—2017 年，世界对中国经济的综合依存度指数[1]从 0.4 逐步增长到 1.2，而中国对世界经济的依存度指数则在 2007 年达到 0.9 的最高点，到 2017 年则下降到 0.6。

中国对世界的依存度下降，在一定程度上反映了中国经济的重点已逐步转回国内消费市场。2015 年以来的 16 个季度中，有 11 个季度中国国内消费占 GDP 增长总额的比例超过 60%。2017—2018 年，中国约有 76% 的 GDP 增长来自国内消费，而净贸易额对 GDP 增长的贡献实际为负。在 2008 年，中国的净贸易顺差还占到 GDP 的 8%，但到 2018 年这一比例已降至 1.3% 左右，低于德国或韩国（这两个国家的净贸易顺差占 GDP 的 5%—8%）。[2]

---

　　[1]　麦肯锡全球研究院编制的"中国世界经济依存度指数"，涵盖了以下几个方面的依存度：贸易（以某个国家的出口额除以世界其余地方的消费额计算得出）和需求（以某个国家的进口额除以世界其余地方的产值计算得出）；技术（以某个国家的知识产权、技术服务和设备出口额除以世界其余地方的研发支出得出），以及资本（以某个国家输出的外商直接投资额除以世界其他地方输入的外商直接投资额计算得出）和投资机会（以某个国家输入的外商直接投资额除以世界其他地方输出的外商直接投资额计算得出）。首先衡量过去 20 年中国和世界之间的依存度，把世界与七大经济体（中国、法国、德国、印度、日本、英国和美国）之间的平均依存度指数设为 1.0；高于 1.0 表明世界对中国的依存度高于对七大经济体的平均依存度，低于 1.0 表明世界对中国的依存度低于对七大经济体的平均依存度。
　　[2]　数据来源：麦肯锡全球研究院。

中国内需的增长以及国内价值链的发展也在一定程度上解释了近期全球范围内贸易强度的下降。中国正在消费更多其生产的产品。这些显著变化不但左右了中国经济的发展重点，也改变了中国与世界经济彼此依存的态势。

在全球供应链中，中国既是重要的供应方，也是重要的消费市场。中国在 2009 年成为全球最大的商品出口国，2013 年又成为全球最大的商品贸易国，在全球商品贸易总额中的占比从 2000 年的 1.9%增长到 2017 年的 11.4%。[1]在 186 个国家和地区中，其中 33 个国家的第一大出口目的地是中国，65 个国家的第一大进口来源地是中国。

当然，全球不同地区和行业对中国的贸易依存度差异较大。中国对某些地区（尤其是邻国）和行业的影响偏高，尤其是那些技术产业链实现了全球整合的地区，以及将中国视作关键市场的资源出口行业。

在服务贸易领域，中国的重要性也有了较大提升。2017 年，中国以 2270 亿美元的出口额成为全球第五大服务出口国，相当于 2005 年的 3 倍；同年，中国的服务进口额高达 4680 亿美元，跃居全球第二大服务进口国。

（三）中国在全球价值链中的参与度与位置变迁

1. 中国在全球价值链中的参与度

近十年来，中国制造业的全球分工参与度整体来说变化不大，有些产业反而有所下降。其原因是随着国内生产技术的提升，原来使用较多的进口中间品，现在被部分国产产品所替代，使得出口中包含的国外增加值的比例在降低。

---

〔1〕　数据来源：麦肯锡全球研究院。

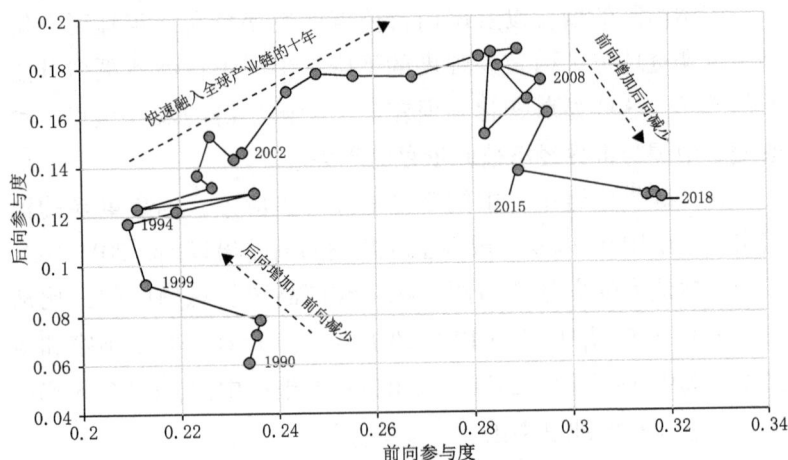

图 4-9　中国全球价值链参与度的演变

资料来源：UNCTAD-Eora Global Value Chain Database，华泰证券。

Koopman 的 GVC 产业参与指数显示我国制造业在全球价值链参与度较高的行业包括化工品制造、汽车制造、造纸行业，食品饮料和机电设备行业相对次之，农副产品以及纺织服装制造行业全球价值链参与度有限。以纺织、服装、皮革制造行业为例，我国虽然在终端产成品的生产上较为集中，但整体中间品的贡献相对有限，一定程度上带来了产业链参与度有限的情况。

2. 中国在全球价值链中的位置变迁

最近十多年来中国在全球分工中所处的位置是逐渐朝上游迈进的。这得益于两个因素：一是由于国产替代，从进口角度参与全球化的程度在降低。二是由于技术提升，从出口角度参与全球化的程度在上升。两种力量叠加后，中国在全球分工中所处的位置，基本是逐年上行的。

但是，Koopman 的 GVC 位置指数显示，我国多数行业在全球价值链仍然处于偏下游位置（偏向成品装配环节），包括资本密集型行业：计算机、电子与光学设备行业；电气设备行业；交通设备行业；机械设备行业等明显处于下游位置。这些行业处在下游位置，偏向成品装备环节，体现在出口中，这些行业国内增加值占比不高，说明了这些行业核心技术仍然依赖国外进口。

与美国、日本、德国、英国等发达国家相比，中国在全球分工中所处的位置依然是偏下游的。总体而言，我国参与全球产业链比较全面，但一个明显的缺陷就是大多数行业处于下游位置（接近成品装配位置），技术程度稍高的行业（如电子、计算机、电气设备等）国内增加值占比又偏低，而国内增加值占比较高的行业往往又是劳动密集型行业和资源型行业，中间品的出口能力不够强。

但与越南、马来西亚、墨西哥、泰国等发展中国家相比，中国在全球分工中所处的位置是偏上游的。即中国的制造能力是强于这些国家的。但是，与这些国家相比，中国的全球分工参与度是偏低的。其原因是，这些国家通过从事简单的加工贸易，深度参与全球分工，中国通过进口方式参与全球化的程度已经远不如这些国家。

概括来说，中国与美国、德国、日本并列，是当前全球产业链几大中心之一。中国是制造大国，过去 20 年由初级制造国升级到先进制造和服务国。过去 30 年，中国能够在全球产业链中保持一席之地，20 世纪 90 年代依靠的是低成本的劳动力和资金，21 世纪初期依靠的是规模效应带来的成本优势，21 世纪 10年代则主要依靠工程师红利、科技创新和庞大的国内市场规模所产生的吸引力。未来要充分发挥国内超大规模市场优势，逐步形成以国内大循环为主体、国内国际双循环相互促进的新发展格局，提升我国在产业链供应链的地位。

第五节　关于出口国内增加值的思考与扩展

过去衡量一国的贸易状况用的是总量指标，看一国的出口最终产品的总量。随着全球价值链的发展，大多数产品的价值来源涉及很多国家和地区，而不是传统贸易统计下仅由最终出口该产品的国家或地区所有，所以，学界和业界基本上已经达成共识：过去基于贸易总值的传统贸易统计方法存在严重不足，已不能反映当前以全球价值链为基础的国际贸易的真实情况，难以真实反映参与者在全球价值链分工中的利益创造和利益分配，常常高估像中国这样的出口加工贸易大国对欧美等发达国家的盈余。

在这种背景下，有学者就提出了基于增加值的新的贸易核算方法，在前文中已有描述。其中，出口国内增加值是一个衡量贸易利益的重要指标。那么，国内增加值占总出口值的比率是否越高越好？提高该比率是否应当是政府的贸易政策目标？

一、中国国内的区域经验

中国国内的区域经验为出口增加值率与发展水平之间的关系研究提供了一些积极的视角。在中国各省份存在倒 U 形关系，出口国内增加值 DVA 往往随人均 GDP 上升，超过一定阈值然后下降。总体来说，中国最富裕的省份国内出口增加值占出口总额的比重较低。例如，北京和上海的比率特别低，广东出口国内增加值比例也较低，因为使用了较高比例的进口中间投入品。也就是说，出口省内增加值率与发展水平并不是简单的直线关系，并非发展水平越高，出口省内增加值率就越高。

省际之间出口省内增加值率的差异，影响因素很多，差异的主要原因是不同的，比如湖北和云南之间出口省内增加值率差异主要源于 GDP 的差异；江苏与青海出口省内增加值率差异主要源于出口结构差异，青海出口初级产品，江苏出口中高技术含量工业品。

调查发现，国内产量较高的工厂更多使用质量好、价格相对更贵的进口投入品，此外，出口产品的质量、工厂规模和出口价格之间存在正相关性，这表明，出口成功需要在中间投入品、零部件和生产性服务方面进行最佳投入。随着越来越多中国省份人均 GDP 水平的上升，全国国内增加值与出口总值的比例有可能会下降。

二、日本、韩国的发展经验

我们从其他经济体的发展过程中也能看到，当经济发展到一定水平后，国内增加值占出口的比重反而呈下降趋势。从图4-10 日本出口中国内增加值占比的变化来看，不论是总的国内增加值，还是制造业国内增加值和电子行业国内增加值都呈下降趋势，电子业的国内增加值要比制造业低，制造业的国内增加值要比总体国内增加值要低，显示出日本的制造业使用了大量的进口中间品，尤其是以电子产业为代表的高科技产业，并不完全依赖国内投入品，但日本的出口总额并不是呈现一直下降的趋势。

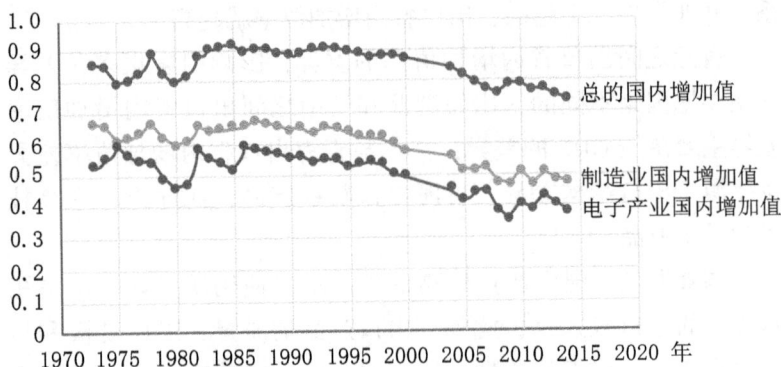

图4-10　日本出口中国内增加值的占比

资料来源：Global Value chain Development Report 2019。

韩国出口和日本一样，国内增加值占比不论是总的国内增加值，还是制造业国内增加值和电子产业国内增加值都呈同样的下降趋势，电子产业的国内增加值也特别低。韩国在电视和智能手机领域非常成功地开发出了自己的品牌，但在电子产品领域的国内增加值却普遍低于40%，这是因为韩国将本国的附加值与进口的零部件和服务结合统计。

从日本、韩国两国的发展经验来看，国内出口增加值正在下降的趋势是它们的共同特征，原因是多方面的。首先，一国对中间产品和服务进口的开放程度加大，这意味着该国的生产者可以从贸易自由化中选择最有竞争力的投入品；另外，出口结构变化也是原因之一。

三、启示

从国内和国外制造业出口中国内增加值占比的变化中，我们可以得到一些启示：国内增加值占出口总额的比率不应是我们衡量贸易利益的唯一重要指标，还应综合衡量总利润率；如果一个国家用低品质的国内投入品人为地取代关键进口投入品，结果很可能会导致出口总额减少，增加值出口总额更少。

从政府政策出发，应让国内企业自主选择中间投入品，减少鼓励企业从本地采购的措施，例如对中间投入品是来自国内或者国外，交由企业自主抉择，国家应该关注人力资本的发展，鼓励技术进步，可以使用一些政策来鼓励技术创新，支持和补贴 STEM（科学、技术、工程和数学）教育、研发的补贴。

我们未来将对不同行业、不同地域的国内增加值与利润率进行动态比较研究，对我国出口中国内增加值的投入变化所导致的综合结果进行深入研究。

第五章
世界产业链变迁与我国产业转移

第一节 产业转移的理论与现实

产业转移的背后是全球产业链国际分工的重新调整，这对产业链各参与国的经济会产生巨大影响。对于产业转移，经典经济学理论从产品生命周期、国家比较优势等角度入手对产业转移进行了理论分析。

一、产品生命周期理论

产品生命周期理论（Product Life Cycle Theory）是美国哈佛大学教授雷蒙德·弗农（Raymond Vernon）1966 年在其《产品周期中的国际投资与国际贸易》一文中首次提出的，产品生命周期（Product Life Cycle，PLC）是产品的市场寿命，即一种新产品从开始进入市场到被市场淘汰的整个过程。美国经济学家弗农（Raymond Vernon）认为，产品生命是指市场上的营销生命，产品和人的生命一样，要经历形成、成长、成熟、衰退这样的周期。就产品而言，也就是要经历一个开发、引进、成长、成熟、衰退的阶段，而这个周期在不同技术水平的国家里，发生的时间和过程是不一样的，其间存在一个较长的时差，正是这一时差，表现为不同国家在技术上的差距，它反映了同一产品在不同国家市场上竞争地位的差异，从而决定了国际贸易和国际投资的变化。

二、国家比较优势角度

从比较优势角度来看，国际产业转移首先从本国失去比较优势的产业（边际产业）开始，依次进行转移。在这个过程中，有些国家（如东亚地区的日本）采用进口替代战略与出口导向战略相结合的"雁阵模型"，通过进口提升本国技术水平，进而通过改善生产，并开发国外市场，以出口进一步拉动经济增长，当产业比较优势消失后，再度进行产业转移。

回顾已经完成的四次全球产业转移浪潮，早期产业转移集中在 20 世纪 60 年代，美国向日本以及当时的亚洲新兴工业经济体（"亚洲四小龙"）转移劳动密集型与部分资本密集型产业；在第二波浪潮中，即 20 世纪 70 年代，美国开始向日本转移技术密集型行业，同时日本开启向亚洲新兴工业经济体转移部分资本密集型行业。亚洲新兴工业经济体向东盟部分国家转移劳动密集型行业，产业转移梯度在全球范围内显现。第三个阶段，即 20 世纪 80 年代，美国、日本开始向亚洲新兴工业经济体转移标准化的资本与技术密集型行业，同时美国、日本以及部分亚洲新兴工业经济体向东盟国家转移劳动密集以及资本密集型行业。第四次转移中，即 20 世纪 90 年代后，中国以产业承接者的身份开始承接美国、日本、亚洲新兴工业经济体的劳动密集型相关行业的转移。

三、我国产业转移面临的内外部环境

在产业承接发展 30 年后，面对当前中美贸易摩擦，我国产业外迁开启了全球产业转移的第五次浪潮，使得我国在全球产业链所处的国际环境中面临以下危险：首先，中美贸易摩擦直接加剧产业链从中国外迁；其次，新冠疫情引发产业链从中国外迁；再次，印度和越南等邻近国家积极通过优惠政策吸引国际投资者；最后，2016年以来国际直接投资陷入低迷期，我国面临不利的直接投资和供应链国际金融环境。

此外，随着我国人口红利的消失，我国很多国内企业面临着产业是否外迁的抉择。笔者在微观调研中和企业家交流时，无论有没有直接受到中美贸易摩擦的影响，大部分企业家都表示自己的企业有多元化生产的需求：目前在中国经营，环保成本、劳动力成本不断上升，外围不确定性又不断加剧，企业生产多元化成为必然的选择。

第二节　日本、韩国产业转移历程及启示

产业转移的背后是产业链在全球分工的重新调整。我们通过观察东亚地区日本、韩国产业转移的过程来推测中国产业转移的规模、路径与影响，为未来预测中国产业转移趋势提供一点借鉴。

一、韩国的产业转移历程

1973年，韩国朴正熙政府发表《重化工业化宣言》，将钢铁、有色金属、机械、造船、电子、化工六大产业作为"战略产业"，标志着韩国产业政策的重心全面转向重化工业；全斗焕、卢泰愚政府时期又转向全力推动电子、半导体、电信等产业发展；金大中、卢武铉、李明博政府时期则全力推动知识经济产业优先发展，政府的全方位介入和政策倾斜促使相关产业得到快速发展。

进入 20 世纪 80 年代，由于韩国加大重化工业的投资，国内重化学工业产能出现过剩，迫使韩国政府做出新一轮产业结构调整。韩国通过对外直接投资，将部分低附加值的劳动密集型产业向海外转移，主要承接国集中在中国以及东盟部分国家，同时又通过引进高质量的外资，重点发展如计算机、电子、精密机器等高附加值的技术密集型产业。

在整个产业转移发生过程中，韩国在细分产业结构上发生了较大的变化，即以电子、计算机为代表的高技术行业权重不断提升，以纺织服装为代表的劳动密集型行业权重出现下降。但韩国整体制造业权重在这一阶段却没有发生显著下降，且从直接投资角度来看，韩国产业的对外转移高峰在 20 世纪 90 年代前期。

二、日本的产业转移历程

日本产业转移历程伴随着日美贸易战进程。总体来看，无论是产业转移还是贸易战均未影响日本的产业升级以及产业发展趋势。日本第二产业占比在战后快速增加，20 世纪 70 年代达到稳定，产业转移的过程以及日美贸易战的持续影响并未显著缩减日本第二产业的份额。

从直接投资角度，日本对外产业转移持续了较长时间。1955—1973 年是日本经济的高速发展时期，在这十几年间，日本从战败中站起，成为世界第二号经济强国，创造了资本主义发展史上的奇迹，被称为"日本神话"。高储蓄带来了丰厚资本和充足的劳动力。整个 20 世纪 50 年代日本 15 岁以上劳动力同比增速 2.23%，六七十年代分别为 1.41%、0.94%[1]；到 20

───────────

〔1〕　数据来源：根据日本总务省公布的数据计算。

世纪 60 年代后期,经济景气度高企,纺织和钢铁工业成为主导,汽车、空调、彩电等电气设备、机械和设备行业崛起,贸易顺差快速增长。

第二阶段,1974—1985 年,布雷顿森林货币体系崩溃,日元升值,加之石油危机带来输入型高通胀,整体经济增长率低于 6%,属于平稳增长阶段,主导行业转变为汽车、机械和电气设备。

在这两个阶段的产业转移与日美贸易战的节奏基本一致,往往遵循着对美出口扩大—与美贸易摩擦加剧—日方自愿出口限制或美方进行贸易保护—日方出口数量下降—产业逐渐转移的路径。第一阶段的产业转移更多集中在韩国、新加坡等国家与地区,第二阶段的转移开始指向中国与东盟部分国家。

在产业转移与外迁过程中,日本劳动密集型与资本密集型行业中份额减少比较突出的集中在纺织业、钢铁行业、木材行业与纸制品行业,高技术行业权重在这个过程中逐步提升,经济结构持续升级。

回顾整个日美贸易战,贸易摩擦对日本纺织业、钢铁业带来了一定的实质影响,对汽车、家电行业的影响则相对有限。劳动与资本密集型行业资源逐步向技术密集型行业转移,本身符合客观经济发展规律,日美贸易战只是加速了上述资源再配置的进程。

日本对于贸易摩擦与产业转移的应对策略方面,除了对内提升研发等技术相关投入,对于汽车和家电行业,日本对外直接投资在美设厂,同时积极拓宽、抢占其他国际市场,并对生产方面提出严格采购国内零部件等要求,通过综合运用以上各种举措,对行业带来了支撑。

从日本较长时期的产业转移历程来看,行业属性上,纺织与钢铁行业属于劳动与资源密集型，相对于生产环节复杂、分工较多的技术密集型行业，比较容易发生产业转移与产品替代。在垂直化分工趋势不断提升的过程中，技术密集型行业整体转移的可能性将变得越来越小。

三、东亚地区产业转移模式的共同特征

东亚地区的产业转移基本遵循着相近的规律：首先承接发达经济体劳动密集型行业，以劳动密集型行业出口带动经济增长，同时主要进口技术与资本密集型产品，大力发展工业基础并实现技术突破，当经济发展阶段达到一定水平后，再将失去比较优势的产业向后发国家转移，并输出资本与技术。

各经济体在产业外迁转移中均主要采取对外直接投资的方式，但都表明产业转移并不是全产业链的迁移，而是产业链中本国处于相对劣势的环节转移，其中多数为劳动力密集环节，这既符合经济发展的客观规律，也有效促进了国内经济的转型与升级。

产业转移对承接地的劳动力素质、制度环境、工业基础等均有较高的要求，同时产业转移也需要避免国内产业空心化的危险，或过度依赖第三产业的问题。整体来看，东亚地区产业转移的共同特点主要有以下几点。

首先，产业外迁转移的路径基本遵循着劳动密集型—资本密集型—技术密集型行业的顺序；其次，外迁行业中，劳动密集型产业转移规模较大，主要集中在纺织业、木制品制造业，高技术密集型行业中劳动密集环节也存在转移现象，比如加工、装配环节；再次，产业外迁并非意味着制造业在整体经济中的权重下降，日本、韩国均在产业外迁过程中保持稳定，主要得益于高技术行业的提升；最后，产业外迁周期较长，无论是日

美贸易战还是经济周期的扰动，短期大面积集中转移的现象在东北亚地区都没有发生，产业转移基本都持续了 10 年以上的时间，甚至达到 20—30 年，转移的时间取决于该国外迁产业或环节的规模以及产业承接国的承接能力。

第三节　我国产业转移模式与规模预测

一、我国的产业转移模式

中国产业转移模式不同于日本主导的"雁阵模型"。中国产业按照产业替代弹性的逆序转移。高替代弹性产业（低技术产业）先转移，转移规模较大；低替代弹性产业（高技术产业）后转移，转移规模较小。

从根本上来说，日本主导的"雁阵模型"是在垂直分工的基础上，通过外商直接投资和国际贸易两个主要链条的有机结合来实现边际性产业梯次转移的，而"中国+"则是垂直分工与横向专业化混合的模式。因此产业转出虽然在形式上有一定相似性，但实质上有很大的不同。

首先，中国的"雁头"大于"雁身"：中国作为产业转出方，人口和经济体量远大于产业承接国。一方面，导致劳动密集型产业的转移在可预见的未来不会完全转出，同态竞争长期存在，"中国+"在长期内是垂直分工和横向分工的混合；另一方面，小型出口导向型经济体建立较全面产业链的难度更大，将导致"中国+"超出要素和技术领先为基础的垂直分工的向心力，先发国家资本和技术上的领先，结合下游装配产业转移带来的垂直分工，即使被承接国通过进口替代弱化，也仍需要跨行业的横向分工。

比如，劳动密集型产业的承接国，如孟加拉国、柬埔寨和越南，虽然在劳动密集型产品中的比较优势指数明显增加，但是由于孟加拉国、柬埔寨和越南占世界劳动密集型商品出口的比重不到8%，与中国相比它们的经济体量很小。

当然，亚洲不是新兴经济体在劳动密集型制造业出口中占很大份额的唯一区域，排名靠前的其他经济体比如东欧的保加利亚、罗马尼亚、波兰，以及北非和中东的摩洛哥、突尼斯、土耳其亦如此。2018年，这些国家合计占全球劳动密集型产品出口的6.0%，高于2001年的4.4%和1984年的2.5%。[1]在这些国家中，只有波兰最近显示其全球出口份额有了强劲的增长，其出口增长份额集中在家具（2018年占全球出口的6.1%）、塑料制品（2018年占全球出口的3.1%）等。

其次，"头雁"与"雁群"梯次差距不大：中国是发展中经济体，作为转出的主体与参与产业承接的大部分国家发展差距并不大。但产业转移的动能仅可能产生在发展差距较大的转出国与承接国之间，这也是越南足够突出的原因——它同中国大陆的发展差距足够大，且并未大到缺乏承接产业转移能力的程度。

最后，中国的产业转移相对滞后于发展路径，日本早在20世纪60年代就开启了重化工业的产业转移，而中国重工业发展较为充分时才开始低端制造业的产业转出。这得益于中国丰厚的人口红利渐次释放，确保中国在相当长的时间内，绝对工资水平与相对成本水平（绝对成本/劳动生产率）都较低，使得我国同时在劳动密集型行业和重化工业长期保有比较优势。具体来看，中国人均GDP在1991年已超过印度，但制造业工资水平是在16年后即2007年才超过印度。

---

〔1〕 数据来源：Gordon H. Hanson, Who Will Fill China's Shoes? The Global Evolution of Labor-Intensive Manufacturing, NBER Working Paper No. 28313。

总而言之,"中国+"在东亚和东盟形成了网格分工的形态。中国坚实的重化工业基础,奠定了中国在中游极强的比较优势,尽管中国在一些劳动密集行业的比较优势在下降,并向越南等东盟国家进行产业和贸易转移,但越南等国与中国在产业中游的关联程度在加强,并高度依赖于中国大陆的纺织原料、机械设备及电子元器件等。越南是未来全球制造业版图中最大的增量,由于其进口替代发生尚需较长时间,如果中国能够持续提高制造业的竞争力,将获益于越南的高成长,分享其国外增加值的主要部分。

二、产业转移的触发条件与转移规模的测算

(一)产业转移的触发条件

为判断产业外迁的行业,我们需要进一步衡量产业转移的触发条件,我们采用显示性比较优势指数(RCA)来观测转移国家的比较优势变化情况,当一国某产业的比较优势趋弱,该产业就有可能向其他国家或地区转移。

显示性比较优势指数(RCA)是该产业在该国出口中所占的份额与世界贸易中该产业占世界贸易总额的份额之比,剔除了国家总量波动和世界总量波动的影响,可以较好地反映一个国家某一产业的出口与世界平均出口水平的相对优势。RCA指数的构成相对简单,最早由 Balassa(1965)提出,其计算公式为:

$$RCA = \frac{X_i/X}{W_i/W}$$

式中,X_i 为一国 i 产业出口,X 为该国总出口,W_i 表示世界 i 产业出口,W 为世界总出口。指标背后暗含的逻辑是在各国对产品偏好一致的背景下,一国相对比较优势较高的行业在区

域内的出口表现更优，相应的指标数据也将更高。

从显示性比较优势指数（RCA）角度来看，利用显示性比较优势指数（RCA）两年的差值占初始的显示性比较优势指数的比重来观察产业转移触发的衡量指标，其背后的经济含义代表着某行业两年间比较优势变动的幅度大小，若自身的比较优势下行显著，则容易产生产业外迁倾向，显示性比较优势指数（RCA）连续多年负值且数值达到-10%以上是该指标对转移行业的反映。

笔者发现韩国在20世纪90年代前半期出现了劳动密集型行业显示性比较优势指数（RCA）的快速下降，后半期显示性比较优势指数（RCA）渐趋平稳。与此同时，技术密集型行业在这个阶段则出现了不同程度的上升。

反观中国大陆，在这个阶段劳动密集型相关行业的显示性比较优势指数（RCA）均出现了一定程度的上升，同时技术密集型行业的显示性比较优势指数（RCA）也在缓步上升。技术密集型行业显示性比较优势指数（RCA）的上升，更多源于生产过程中装配、加工等劳动密集环节的转移承接，即这一阶段各类型行业的比较优势均集中于劳动力成本优势。

进一步结合产能指数来看，韩国在20世纪80年代中后期，劳动密集型相关行业的产能指数开始出现下行，但高技术密集型行业产能指数则在20世纪80年代后期出现了一定的上行。

日本纺织业则是在20世纪70年代出现快速下行，钢铁在20世纪七八十年代左右下行至低位。从20世纪60年代至2000年年初，制造业整体产能指数经历了两轮波动。其中，第二轮制造业产能指数的提升背景是高技术行业（机械相关）的产能指数上行。

（二）产业转移规模的测算

从转移规模来看，我们以行业绝对额减少情况以及在制造业中行业占比变化情况来衡量产业转移的规模。由于产业的转移，一方面可能由于国内对外投资进行实质性的转移，另一方面也可能因为本国投资减少而发生被动的收缩"转移"，我们无法有效区分转移的发生形式，因此近似采用行业增加值绝对额以及权重的变化来衡量规模。

日本以劳动密集型以及以钢铁为代表的资本密集型行业情况为重点观察对象，在制造业增加值权重方面，产业转移规模基本影响权重收缩达到 50% 以上。

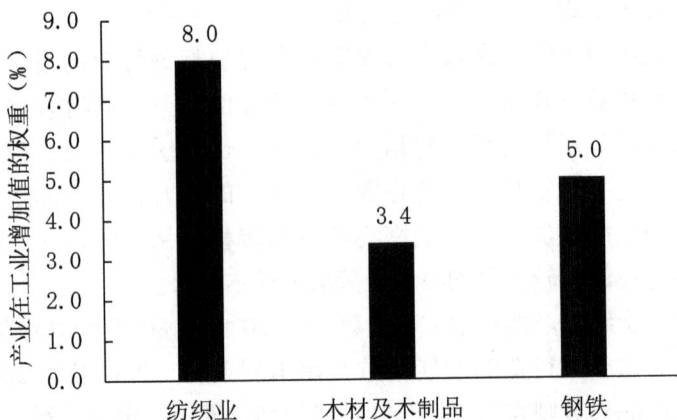

图 5-1　日本产业转移前后相关产业在工业增加值中的权重下降[1]

　　数据来源：Win. d。

以日本产业转移规模为参考，以 2018 年各行业工业增加值

---

　　〔1〕　日本相关产业数据的年代：纺织业（20 世纪 50—60 年代），钢铁行业（20 世纪 60—70 年代中期），木材及木制品（20 世纪 50—80 年代）。

权重为基础，中国大陆各行业未来十年如果均减少行业当前权重的70%—80%，则意味着中国在纺织行业有可能减少接近3%的比重，总体规模达9000亿元左右，服装服饰业将减少1.5%比重，规模可能达到5000亿元；木材加工及制品行业或将转移1%的比重，规模可能达3000亿元左右；皮革及制品相关行业减少1%，规模将达到3000亿元，上述劳动密集型行业产业转移总量或达到2万亿元左右，占比当前工业增加值比重达到6.5%左右（以2018年工业增加值为准）。

此外，计算机、通信、电子设备行业的劳动密集环节也将发生转移，但该部分体量所占比重难以估测。综合整体情况来看，整体产业转移规模保守估计将超过2万亿元。

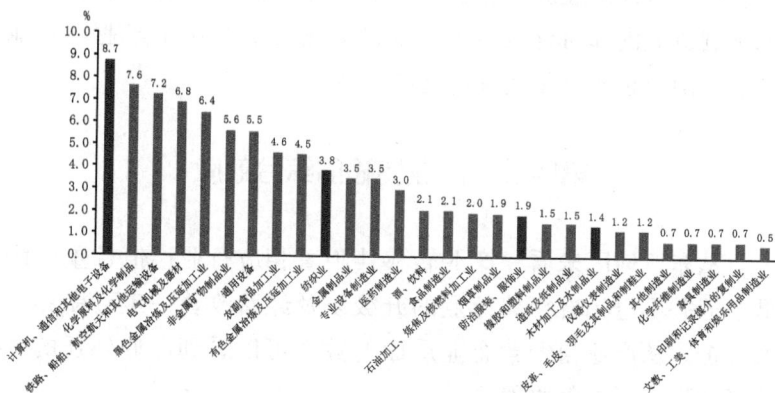

图5-2　各行业工业增加值测算权重（2018年）

数据来源：Win.d。

上述测算的产业转移规模是长期体量，日本持续长达20—30年之久。中国大陆未来的产业转移存在以下几个特点，会对产业转移产生影响：

首先，中国制造的转移体量有别于日本、韩国。中国在20

世纪90年代后有能力与空间，可以完整承接各国相关产业的转移，产业承接国的集中在一定程度上会加速产业转移速度。但目前来看，我国产业的外迁将是分散式的，这会进一步制约产业转移的速度。

其次，我国内需体量以及劳动力市场规模有别于东亚其他国家和地区，因此在转移方面，转移幅度上或将要弱于其他国家的历史转移情况，对于纺织服装等消费品的内需支撑将对产业外迁带来一定约束。

最后，伴随国内高技术行业增加值的不断提升，国内整体制造业增加值大概率不会面临收缩，在这方面国内将更贴近日本的情况，全球垂直分工水平深化，将更加利于高技术行业发展，有效对冲旧经济动能收缩带来的对就业、产出的负面影响。未来制造业内部对外投资的企业的表现可能会优于产业内其他企业，国内企业分化现象将更加明显。

第四节　产业转移的综合效应

从东亚地区来看，产业转移伴随着相应行业产值权重的降低，但并不意味着相关行业的升级以及经营改善一定会受到负面冲击。从产业与经营企业层面的数据可以看到产业外迁的企业经营发生了显著改善。

一、产业转移的正面与负面影响

从研发与技术投入、全要素生产力提升两个维度来看参与对外投资与无对外投资的企业差异，可以发现大多数对外投资从创新成长角度改善了行业。从利润角度来看，行业利润变化并不与产业外迁严格对应，虽然转移行业在转移进程中也会出现利润的波动，但高技术行业的利润水平在持续提升，劳动密集型行业随着劳动力成本上升，利润普遍呈现下降趋势。

我们可以看到，虽然可能由于产业结构的变化带来暂时的摩擦性失业，但产业外迁对于国内并不一定会产生负面影响，在利润改善、产业升级以及促进贸易方面，产业结构变化均有可能带来正面效应，表现在：

其一，由于充分利用外部优势资源，国内相关行业利润或在成本下降中进一步提升。加速经济体内产业升级，一方面产业承接与产业转移相辅相成，另一方面资源重新配置可以回补转移行业中其他技术密集环节。例如，日本当年在进行汽车产业转移阶段，将更多研发精力集中在零部件生产，通过日系车装配严格采购国内产品的手段，使得日本在汽车生产链条上不断向上跃迁，带来产业竞争优势的提升。

其二，产业结构变化会促进互补贸易的发生，Schmitz 和 Helmberger（1970）的研究表明，当技术先进的投资国投资资源丰富的被投资国的基础产业时，投资国资本品的出口将会随之增加。因此发达国家与发展中国家之间垂直一体化的生产可以创造贸易，实现贸易互补。相比较而言，劳动力丰裕的国家将更偏好进口资本与技术密集型产品[1]，因此加大对劳动禀赋充足国家的直接投资，会进一步提升这些国家资本与技术密集型产品需求，因此产业外迁会提升互补贸易。

二、中国产业转移的预期影响

（一）价值链视角下的产业转移

中国大陆产业转移未来 10 年有可能达 2 万亿元人民币以

---

〔1〕　由于需求存在，但国内供给匮乏。

上，当前工业增加值占比 6.5% 左右，首先基于价值链分析对国内产业转移趋势进行分析。一般来说，外需依存度较高（出口占终端需求比重高）且国外增加值占比较高的行业容易受到产业转移的冲击，如家具制造、纺织服装、计算机电子、电气设备等行业。外需依存度较高意味着行业受外需影响更大，因此在外需转向时产业更容易受到影响。

出口最终品所包含的国内增加值比例较小的行业，产业转移较其他行业更容易受到冲击，原因主要有三点：

首先，该类行业出口品的国内增加值相对国外增加值占比低，从价值链角度单位产品的国内贡献程度有限，产业转移不会对产品整个价值创造带来严重打击，因此从价值链角度转移难度较低。

其次，从内部来看，这些行业的出口总增加值相对较高，主要源于劳动力相关投入（纺织成衣制造、计算机、电子和机电设备装配组装等），加工贸易占比集中也反映出增加值贡献相当一部分来源于劳动力供应，因此在成本提升的情况下，产业转移压力的诉求较高。

最后，对于这些行业，中国在行业内的全球价值链位置相对偏下，且部分行业分布在全球产业链下游终端（纺织、家具），由于全球产业链参与程度有限和价值链位置偏下，产业转移相对较为容易，因此国内所受冲击可能较大。

（二）比较优势视角下的产业转移

我们梳理了中国近三年的显示性比较优势指数（RCA）变化，试图从该指数变化来捕捉各产业转移面临的压力。从 2017 年各行业的显示性比较优势指数（RCA）来看，中国多数行业产业转移压力相对有限，显示性比较优势指数（RCA）并未出现持续下行或大面积转负的情况，中国各个行业在国际贸易方面的比较优势仍然较为突出。我们发现，皮革、纺织、木材以及光学设备行业的显示性比较优势指数（RCA）变动已经开始体现出一定的转移压力。目前的一些政策原因可能也加速了产业转移的进程。

综合价值链分析从外需依存度和国外增加值占比角度以及显示性比较优势指数（RCA）所反映的情况来看，纺织服装、木制品等劳动力密集型行业与计算机、电子、光学设备等技术密集型产业的下游装配环节较容易发生转移。

第五节　中国产业转移与全球产业链重构的预判分析

产业转移是全球经济内生性结果，受政策等外因影响，但其趋势难以逆转。结合全球人口红利分布、融入全球产业链的轨迹以及近年来制造业出口份额的变化，预计未来可能成为产业链分散和转移承接的国家和地区集中在东南亚、东欧、中美和南亚。

一、中国可能会发生转移的产业分析

中国的较简单产业链已经基本实现了全产业链化，并进入下游环节转出的阶段。2015 年以来，作为下游消费品的杂项制品以及机械产业中的办公设备和自动数据处理设备，已经出现了产业转移的趋势。在以原料分类的制成品，以及通用工业机械等中间品方面，中国的比较优势仍在提升，这是 2008 年国际金融危机以来中国产业链分工位置不断向中上游靠近的延续。因此，下游产业的加快转移，其形成的是以"中国大陆+"为中心的网状产业链布局。

未来的不确定性在于，边际上的逆全球化趋势是否会导致

中间品的生产也有可能向最终产品的生产国转移，这一过程对于不同产业链的影响是不同步的。受影响较大的产业，外迁转移趋势有可能会提速。

中间产品中，受影响较大的是软木及软木制品，[1]纺织品受影响较小，同时会因为纺织业下游产业链的转出而受益；金属制品和通用工业机械受到的影响将介于前两类之间。电力机械装置及零部件中电子门类的家用电动及非电动设备分项，以及电力设备门类中的各个分项，未来将更多面临来自东欧、东南亚及墨西哥的竞争压力。同样是电子门类的与半导体相关产品为主的776个分项，则是净逆差项。来自东南亚的竞争压力主要是其中的低端产品，整体压力并不大。

二、全球产业链重构方向

未来全球产业链重构的可能方向包括：一是产业链回归本土，二是区域深化，三是产业链分散化，四是市场锚定。贸易分散化作为产业链分散化的先导，如果持续时间足够长，将影响产业链的布局。贸易分散化的一个表现是2019年中国对美出口下降了16.2%，但美国从其他国家和地区的进口获得较快增长。

疫情的冲击体现了全球产业链分工体系的脆弱性。现有的全球分工，在全球范围内形成了基于经济效率原则的采购与运输物流体系，一旦关键环节断裂将面临巨大风险。疫情后，全球化的布局将出现调整，由跨国企业主导的全球价值链在未来若干年中将发生贸易规模缩减、贸易范围缩小和贸易形式的变

---

〔1〕 天然软木制品包括软木砖、块、条，软木纸，软木管，软木塞，软木圆片、垫片及薄片，天然软木垫，软木救生圈，软木橡胶地板，软木橡胶纸，软木铁轨轨枕垫，软木垒球芯等

化。基于不同产业重要性和供需等特点，具体可能有三个方向的变化。

（一）关键行业回归本土

关系国计民生的重要原材、零配件、中间投入品，尤其是公共卫生、国家安全、医疗医药等产业的全球价值链，跨国公司可能会就此搬迁回本国，以形成政府和社会所要求的自主可控。这在日本经济产业省促成的产业迁出中国企业名单上得到了体现。[1]

（二）区域合作深化，从离岸生产转向近岸、在岸生产

不少跨国公司开始质疑长距离供应链。为了避免未来再次遭遇类似风险，跨国公司的供应链系统会要求更加体现自主性和可控性，对实时生产模式和全球分散生产的态度变得更加保守，这样会使企业始终保持一定的生产剩余并在配置上更加靠近国内。例如，对美国而言，尽管美国本土的制造业衰落，面临实体回不去的现实，但生产将转向成本稍高但运输对条件美国而言更便利的生产商，比如，墨西哥、拉美等国家，是完全可行的，这一趋势也正在成为现实。2019 年，美国从中国大陆制造业的进口减少 17%，美国从墨西哥制造业的进口量增长 130亿美元。[2]

---

〔1〕 2020 年 7 月，日本经济产业省发布了首批从中国迁出的 87 家制造企业补助名单，其中 30 家企业迁往东南亚，57 家企业回迁日本；为此，日本发放的补助金达到 700 亿日元（约合 6.53 亿美元）的资金，其中回迁日本的 57 家企业获得 574 亿日元（约合 5.35 亿美元）的补助。日本经济产业省以"完善国内供应链投资项目补贴"的名义进行公告，指出受新冠疫情影响，日本国内供应链变得很脆弱，需要引入重要产品和材料的生产供应链。

〔2〕 数据来源：United Nations Comtrade Database。

（三）分散化以增强产业链的抗风险能力

全球供应链重构的方向是分散化。供应链分散化的特征主要是：首先，世界供应链集中的趋势逐渐转向多中心化；其次，世界供应链将围绕终端需求市场分布。这次新冠疫情让不少发达国家认为：把供应链集中在一个国家是有很大风险的。过于集中的产业供应链容易受突发事件影响，全球价值链布局就不可能像过去那样集中于某一区域，而极有可能是分散布局在全球各个主要国家。例如，东亚和东南亚供应链很有可能在形成以"中国大陆+"为特点的分散化。短期内由于东南亚国家的整体工业能力偏弱，中游的转移需要时间，但已经向东南亚转移的消费品会进一步加速进行。

产业链的分散化是一个长期过程，往往是以贸易分散化为先导的。2019年中美贸易量的下降从一个侧面印证了贸易转移的难度并不大。尽管产业转移需要时间，但如果贸易转移持续的时间足够长，产业链的分散化并非没有可能。从美国2019年对中国进口的情况看，中国对美出口下降了16.2%，美国对中国各类贸易品的依赖度全面降低，但中国的各类贸易品出口全球份额并未普遍下降，这种短期的替代并不是简单替代，而是贸易伙伴关系的重组。越南、墨西哥对美国的贸易出口量都出现了显著增长。

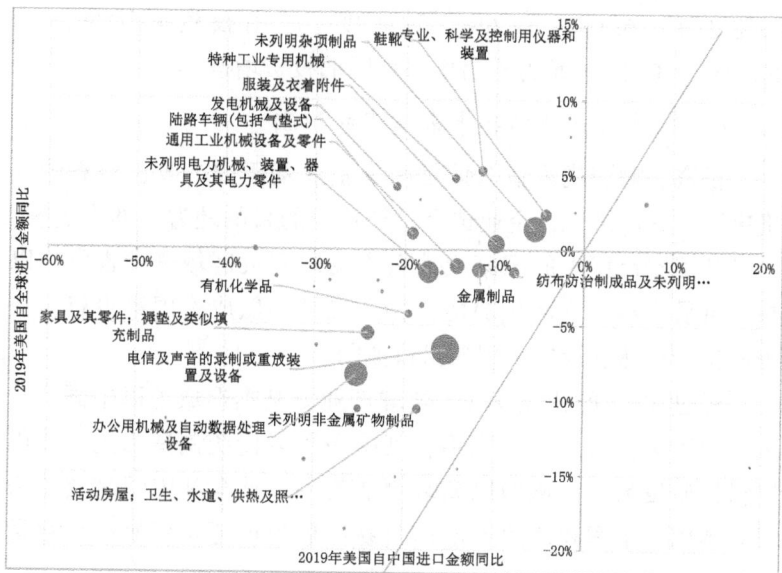

图 5-3　2019 年美国自中国制造业进口下降幅度示意图

我们最需要担忧的情况是，在新一轮全球直接投资浪潮到来时，中国是否能够追上浪潮，继续保持国际直接投资最主要目的国的地位，继续保持全球产业链中的枢纽地位。

三、中国产业转移的未来演变推测

（一）基于投资伙伴国投资数据的视角

中国不断上升的生产成本使得日本跨国企业缩减了基于成本动因的对中国的直接投资，既包括单纯的成本动因投资，也包括那些与市场动因和生产链投资嵌套在一起的投资。但从投资数据看，日本近期对中国大陆投资仍然相对积极。2019 年前两个季度，日本对中国直接投资 73 亿美元，同比上升 48.5%，同期日本对亚洲地区、东盟直接投资 308 亿美元、179 亿美元，同比上升 36.1%、37.6%，对印度、越南投资同比增速为 39.8%、-0.4%，均低于对中国大陆的投资增速。[1]

（二）中国产业转移未来演变的推测

投资、撤资或重新选址是跨国企业基于成本收益核算的战略决策。一般来说，企业选择对外投资的目的地遵循两个逻辑，一是到消费市场大的国家或消费市场国附近区域进行投资，以减少贸易成本对产品优势的侵蚀；二是到低成本国家投资，在当地生产，然后返销本国或出口他国。

经过 30 年的快速发展，全球产业链基本形成了以中国、美国、德国为核心的供应网络，其中中国以传统制造为主，美国以科技研发为主，德国以高端制造为主。从全球中间品贸易来看，美国、中国和德国无论是贸易体量规模还是贸易伙伴数量都位居前列。

中美贸易摩擦和疫情会加速全球产业链的多元化和分散化。中美贸易摩擦带来的地缘政治的不确定性会导致那些原本要从中国东部转移至西部的产业选择转移至东南亚国家，而疫情同时会引发对全球供应链集中带来的不稳定性担忧。双重压力之下，全球供应链的多元化和分散化进程会有所加速。

中国具有完备的工业体系、完善的基础设施和稳定的政治环境，所以短期内比较优势不会消退；但从中长期来看，中国必须不断提升产业链的附加值，从制造大国向制造强国转型，在高端制造领域重新建立新的比较优势，才能在全球产业链保持枢纽地位。

过去 30 年全球供应链发展的目标是降低成本和提高效率，但随着地缘政治和疫情的持续影响，未来全球供应链将在成本

---

[1] 数据来源：中国商务部网站。

效率和稳定性之间做出权衡，在成本效率和稳定性的权衡之下，未来全球供应链或呈现多中心化的格局，全球供应链将围绕主要终端市场进行布局，一方面降低成本和提高效率，另一方面供应链和终端需求匹配度较高，供应网络相对更稳定。可以预见的是，未来全球供应链将更加分散化，甚至出现多中心化的格局。

即使未来全球供应链形成多中心化的格局，中国也会是其中的一个中心。一方面，中国本土市场原本就是一个非常大的终端市场，围绕中国市场布局的供应链并不会大幅缩减；另一方面，中国作为制造业大国，过去 30 年积累的优势依然会延续，当前全球供应链调整的做法普遍是"中国+1"，也就是说除中国的生产线外，在其他国家也同时布局生产线以应对供应链过度集中在中国导致的脆弱性。

第六章
山东省外向型制造业发展调研

　　山东省作为出口大省，制造业出口是拉动国民经济增长的主要动力。山东省取得"出口大省"的成绩不仅依靠微观层面的产权制度改革与创新，更依靠大量外向型制造企业的兴起与成长。目前外向型制造企业占山东省制造企业总数的近半数，构成新时期山东省外贸的主力军。由于自身缺乏核心技术能力，外向型制造企业在目前严峻复杂的国际经济政治环境下遇到发展"瓶颈"，同时，劳动力、融资、原材料等成本上涨压力增加，使企业盈利空间缩小，以及环境保护压力的逐渐加大，转型升级迫在眉睫。本章的目的在于客观分析山东省外向型制造企业的生存状态，寻求发展陷入困境的原因，"对症下药"，希望能为政府的宏观调控决策提供一定的依据，使政府出台的扶持政策更具科学性和实效性，同时也能为企业调整经营策略提供理论参考，进而推动山东省外向型制造业的健康与可持续发展。

第一节　山东省外向型制造业发展状况
——对济南市的调研

　　外贸进出口作为拉动济南市经济增长不可或缺的一驾马车，

对全市经济社会发展的作用日益凸显。近年来，济南市委、市政府十分重视开放型经济的发展，始终坚持招商引资和外贸进出口"两条腿"均衡发展，通过出台扶持政策，采取扶持外贸龙头企业、优化服务环境等一系列措施，有力地推动了全市外贸进出口的持续增长，促进了济南市经济社会的快速健康发展。特别是 2018 年济南市外贸进出口继续保持稳中向好势头。据统计，2018 年进出口总值完成 825 亿元，同比增长 16.2%。中小型民营企业活力足后劲大，堪称稳增长生力军。2018 年全市私营企业实现出口值 363.3 亿元，同比增长 13.3%，占全市出口值的 70%；机电和高新技术产品优势突出，机电和高新技术产品出口占比位列全省首位。

一、调查方法及样本说明

为了更好地了解济南市外贸中小企业的发展状况，我们的调研对象确定为：2017 年度济南市 1920 家[1]外贸企业中进出口额在 6500 万美元（约 3 亿元人民币）以下的企业，其中 80% 为制造业。出口额超过 6500 万美元（约 3 亿元人民币）为大型企业，不在本次调查范围内。

调研数量：发出 500 余份调查问卷，有效回收 389 份，约占总样本数的 20%。

调研方法：方法一，电话访问，通过问询一些问题，课题组人员通过打钩和记录的方式来完成，约占调研企业总数的 5%；方法二，把企业的关键问题、指标、数据在问卷网（www.wenjuan.com）上生成调查问卷，通过微信的形式把问卷发给企业的联系人，这种形式约占调研企业总数的 60%；方法三：上

---

〔1〕　数据来源于济南市商务局统计资料。

门访问，直接面对面的问答式调研，以不打扰企业生产经营为原则，这种形式约占调研企业总数的5%；方法四：利用济南市商务局召开下属区、县外贸座谈会的时机，通过座谈交流收集企业情况，这种形式约占调研企业总数的30%。

调查主要涉及机电产品、纺织服装、食品与农产品、橡胶塑料、金属加工与金属制品、汽车零配件[1]等济南市六大进出口支柱产业的发展状况，调查目的在于查摆主要矛盾，对数据进行统计分析，同时，就关键问题和主要矛盾提出解决方案与应对措施。

我们主要从四个方面对外贸企业进行调研：企业的微观基本情况，企业的经营活动——市场开拓、订单及品牌建设情况，企业人才状况和宏观外贸营商环境。

二、目前济南市中小外向型制造企业发展的总体情况

(一) 济南市中小外向型制造企业的进出口规模

被调查企业进出口规模在100万美元以下的占42.86%，进出口规模在100万—500万美元的占39.77%，可以推断，目前济南市有八成以上的中小型外向型制造企业的进出口规模在500万美元以下。500万—1000万美元的占11.97%，1000万美元以上的仅占5.41%。

---

[1] 遵循海关的统计方法，本报告将机电产品和汽车配件及金属加工与金属制品分列。

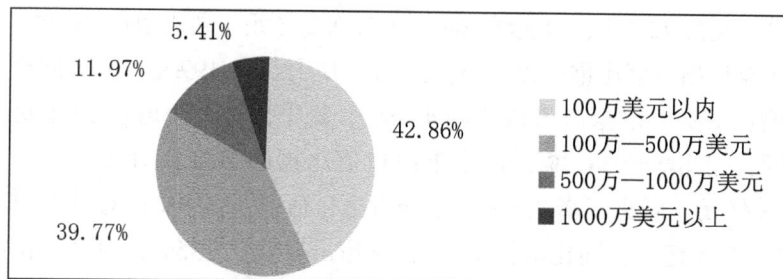

图 6-1　被调查企业的进出口规模

（二）济南市中小外向型制造企业的主要进出口市场

从出口市场看，2018 年亚洲市场回稳增长，占全市出口市场的四成，美国作为济南市第一出口市场持续增长。

济南市出口市场前五位国家依次是美国、印度尼西亚、日本、印度和菲律宾、出口额分别为 63.4 亿元、33.6 亿元、23.5亿元、18 亿元和 17.3 亿元，共计 155.8 亿元，累计占全市出口总额的 33.4%；同比分别增长 48.2%、221.9%、7%、-7.6% 和-16.6%。[1]韩国、德国、新加坡、加拿大和俄罗斯紧随其后，分列第 6—10 位。

2018 年 1—11 月，济南市对美国实现出口 63.4 亿元，同比增长 48.2%，占全市出口值的 13.6%[2]。

从洲际来看，除南美洲市场小幅回落，同比下降 1.3%，占全市出口值比重的 6.9%，其他各洲均呈增长态势。对欧洲实现出口73.6 亿元，同比增长 26.3%，占全市出口值比重的 15.8%；对北美洲实现出口 76.8 亿元，同比增长 44.9%，占全市出口值比重的16.3%；对非洲实现出口 59.4 亿元，同比增长 0.8%，占全市出口

---

〔1〕 数据来源于济南市商务局统计资料，指的是济南市外贸企业的总数据。
〔2〕 此处对美国出口额是济南市外贸企业的总数据，不是仅指中小外贸企业的出口额，本段其他出口数据同。

值比重的 12.7%；对大洋洲实现出口 9.2 亿元，同比增长 18.8%，占全市出口值比重的 2%。对亚洲 1—11 月出口 199.9 亿元，同比增长 13%，占全市出口值的 42.8%。其中，对东盟出口 93.5 亿元，同比增长 34.3%，占全市出口值比重的 20%；对印度出口 18 亿元，同比下降 7.6%，占全市出口值比重 3.9%；对日本出口 23.5 亿元，同比增长 7%，占全市出口值比重 5%；对韩国出口 13.4 亿元，同比下降 3.3%，占全市出口值比重 2.9%。[1]

进口额排名前十名国家分别是泰国、德国、美国、澳大利亚、巴西、日本、智利、韩国、加拿大和新加坡。[2]

（三）济南市中小外向型制造企业的行业分布及出口商品结构

在本次被调研的企业中，机电产品占比最大，为 46%，纺织服装、食品与农产品其次，为 23% 和 24%，金属加工与金属制品占比 14%，汽车配件占比 9%，综合类为 19%，其他类企业占 14%。

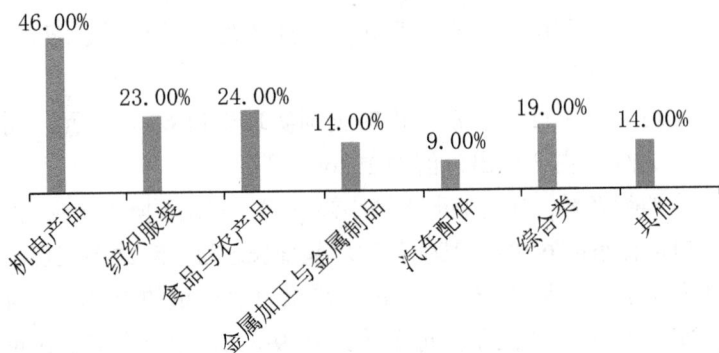

图 6-2　被调研企业的产业分布

---

〔1〕　数据来源于济南市商务局统计资料。
〔2〕　资料来源于济南市商务局统计资料。

济南市出口商品结构以机电、高新技术产品、化工产品及纺织服装等产品为主，机电和高新技术产品出口增长迅速，出口占比位列全省首位。2018 年 1—11 月机电产品出口 311.3 亿元，同比增长 16.7%，占全市出口比重的 66.7%。其中机械设备出口 117.4 亿元，同比增长 59.2%；运输工具出口 95 亿元，同比下降 8.4%；金属制品出口 49.7 亿元，同比增长 11%；电器及电子产品出口 41.5 亿元，同比增长 13%。

此外，高新技术产品出口 84.6 亿元，同比增长 66.2%，占全市出口比重的 18.1%；化工产品（不含农产品）出口 67.5 亿元，同比增长 18.6%，占全市出口比重的 14.5%；纺织服装出口 18.2 亿元，同比增长 9.3%，占全市出口比重的 3.9%；农产品出口 3.7 亿元，同比下降 16.5%，占全市出口比重的 0.8%。[1]其他主要出口商品还包括：钢材出口 40.1 亿元，同比增长 13.4%；医药品出口 20.65 亿元，同比增长 24.9%。

（四）济南市中小外向型制造企业的类型

在济南外向型制造业中，大部分企业是内、外销同时并举，约占企业总数的 73.75%。这里分为两种情况：一种是企业原来外销占据主导，由于外需环境变化，转而向国内市场销售。还有一种是企业原来以内销为主，现在尝试外销。目前济南市中小型外向型制造企业中只有 26.25% 的企业专营外贸业务。

随着传统成本优势的削弱，不断扩张的国内市场规模和不断升级的需求结构为培育新型出口优势提供了一条重要的大国特色路径，我国巨大的国内市场规模是有待开发的出口优势的潜在源泉，通过规范市场秩序等途径，形成立足国内大市场的

---

〔1〕　出口商品数据来源于济南市商务局统计资料。

"内需驱动型"外贸发展模式，不仅能促进构建"以国内大循环为主体、国内国际双循环相互促进"的新发展格局，也是培育新型出口优势的有效途径。

（五）济南市中小外向型制造企业人才状况

1. 济南市中小外向型制造企业的人员规模和年龄结构

从被调研企业的规模来看，50人以下的企业占比最大，为55%；50—100人企业占比为30%，排在第2位；100—200人的企业占比20%，200人以上的企业仅占3.8%。

被调查企业主要外贸负责人的年龄以30—35岁为最多，占比43%，其次是35—40岁的年龄段，占比25%，这些外贸负责人基本都是由外贸业务员发展而来。他们工作多年，经验积累之后发展成外贸经理，有的做久了老板还给予股份，作为工作激励措施。

外贸业务员随着工作年限的增长，工作经验的积累，除发展成外贸负责人之外，很多外贸业务员都出来自立门户。所以在本次调研中，大多数被调研企业的外贸业务员年龄均不是很大，集中在40岁以下，其中30—35岁占比最多，为43%；其次为25—30岁，占比25%；35—40岁占比22%，也就是说接近九成的外贸业务人员在40岁以下，正是最有干劲、创造力最强的年龄。

2. 济南市中小外向型制造企业人力资源培训情况

本次调研显示济南市大部分外贸中小企业对员工有常规培训，约占76%，只有24%的企业囿于资金和人才实力等客观因素，没有常规培训制度。在有培训制度的企业当中，培训的频率以每月一次为最多，占比30%；其次是每周一次，占比23%；两个月一次的占比17%；不定期举行培训的占比16%。

但在调查中，不少外贸中小企业的员工反映企业对外贸人力资源的培训只是简单培训，应付当前需要，他们所在的企业对于培训并不是很重视，不愿做过多的投入。

3. 济南市中小外向型制造企业用工存在的问题与隐忧

在谈到近期是否存在"用工紧缺"的问题，有75%的被调查企业表示存在这一现象，25%的被调查企业表示用工基本可以满足要求，不存在用工紧缺的问题。

在调研中，存在"用工紧缺"的外贸企业表示，企业目前最缺外贸主管为代表的中层管理人员和外贸营销人员，"外贸主管很难招，又难留，工资高，产出不理想，流动却频繁，沉淀不下来"。缺少外贸营销人员的企业占比60%，企业对外贸营销人员的要求是英语要好，能够和客户交流、沟通，同时懂产品，能吃苦，往往很难招到满足要求的外贸营销人员。同时，大学每年毕业的国际贸易专业学生其实并不少，但应届生的水平往往很难达到企业的要求。说到底，市场上存在着明显的结构性就业失衡问题。

除"用工紧缺"之外，济南市的外贸中小企业人才流失现象也颇为严重。以本次所调研的一家私营外贸企业为例，公司成立不过三年，而在跟单员这一岗位上，仅在2020年就有先后7个人员的流入和5个人员的主动流出。而且，流出人员中大部分是优秀的骨干业务员和中下层的管理人员。这些外贸企业的员工离职后的主要去向有三种：一是在各外贸企业中流动；二是自己创业从事相关领域的工作；三是建立自己的生产厂家，进行自营出口业务；四是成为外方在中方的订单代理。如何留住人才，成为困扰济南市外贸中小型企业发展的一个重要问题。

在谈到企业是否建立了吸引人才的机制时，75%的企业表示有相应的机制吸引所需要的人才，25%的企业表示由于资金短缺、资源不足、信息滞后、管理水平低、市场狭隘等一系列问题，尤其是资金不足的问题，没有能力建立吸引人才的机制，这也成为制约中小企业难以吸收高质量人才的"瓶颈"。

在调研中，我们也和企业员工交流过，深切地感受到外贸中小企业要想留人，除激励政策外，最重要的是要有好的企业文化。只有好的企业文化，才能吸引人、留住人、激发人。

三、济南市中小外向型制造企业经营情况分析

（一）济南市中小外向型制造企业开拓市场的主要方式

从被调查企业来看，开拓国际市场的主要方式是利用电子商务平台。中小企业利用阿里巴巴等第三方电子商务平台占比最大，占比37%，在调查中，很多企业表示，参加展览其实效果要好于电子商务平台，但由于企业规模小，实力弱，迫于参展费用的压力，开拓市场基本还是以第三方电子商务平台为主，参加展览为其次，占比31%；依托国外大型经销商第三，占比11%；其他还有客户转介绍、加入行业网站、购买竞价排名，在facebook、linkin等社群营销等方式。

在上述方式中，订单转化效果最明显的分别是客户转介绍、参加国外展览和利用阿里巴巴等第三方电子商务平台。尤其是客户转介绍，成交率在90%以上，但由于机会比较少，所以绝对数并不多。

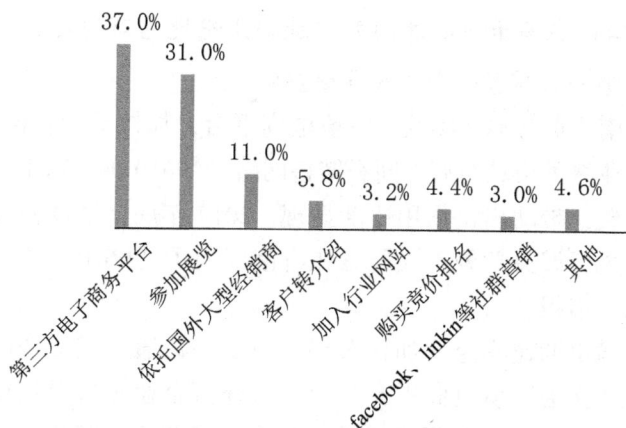

图 6-3　被调查企业开拓国际市场的主要方式

　　具体到第三方电子商务平台公司，我市的中小外向型制造企业使用最多的是中国制造网、环球资源和阿里巴巴网。除此之外，济南市很多企业还做了自己公司的独立 B2B 网站，利用 Google Adwords 进行推广，双管齐下，效果也不错。

　　中国制造网认证供应商（Audited Supplier）的收费标准为 31 100 元/年，从性价比上而言，中国制造网是三家中最好的，所以受到资金实力一般的中小型外贸企业的青睐；环球资源的收费会员价格一般都在 10 万元以上，门槛非常高，但由于环球资源会员的效果最好，也受到部分中小外贸企业的欢迎。阿里巴巴的买家资源是三大 B2B 网站中最丰富的。但阿里巴巴容许买家群发询盘邮件，因此，卖家的有效询盘数并不准确，而且导致了供应商之间的价格恶意竞争。据调查，济南市很多外贸中小企业选择成为阿里巴巴中国供应商会员，更多的是从塑造公司品牌形象入手，即通过与阿里巴巴的合作证明公司的实力，以获得海外买家的认可。

(二) 济南市中小外向型制造企业跨境电商的发展

1. 政府政策扶持与跨境电商业绩

济南市商务局持续发力跨境电商平台,加快动能转换步伐,拓宽企业海外市场布局空间和销售网络。"9610"[1]项下出口取得新突破,带动出口作用逐渐显现。2017年底,经过积极协调济南海关,海关总署正式同意在济南开通了"9610"项下跨境电商出口申报。

跨境电商龙头企业加快布局,山东一达通外贸综合服务公司依托速卖通跨境电商平台,为全市外贸企业出口提供全方位服务与支持,2017年累计带动出口9.4亿美元,服务全市企业达700家。通过引进谷歌体验中心等跨境电商服务企业也极大方便全市跨境企业运用搜索引擎和社交营销工具在全球开展数据化营销。

2018年1—9月,全市通过"9610"跨境电商项下出口2.3亿元。跨境电商园区建设加快推进,济南红场1952跨境电子商务产业园项目5万平方米,园区建成后将成为一个集创业、孵化、培训、智能仓储、综合物流服务、产品供应与包装、清关验关于一体的跨境电商聚集生态群。

作为外贸新业态,当前跨境电商正处于高速发展期。在济南市的出口额中,虽然跨境电商目前还只占很小的份额,但它是蓬勃扩张的新兴产业,或许也是未来济南市外贸出口的一张名牌。

----

[1] "9610"全称"跨境贸易电子商务",简称"电子商务",俗称"集货模式"。适用于境内个人或电子商务企业通过电子商务交易平台实现交易,并采用"清单核放、汇总申报"模式办理通关手续的电子商务零售进出口商品。商家将多个已售出商品统一打包,通过国际物流运送至国内的保税仓库(暂存区),电商企业拆大包按小包(单个订单包裹)逐个申报,为每件商品办理海关通关手续,经海关查验放行后,再由国内快递派送至消费者手中。每个订单附有海关单据。9610是跨境电商的海关监管代码。

本次调研显示，济南市外贸中小企业中，约有 62.55% 的企业已经开展跨境电商业务，约有 4.63% 的企业虽然尚未开展，但已经在着手准备，还有 32.82% 的企业由于缺乏相关人才尚未开展跨境电商。

2. 企业跨境电商平台的选择

在跨境电商平台中，济南市中小外贸企业选择自建平台的比例最高，约为 56%；其次由于济南市大多数外贸中小企业缺少 B2C 经营销售经验和优秀电商人才，所以外包给跨境电商运营公司的企业不少，占比 41.6%；接着是利用亚马逊、敦煌网、eBay、全球速卖通、wish 和 Facebook，选择比例分别是 33.2%、18.5%、10.4%、9.6%、4.2%、9.6%；选择"其他"的比例为 3%（见图 6-4）。

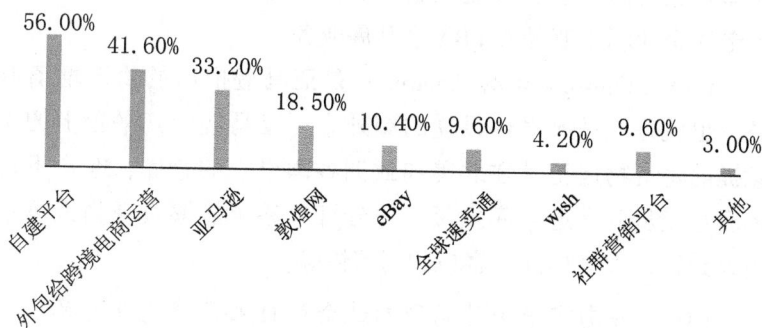

图 6-4 被调研企业跨境电商应用平台

3. 企业海外仓的建设情况

跨境物流是当前外贸中小企业跨境电商发展的最大制约因素，海外仓是解决跨境电商物流问题的重要形式。目前济南市的外贸中小企业约有 31% 设立了海外仓库，大约近七成企业由于成本等因素并没有建立海外仓，但有 42% 的企业表示未来有建立海外仓的打算。

2021 年济南市政府部门对济南市外贸企业在境外设立营销网点、商品展示中心、海外仓发生的场地租赁费用按照不超过 50%的比例给予扶持。随着这一扶持政策的逐步推广,预计济南市外贸企业建立海外仓的比例将有所上升。

目前济南市中小外贸企业建设跨境电商海外仓的模式有新建、改造和合作三种类型。由于不确定的税务风险、重资产投入模式和本土化运作的难点等问题,中小外贸企业大多没有能力自建或改建海外仓,所以济南市的外贸中小企业基本采用合作型海外仓建设模式。即中小企业自身并不建设海外仓,而是与大型平台企业建设的跨境电商海外仓合作,作为自己的海外仓,为自己的业务提供服务,或者是参与大型平台企业跨境电商海外仓的前端或后端流程服务。最典型的就是济南市中小跨境电商企业利用亚马逊 FBA 仓开展业务。

FBA(Fulfillment by Amazon)是亚马逊推出的物流增值服务,也就是亚马逊平台设立的海外仓。亚马逊让其平台上的卖家提前将货物运至其在北美和欧洲各国设立的仓库,客户下订单后直接从亚马逊仓库发货,部分订单甚至能够实现当天下单当天到货,大大提高了客户的消费体验。

(四)济南市中小外向型制造企业自主品牌建设情况

1. 政府商务部门在自主品牌建设方面的推进措施

济南市商务局持续推进国际自主品牌建设工作,全力提高企业开拓国际市场竞争力。对济南市外贸企业因注册国际商标、专利申请产生的费用给予全额补贴,对专利许可和体系认证费用最高给予 50%补贴。[1]通过全面摸底调研外贸企业,了解全市

---

〔1〕 数据来源于济南市商务局《商务政策问答》。

企业境外商标注册情况，并积极宣传品牌建设相关政策，鼓励企业注册境外商标，储备品牌后备力量。重点调研自有出口品牌企业，掌握企业自主品牌建设情况，积极推进外贸企业出口品牌培育工作。通过政策引导企业以自主品牌开拓国际市场，鼓励企业开展省市出口名牌申报，在广交会、华交会等重点展会的展位安排和外经贸资金政策方面优先考虑品牌企业。

2. 济南市中小外向型制造企业境内外商标注册情况

济南市中小外向型制造企业自主品牌意识逐渐觉醒。从被调研企业来看，相当一部分企业已经在境内外注册商标，本次调研结果显示，拥有自主品牌的企业已占据半壁江山，大约有75%的企业拥有自主品牌，并以自主品牌进行出口销售，预计这一趋势还会继续扩大，说明济南市中小外向型制造企业开始重视自有品牌的建设。

对于是否在境外注册商标，目前约有35%的被调研企业已经完成注册，还有64%的企业尚未在境外注册。因为企业要谋求在境外获得商标保护，目前主要有两条途径：一是分别向境外国家/地区申请，即直接向目标国家/地区申请商标注册；二是马德里国际商标注册申请，即通过世界知识产权组织（WIPO）向目标国家/地区申请领土延伸保护。中小企业由于资金、人才实力有限，对于在境外注册往往有心无力。随着政府对外贸企业注册国际商标扶持力度的加大，这一状况预计将得到极大的改善。

3. 济南市中小外向型制造企业品牌建设情况

中小企业能否创造出自有品牌，并塑造成知名品牌，将决定其能否在市场上获得竞争优势。由于资金实力、认识不足等原因，济南市很多中小外向型制造企业虽然创立了自主品牌，但与品牌建设相关的配套战略缺乏针对性，比如，大多数企业没有设立专业品牌建设顾问。调研显示，只有36%的企业出资设有品牌建设顾问，57%的企业没有，还有7%的企业甚至没有听说过这个职业，这使得企业品牌建设的有效性打了很大的折扣。由于中小外贸企业自身的人力、财力、物力的匮乏，在对企业进行全面的品牌战略规划时，可与专业品牌顾问公司合作，规划与自身企业相符合的品牌战略。

另外，济南市一些外贸中小企业为了扩大在国际市场上的销售，一味压低价格，降低产品成本，而忽视对企业产品的宣传，认为广告宣传费用太高，企业难以承受，同时也不寻求其他的宣传渠道。调查显示，常年做广告的被调研企业仅占36.29%，偶尔做广告、基本不做广告和从来不做广告的企业分别占41.31%、18.53%和3.86%。

调研中，很多外贸企业表达出希望地方政府在品牌经营与建设方面要建立良好的品牌经营环境，并加快机制体制方面的保障建设，提高地方品牌的核心竞争力。政府可以出台一些指导性的意见，另外在税收方面给予一定的优惠政策，使其有充足的资金进行品牌建设，不断提升品牌公信力和影响力。

4. 济南市中小外向型制造企业国内外认证情况

如今的国外采购商，一般都先看中国企业是否通过行业内的国际认证，以此判断合作方的风险度、流动资金、产品质量、企业责任感等。本次调查显示济南市约有44%的被调查企业通过了行业的国际认证，而56%的被调查企业没有通过，主要因为行业的国际认证程序复杂，费用昂贵。

调研中，有企业认识到"认证叩门，已经成为中国外贸企业走出去的趋势性选择"，但同时又表示"认证又是一个过程艰难、花费不菲的事情"。他所在企业的一项国际认证前后耗时一年多，耗资不下几百万元，"是一个无比痛苦的周期循环"。

（五）影响济南市中小外向型制造企业出口的主要因素

在影响外贸企业接单的主要因素中，国际市场需求下降导致订单减少是影响被调研企业接单的最主要因素，占比58%；其次是2018年以来人民币汇率大幅波动，导致企业有单不敢接，占比46%；此外，中小企业资金周转困难和国内同行恶性竞争，导致无利可图也是两个影响外贸企业接单的重要因素，分别占比31%和30%。其他因素中还包括"缺乏海外营销网络，自主品牌培育滞后"，"产品同质化严重，缺乏核心竞争力"，"劳动力成本提高，招工难"以及"研发投入不足，创新能力不强"等因素。在调查中，很多中小外向型制造企业负责人反映自近年来包括人工成本和原材料成本的上涨，已经严重缩减了企业的利润空间，使他们步履维艰，使利润本就微薄的外贸企业"内患"加剧，中小外贸企业"增产不增收"的经营压力在不断攀升。

进入2018年以来，人民币对美元汇率大幅波动使企业在预期汇率时疲于应对，尤其是中小企业，在应对汇率和原材料等方面缺乏指引，接单更为审慎，不得不压缩利润空间，最终逐步表现为竞争力的持续下降。

济南市外贸企业已经普遍适应人民币汇率频繁波动日趋常态，并采取附加保值条款、汇率锁定和采用套期保值工具等方法减少汇率波动给企业利润造成的不利影响，但外忧内患的情况加剧，外贸压力持续加大。

四、济南市大中外向型制造企业调研情况

针对济南市大中型外向型制造企业的发展情况，2021年国家统计局济南调查队选取了16家企业开展专项调研，结果显示，济南外向型制造企业经营发展情况稳中向好，部分企业产

业升级取得明显成效。与中小外向型企业发展困境类似，人才缺乏和成本上涨等问题是企业走向高质量发展之路普遍面临的主要阻碍。

调研的 16 家外向型制造业企业中，大、中型企业占 75%，有 9 家企业在近三年进行过转型升级，15 家企业均实现营业收入"三连涨"。到 2021 年上半年，业务收入同比增长 10%—20% 和 30%—50% 的企业均为 25%，另有 18.8% 的企业同比增长 50% 以上。

在调研的 16 家企业中，有 43.8% 的企业在近三年没有进行过转型升级，有 68.8% 的企业以传统动能为主、新动能为辅的方式运营；有 31.3% 的企业仍完全以传统动能模式运营，以新动能为主和完全依靠新动能均未被选中，济南外向型企业的产业升级仍有较大的提升空间。

与 2018 年作者所在课题组对济南市中小微外向型制造企业的调研结果不同，大、中型企业面临的压力主要有"节能环保压力大"（55.6%）以及满足"多样化的市场需求"（44.4%）；配合"新产品或技术研发成功"（55.6%）。这三个因素是推动大、中外向型制造企业进行转型升级的主要动因。主要途径是通过"投资改造或引进新技术新设备，提升生产效率或品质"（55.6%）、"开拓国内外新市场"（55.6%）及"发展新业态，实现产品多元化，延伸产业链"（44.4%）等。

对于发展新动能的最大阻力，调研显示，68.8% 的企业因人才紧缺，从而导致发展遇阻；对于创新发展中遇到的主要困难，"缺乏科研人才"（93.8%）问题更为突出。济南某自动化科技有限公司表示，目前企业最大的发展阻力和创新困难是因为科研人才不足而导致的创新能力不足，同时也很难招收到高水平人才。此外，产业配套及市场引导还有待加强。有 50.0% 的企业认为，由于地方产业不集中、产业链不完善导致的上下游产业配套水平较弱，同样也是创新发展过程中的客观困难。

第二节 双循环新发展格局下山东省中小外向型制造企业面临的现实困境

中小微企业贡献了我国 50% 以上的税收，60% 以上的 GDP，70% 以上的技术创新，80% 以上的城镇劳动就业，90% 以上的企业数量，是国民经济和社会发展的生力军，中小微企业的生死发展对稳定经济增速、提升经济活跃度、保障生产体系完整和稳定就业至关重要[1]。

本次调研，课题组成员到山东省外向型制造企业集中的沿海城市青岛、烟台以及威海，对 50 家外向型制造企业进行实地调研，辅以面谈、邮件访谈等多种形式进行，行业涉及农产品、纺织品、服装、化工、机电、电子产品、工艺品、高新技术产品等近十个行业，其中 70% 的被调查企业是制造型外贸企业，还有 30% 是贸易流通型企业和服务型企业。本次调研的企业，主要是年出口规模在 50 万美元至 2000 万美元之间的外向型中小制造企业，这些企业是山东省外贸出口的主体。这些企业的发展与济南市外向型中小制造企业有一定的共性，也有其自身的特点。

调研结果表明，山东省外向型中小制造企业在总体经营情况好于全国平均水平的同时，大多数外向型制造企业的发展面临着巨大的困难，很多企业在艰难支撑，其中既有外部环境低迷的影响，更多则受自身因素所困。

---

〔1〕 朱武祥等："疫情冲击下中小微企业困境与政策效率提升——基于两次全国问卷调查的分析"，载《管理世界》2020 年第 4 期。

一、外部困境

（一）要素价格上涨，生产成本显著升高，企业利润空间受到挤压，造成"有订单无利润"的窘境

通过这次调研发现，要素价格上涨、成本上升成为影响企业发展的最重要因素之一。目前山东省月最低工资标准为 1910 元、1730 元、1550 元，每档相比之前提高了 80—100 元不等；小时最低工资标准为 19.1 元、17.3 元、15.5 元，二者平均增幅 5.5%，新标准将于 2018 年 6 月 1 日起执行。[1]调研中，青岛市一家外贸企业的负责人反映，几年前一个普通工人的日工资为 50—60 元，现在 100 元能招到的大多是老年人和妇女。"用工荒、招工难"等问题进一步提高了用工成本。企业劳动力供应趋紧，开工不足。近七成企业出现招工短缺现象。在调研的 30 多家外向型制造企业中，有 20 多家出现招工短缺现象，占比六成以上。再加上部分原材料价格上涨等因素的影响，进一步增加了企业的经营成本，压缩了中小外向型制造企业的生存和利润空间。

近年来，不仅山东省，全国范围内土地、劳动力、物流和管理费用、水、环保、原材料的刚性上涨，已远超其他发展中国家，中国出口产品价格竞争优势在不断减弱。另外一方面，由于同质竞争严重，出口商品价格很难提高，因而造成企业的利润越来越微薄。

（二）中小外向型制造企业"融资难""融资贵"并存

在调研中，很多外贸企业反映，尽管国家强调要在资金上

---

[1] 参见 2018 年 4 月山东省人民政府发布的《关于公布全省最低工资标准的通知》。

扶持中小外贸企业，但实际上企业还是很难得到银行的贷款。目前中小外向型制造企业的订单结汇方式由以前的信用证为主转向以电汇（后 T/T）方式为主，由于企业不能利用信用证打包贷款，融资进行生产、采购，导致中小外向型制造企业流失了大量的大额订单。有三成的企业因为支付方式与国外客户未达成一致而导致出口合同不了了之。

此外，由于缺乏资金和"融资难"的存在，企业无力顾及生产设备的更新改造和新产品的研发，恶性循环，导致山东省中小外向型制造企业的出口产品技术水平不高，没有自己的核心竞争优势。可以预见，融资服务对于中小外向型制造企业在未来一段时间内的发展仍然至关重要。

二、内在病因

（一）人才匮乏是最大的困扰

调研中，感受最深的就是外向型制造企业缺乏高素质的业务员，真正懂产品，懂业务、注重细节的业务人员稀缺。现有的业务员大部分严格来说就是"跟单员"，懂一点英语，会制作单据，时不时地催一下出口的进度，但对于开拓国外市场，掌控整个外贸流程，则基本不能胜任。由于中小外向型制造企业自身的局限性，比如，薪金缺乏竞争力，工作不稳定等，人员流动大也是其面临的一大难题。一位外贸企业的老板谈到他上年年底在青岛市人才网站上招聘业务员，几个月来应聘者寥寥，他坦言："外贸行业其实已经进入赤裸裸的人才竞争。"调研中在问及面临的"问题"时，大多数外向型制造企业都把问题放在了专业人才匮乏，缺乏核心技术等方面，显示山东省在外贸人才方面存在严重的结构性短缺。每年国际贸易等相关专业的毕业生数量众多，但真正懂外语、懂业务和懂技术的外贸专业人才却寥寥无几。并且仅有的在企业工作几年后都自己"跳槽"单干了，不会长久地留在企业。

（二）中小外向型制造企业对国内市场环境缺乏深入理解，导致开拓内销市场不力

在国内国际双循环相互促进的新发展格局下，面对境外仍持续蔓延的疫情和多国贸易保护主义的限制，我国多策并举鼓励外向型制造企业出口转内销。由于国际市场需求持续低迷，很多中小外向型制造企业也有"转战"国内市场的意图，但国内市场与国际市场的商业环境迥然不同。许多外向型制造企业对国内市场环境缺乏深入理解，没有国内销售渠道，也缺少专业的内销人员。同时，国内市场货款结算与国际贸易不同。在国际贸易中，企业普遍以信用证方式结算，对时效和货款都有较高的保障；但是，国内市场一般采用赊销或垫付的方式，一般要拖延2—3个月，严重影响贸易企业本身的资金周转，这对资金实力不强的中小外向型制造企业来说，是个极大的负担。

另外，缺乏过硬的品牌，国内外消费者品位不同也是外向型制造企业开拓国内市场的一大阻碍。由于外向型制造企业的目标市场在国外，企业大多重视海外市场的品牌建设，当企业将产品投向国内市场时，面临自主品牌的缺失以及品牌影响力弱等问题。调研中，发现某公司在转向国内销售时，由于不熟悉国内市场，前三年连续亏损，直到2021年内销市场才有所好转，由亏损变为盈利。这种长时间的亏损绝不是一般的中小外向型制造企业所能承受的。

（三）开拓海外市场的方式单一

调查显示，中小外向型制造企业开拓海外市场的主要方式仍然是通过电子商务平台和境外营销网络等渠道。由于费用过高，参加国外展览会被中小外向型制造企业列为开拓海外市场的次要方式。此外，许多企业的负责人表示，通过老客户介绍新客户的方式获得订单的情况也占了一定比例。山东省相当一部分企业的产品品质还是过硬的，否则老客户也不会介绍其他客人来用。完善销售模式，全面推动数字化智能技术在销售渠道的应用，是我国中小外向型制造企业未来发展的重要方向。可以考虑将销售端对接大型国内外电商平台，改变传统运营思路，利用平台优势实行线上线下融合运营，借助平台大数据了解境外消费者偏好，为消费者提供定制化产品，开辟新的国际客户市场。

（四）信息不对称，防范国际贸易摩擦能力弱

由于世界市场的持续低迷，国际货款结算期比过去拖长导致外向型制造企业的资金周转速度变慢，很多企业对国际市场上商品的价格、市场供需变化及走势缺乏了解，分析能力不足，当市场行情突变时，措手不及，因而造成巨额经济损失，不少中小外向型制造企业从此一蹶不振。另外，由于缺乏专业人才，大部分中小外向型制造企业对出口国当地的法律制度不熟悉，处理国际贸易摩擦和突发事件经验不足，遇到类似事件，均有畏难心理，导致在处理过程中处理不当。

第三节　山东省外向型制造业发展过程中存在的问题

山东外向型制造业发展要实现向双循环模式的彻底转型，并从"产业经济向创新经济跃升、产业大省向创新强省迈进"，仍然存在着诸多问题。

一、制造业产值下滑，脱实向虚过快

最近几年山东省很多城市都在疯狂发展服务业等第三产业，

脱实向虚过快。以青岛市为例，青岛过去十年制造业产值占比下滑了13.5个百分点。青岛2020年第二产业占比为35.2%，而2015年，青岛的第二产业占比还高达43.3%，2010年更是高达48.7%。第二产业快速下滑，第三产业占比上升，青岛高新企业数量排名仅排在内地第13位。这种脱实向虚过快带来的结果是，青岛经济出现了衰退。

2017年，青岛工业总产值出现断崖式下跌，2018年继续下跌，随之下跌的还有工业利润。

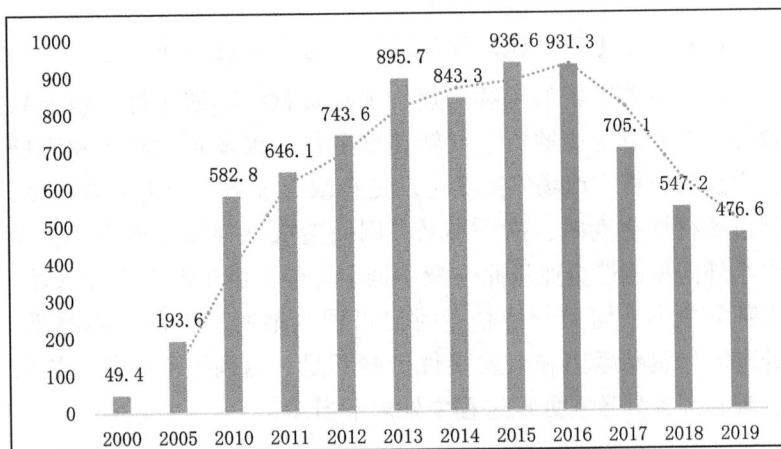

图 6-5　青岛市规模以上工业实现利润变化趋势（亿元）

数据来源：青岛市统计局。

曾经号称要成为北方深圳的青岛，在 5 个计划单列市中，已经被宁波超越，退居到第三位。

表 6-1　2020 年青岛市与宁波市各项经济指标对比

项目	宁波市	青岛市	青/甬比较
GDP（亿元）	12 408.7	12 400.6	99.93%

续表

项目	宁波市	青岛市	青/甬比较
金融机构本外币存款余额（亿元）	23 988.2	20 507.1	85.49%
金融机构本外币贷款余额（亿元）	25 451.6	21 064.8	82.76%
国内税收收入（亿元）	2637.8	1708.7	64.78%
增值税（亿元）	1026.8	662.6	64.53%
企业所得税（亿元）	577.5	384.9	66.65%
个人所得税（亿元）	240.4	113.4	47.17%
规模以上工业营收（亿元）	17 815.9	9589.3	53.82%
规模以上工业企业利润总额（亿元）	1552.7	531.6	34.24%
出口总额（亿元）	6407.0	3876.8	60.51%
全体居民人均可支配收入（元）	59 952	47 156	78.66%

从表6-1可以看到，在规模以上工业企业利润总额上，青岛只有宁波的三分之一；在规模以上工业营收、个人所得税这两个硬性经济指标上，青岛只有宁波的一半左右；而国内税收收入、增值税、企业所得税以及人均可支配收入上，青岛都被宁波远远地落下。

为了调整制造业被赶超的状况，山东省青岛、济南两市均提出了增加工业占比的计划。青岛提出，在"十四五"期间，制造业增加值占生产总值比重取代服务业增加值比重，争创国家级先进制造业集群。

山东省会济南也明确提出，到2025年工业增加值占GDP比重提高到 30% 以上，规模以上工业营业收入突破万亿元，先进制造业业务收入占规模以上工业比重达到 70% 以上。[1]

二、遭受中美贸易摩擦等外部环境的冲击

山东省作为中国最早开放的区域之一，外向型经济特征显著。外贸依存度[2]是衡量区域开放程度的重要指标。2019 年，山东外贸进出口总值 2.04 万亿元人民币，外贸依存度达到 28.7%，与全球产业链联系密切。前五大贸易市场，分别为美国、欧盟、东盟、韩国和日本。

由于山东省存在占比不小的加工贸易，而进出口贸易额的重复计算会导致外贸依赖度数值存在高估等现象。因此，贸易状况好坏与否会对山东区域经济造成显著的影响。

山东省对美国出口占比较高，2018 年之前，美国曾连续 8 年是山东省第一大外贸市场。近年来，山东省对美出口比例有所下滑，但总体而言美国仍旧是该地区的第一大出口市场，因而 2018 年以来，山东省出口受中美贸易摩擦影响相对更大。特别是美国的关税清单和山东省优势出口行业有较高重合度。

首先分析美国关税清单中的行业构成。美国 2500 亿美元和 3000 亿美元关税清单中均详细披露了加征关税商品的 8 位数编码，将其与美国统计局的官网公布的 2017 年 10 位数 HS 编码的对华进口产品金额逐一匹配，并最终归纳为 22 个 HS 一类行业。

通过最终计算结果可以发现，尽管美方关税清单几乎涉及了所有行业，但也存在明显的行业差异。其中"机械、电气设备"行业涉及金额占比超过清单的 40%，也是最早被纳入的 500

---

〔1〕 资料来源：《济南市工业和信息化"十四五"发展规划》。

〔2〕 外贸依存度是衡量一国国民经济对对外贸易的依赖程度的重要指标，它以该国对外贸易总额在该国国内生产总值中所占的比重表示。

亿关税清单中的行业。纺织原料及纺织制品与杂项制品两类行业涉及金额也明显偏高，占清单比例超过 10%。粗略来看，这几类产业也恰好对应的是山东省主要的出口产业类别，[1]可以看出美国关税加征方案对于山东的出口企业而言有较大压力。

2019 年上半年，山东对美国出口同比下降 7.4%，山东从美国进口同比下降 47%，进出口贸易总额同比下降 16.8%。2019 年前 10 个月，全省对美国进出口下降 19%，占比由 2018 年的 12.5%降至 9.5%，美国由 2018 年山东第一大贸易伙伴降为第四大贸易伙伴。其中对美国出口下降 14.9%，占比由 2018 年的 18.3%降至 14.9%，美国退居山东第二大出口市场；自美国进口下降 35.8%，占比由 2018 年的 5.4%降至 3.2%，美国退居第十大进口来源地[2]。同期，全省对美国出口企业同比减少 3582 家，主要涉及轻工、纺织、农产品等行业，2143 家企业加大非美市场开拓力度，出口到欧盟、东盟、日本、韩国等 151 个国家和地区，主要涉及机械设备、电子电器、运输工具、橡胶轮胎等行业。[3]

中美贸易摩擦的发展态势对山东省产业和经济发展将产生持续、显著影响。

三、产业协同性差

经历了改革开放以来 40 余年的发展，山东省已经具备了比较完备的产业体系，在联合国分类的 41 个工业大类中，山东是我

---

〔1〕 据山东省济南海关数据，2020 年山东省出口前五位商品是机电产品，农产品，高新技术产品，服装及衣着附件，纺织纱线、织物及其制品。
〔2〕 数据来源：济南海关。
〔3〕 数据来源：中华人民共和国商务部网站，网址为 http://www.mofcom.gov.cn/article/resume/dybg/202002/20200202933928.shtml。

国唯一一个拥有全部 41 个工业大类的省份。在 207 个工业中类中山东拥有 197 个，其中制造业 179 个，在全部 666 个工业小类中山东拥有 526 个，山东是名副其实的工业大省和制造业大省。[1]

山东省内也存在产业协同性差等现实问题，这些问题在中美贸易摩擦的冲击下暴露得更为充分。

山东省的产业协同性拥有很大的提升空间。首先是在山东省内部存在比较明显的产业同质化现象，而一旦贸易摩擦针对该同质化领域，区域经济极易遭受集中性冲击。

分产业来看，目前山东省在装备制造业、电子以及化工产业等方面具有较高的产业同质性。若将"各个城市制造业增加值占比≥5%的产业"定义为城市主导产业，将"在 5 个以上城市均占主导地位的产业"定义为高同质化产业，则共有装备制造、基础化工、农业三个高同质化产业。

山东省除青岛、济南、烟台属于纯多元经济城市以外，其他城市的支柱产业还是相对比较单一。山东省各城市的主导产业如下：

青岛：贸易、金融、装备制造、电子、旅游；

烟台：装备制造、冶金、电子、食品、旅游；

济南：装备制造、化工、金融、旅游；

威海：渔业、食品、旅游业；

淄博：化工、深加工、冶金；

潍坊：农业、装备制造、纺织；

泰安：旅游、轻加工、食品；

临沂：农业、轻加工、食品；

济宁：农业、轻加工、煤炭；

---

〔1〕 数据来源：山东省发布的《介绍山东省 2020 年前三季度经济社会运行情况》。

聊城：农业、化工、深加工；

滨州：装备制造、冶金、化工；

德州：装备制造、化工、纺织；

日照：农业、旅游业、港口；

菏泽：农业、化工；

枣庄：采矿、化工；

东营：采矿、化工。

分城市来看，除了济南、青岛两大核心城市，其他城市服务业均集中在批发零售业等相对低附加值的第三产业；在制造业中也存在明显的区域同质化现象。

辩证地看，一方面，这反映了在中心城市的辐射带动下，山东省内形成了一定的产业扩散和产业分工；另一方面，这也反映了山东省在缺乏产业协同的政策导向下，共同追逐相似的制造业发展，导致区域内部分城市产生了产业趋同现象。

四、山东制造业增加值和利润率偏低

除产业协同性差以外，山东省产业缺乏核心竞争力、制造业增加值和利润率相对较低，"只长骨头不长肉"的现象仍然存在。从山东省主要高技术制造业来看，除部分专用设备制造业工业增加值率高于30%以外，其他类别的制造业附加价值均有限。目前山东省的高技术产业以通信设备、电子元器件为主，其附加值率尚处于中游的水平。这说明，山东尽管是制造业大省，但制造业经济的发展质量还有待提高。

产业附加值一定程度上与区域科技创新能力有关。山东省企业的 R&D（research and development）费用占 GDP 比重仍然存在提升空间，并且区域内的创新投入水平差距较大。2019 年，济南市 R&D 占 GDP 比重为 2.66%，居全省第一位，山东省其

他城市 R&D 占 GDP 比重更低，与珠三角地区的 R&D 占 GDP 比重 3.19% 相比，两者差距较为明显。

再从产业升级情况来看，山东省各城市间差异显著。2019年烟台、青岛、济南高技术和先进制造业占比遥遥领先于其他城市，而在青岛辐射带动下胶东半岛都市圈的表现明显更好。相较之下，枣庄、菏泽等西部城市仍然以传统产业为主，产业升级状况表现较差。

此外，应当跳出的思维误区是：高技术制造业不完全等同于高附加值产业，也不等同于高创新产业。尽管山东省的高技术制造业占比超过 1/3，但很多企业仍然停留在加工制造的阶段，附加值率偏低。

五、民营企业比例偏低，民营经济活力不足

在山东的产业结构中，民营企业比例不足，国有企业比例过大。国有企业占山东百强企业的 70%，民营企业的生存空间受到一定程度的挤压。山东省是国有经济大省，国有企业在山东经济大盘中占有重要地位。2022 年 9 月 23 日，山东省委宣传部在"山东这十年"系列主题新闻发布会上介绍，2021 年山东省属企业实现营业收入 20 160 亿元、利润总额 1017 亿元，资产总额达到 41 797 亿元，分别是 2012 年的 3 倍、4.3 倍和 3.6 倍。不包括直辖市，上述三项指标均列全国省级监管企业首位。

但相比于国有企业，山东省民营经济有待进一步发展。2020 年，山东省民营经济增加值达到 3.8 万亿元，占全省 GDP 的 52%，低于全国 60% 平均水平[1]，对全省经济增长的贡献率

---

〔1〕 刘鹤在 2021 年中国国际数字经济博览会上提到，民营经济为我国贡献了 60% 以上的 GDP、70% 以上的技术创新、80% 以上的城镇就业、90% 以上的市场主体数量。

是 59.5%。与此相对照，福建省 2021 年全省民营经济增加值占全省地区生产总值的比重达 69.3%，对经济增长的贡献率达82%；浙江省民营经济增加值从 2016 年的 3.08 万亿元增加到 2021 年的 4.92 万亿元，民营经济占 GDP 的比重从 2016 年的65.2%提高至 2021 年的 67.0%左右；江苏省 2021 年民营经济增加值达 6.7 万亿元，占 GDP 比重由五年前的 55.4%增长为57.3%，对全省 GDP 增长贡献率由五年前的 57.2%增长为63.1%；广东省 2020 年民营经济实现增加值 6.07 万亿元，占地区生产总值比重 54.8%。

另外，缺少重量级民企，尤其是掌控价值链核心环节的民营大企业。山东缺乏诸如浙江的阿里、广东的华为等深植当地、能孵化本地创新企业并形成创新集群、对行业创新具有巨大带动作用的科技领军企业，这也侧面说明山东的本地民营企业创新实力有较大不足，很难摆脱产业转移和空心化的隐忧。截至2022 年 9 月 21 日，山东省总市值排名前十的上市公司中，民营企业仅有歌尔股份和联泓新科两家，而兖矿能源、潍柴动力、山东黄金、华鲁恒升等龙头企业均为山东省属控股上市公司。

第四节　RCEP 助推山东构建内外"双循环"新发展格局

一、RCEP 对于山东的特殊意义

2022 年 1 月 1 日，中国、日本、韩国、澳大利亚、新西兰及东盟十国等 15 个国家组成的《区域全面经济伙伴关系协定》（Regional Comprehensive Economic Partnership，RCEP）正式生效。RCEP 覆盖人口约 22.7 亿，GDP 约占全球的 33%、出口额

占全球的 30%。作为当前世界上参与人口最多、成员结构最多元、经贸规模最大、最具发展潜力的自由贸易协定，RCEP 的生效将为区域乃至全球贸易投资增长、经济复苏和繁荣发展做出重要贡献。同时，RCEP 也是中国同日本签订的第一个自由贸易协定，在扩充亚太地区国际供应链方面具有重大意义。

山东省是我国传统的经济大省，2021 年实现 GDP 8.31 万亿元，位居全国第三。山东产业门类齐全，产业体系完整，是我国唯一拥有 41 个工业大类的省份。同时，山东经济外向型特征明显，2021 年进出口总额 2.93 万亿元，连续第 6 年刷新历史新高，位居全国第六；实际使用外资首次突破 200 亿美元，增速跑赢全国平均水平。RCEP 生效为山东带来了更广更深的开放发展机遇。RCEP 的关税减让、原产地累积规则等优惠政策以及经核准出口商制度等便利化措施为山东企业带来难得的发展机遇。

山东工业体系完备，与 RCEP 其他成员方市场产业互补性强，东盟是山东最大的贸易伙伴，进出口规模连年增长。2021年山东省与东盟的进出口额到达 4308 亿元，同比增长 42.7%；山东与韩国一个国家的贸易额仅次于欧盟，2021 年接近 2700 亿元，同比增长 29.7%。日本和澳大利亚紧随其后，在 RCEP 推进实施进程中山东的机遇更多、受益更明显。

表6-2 2021 年山东省主要贸易国别总值表

区域组织国家（地区）	进 出 口		出 口		进 口	
	总值（亿元）	同比	总值（亿元）	同比	总值（亿元）	同比
"一带一路"沿线国家	9375.97	40.8%	5418.38	39.7%	3957.59	42.2%

续表

区域组织 国家（地区）	进 出 口		出 口		进 口	
	总值 （亿元）	同 比	总值 （亿元）	同 比	总值 （亿元）	同 比
东盟	4308.82	42.7%	2415.54	33.1%	1893.28	57.2%
美国	3339.33	37.3%	2722.68	36.4%	616.64	41.2%
欧盟 （不含英国）	2887.57	24.3%	2214.59	26.7%	672.98	17.1%
韩国	2695.51	29.7%	1746.78	31.0%	948.73	27.2%
日本	1821.46	16.5%	1396.23	16.1%	425.24	17.9%
巴西	1598.12	16.8%	260.81	45.4%	1337.31	12.5%
澳大利亚	1334.00	33.8%	393.53	33.4%	940.47	34.0%

资料来源：济南海关。

二、RCEP 通过促进国际贸易和投资推动国际外循环

（一）RCEP 促进贸易的主要规则

RCEP 有关货物贸易的规则均涉及关税减让、原产地规则、海关程序与贸易便利化、贸易救济、卫生与植物卫生措施（SPS）、技术性贸易壁垒（TBT）等事项，区域内贸易成本明显降低，贸易便利化水平会进一步提高。

1. 关税减让

就降税力度而言，RCEP 区域内 90%以上的货物贸易最终实现零关税，就降税模式而言，RCEP 一部分成员对于其他不同成员适用不同的关税承诺表（两两出价，中国采取该模式），另一

部分成员对于其他所有成员适用同一张关税承诺表。

2. 原产地规则

RCEP 规定了三种条件可以视为原产货物：在一缔约方完全获得或者生产的货物；在一缔约方仅使用来自一个或者一个以上缔约方的原材料生产的货物；在一个缔约方使用非原产材料生产，并且符合产品特定原产地规则所列的适用要求的货物。

第三种情况规定了 RCEP 成员方产品使用非原产材料的情况，需要符合特定原产地规则的要求，具体可以分为三种标准，分别是区域价值成分40%标准（RVC）、税则归类改变标准、加工工序标准。RCEP 在附件《产品特定原产地规则》中对每一个子目做出了产品特定规定，产品特定规定可以是一个标准，也可能包括 2 个或 3 个标准。RCEP 规定对于一项产品特定原产地规则包含多个标准的，货物出口商可以自行决定货物适用的具体标准，即只要符合一种标准的规定就可以判定该货物符合特定原产地规则。

（1）区域价值成分标准。

"区域价值成分40%"是指根据区域价值成分计算所得货物的区域价值成分（RVC）不少于 40%。区域价值成分的计算有两种方法，分别是

间接/扣减公式：RVC = （FOB-VNM）/FOB×100%

直接/累加公式：RVC = （VOM+直接人工成本+直接经营费用成本+利润+其他成本）/ FOB×100%

其中，FOB 是产品离岸价格，VOM 是区域内原产材料价值，VNM 是非原产原材料价值。

（2）税则归类改变标准。

税则归类改变标准，是指当货物与生产该货物的非原产材

料被归入《商品名称与编码协调制度的国际公约》（HS 编码）中的不同税号时，即可视为该货物经过生产制造，已经发生了实质性改变，并获得原产资格。

税则归类改变标准可以分为三种情况：章改变（CC），即税则号前两位发生改变，要求用于生产货物的所有非原产材料发生 HS 编码两位数级的税则归类改变。主要集中于 03—05、07、08、11—16、19、20、22—24、50—55、56—63 等章节；品目改变（CTH），即税则号前四位数发生改变，要求用于生产货物的所有非原产材料发生 HS 编码四位数级的税则归类改变。品目改变标准主要集中于第 22—27、50—55 等章节；子目改变，即税则号前六位数发生改变，要求用于生产货物的所有非原产材料发生 HS 编码六位数级的税则归类改变。主要集中于84、85、90 和 94 等章节。

（3）加工工序标准。

加工工序标准，是指在一缔约方进行的赋予制造、加工后所得货物原产地资格的主要工序。RCEP 只采用了"化学反应"这一种加工工序标准。适用化学反应规则的货物，如果在一缔约方发生了化学反应，应当视为原产货物。化学反应标准主要集中在第 29 章部分产品，基本上都同时包含了品目改变或区域价值成分 40%。如无环烃（HS2901）、环烃（HS2902）、酚（HS2907）等的产品特定规则都是品目改变、区域价值成分40%或化学反应。

（4）区域价值成分累积规则。

RCEP 原产地规则还规定了 10 条补充规则，分别是累积规则，微小加工和处理，微小含量，包装、包装材料和容器的处理，附件、备件和工具，间接材料，可互换货物或材料，生产用材料，标准单元，直接运输等。其中区域内价值成分的累积规则因为在 15 个成员方实行原材料价值累积。

原产地规则中的累积规则可以让原来需要一国达标的原产地，扩展到区域内多国累计达标 40% 即可享受相应的税收优惠，这将使区域内离岸贸易大量增加，对于 RCEP 协定相关实务操作十分关键。RCEP 协定下承诺的关税水平并不一定比现存的区域内各种自贸协定低，有些产品的 RCEP 关税还会高于现有自贸协定或优惠贸易安排协定的水平。除了中日贸易，中国与其他区域内贸易伙伴的贸易并没有明显的关税下降，然而，正是由于原产地累积制度，RCEP 在 15 个成员方这样大范围内的累积将使得获取优惠关税更为容易，这大大提高了 RCEP 对企业的价值。从中长期而言，RCEP 对企业的原材料零部件采购、产业链布局、对外投资、转移定价战略的使用等决策都会产生影响。

3. 海关程序与贸易便利化

RCEP 在贸易便利化方面致力于海关程序的高效透明管理。对于快运货物，提出正常或可能的情况下尽量在 6 小时内予以放行。此外，RCEP 为符合特定条件的、经认证的经营者提供与进出口、过境手续和程序相关的额外贸易便利化措施。

（二）RCEP 促进投资的主要规则

RCEP 投资章是当前亚洲地区规模最大的投资协定，是在原有 5 个"东盟 10+1 自由贸易协定"投资规则基础上的全面整合和升级，实现了共同的投资规则和市场准入政策。RCEP 投资规则涵盖投资保护、投资自由化、投资促进和投资便利化四个方面，其中，准入前国民待遇+负面清单、间接征收、禁止业绩要求等内容实现了在成员方间既有投资协定基础上的增值。RCEP 各成员以负面清单模式对农业、林业、渔业、制造业和采矿业等非服务业投资做出承诺，包括中国在内的 8 个成员方在过渡期内以正面清单模式对服务业投资做出承诺，其他成员直接实施负面清单。投资促进和投资便利化方面的国际规则对吸引外商投资、营造良好营商环境及扩大国际合作都具有积极意义。

三、RCEP 引领经济内循环

（一）RCEP 促进我国产业转型升级

RCEP 既是机遇，也是挑战。一方面，根据 RCEP 规定，区域内 90% 以上的货物贸易将最终实现零关税，并且与区域内现有的双边自贸协定叠加互补，将极大地促进我国出口贸易。另一方面，也会使我国来自 RCEP 成员方的进口规模得到大幅度的提升，我国制造产业面临的竞争压力增大，尤其是日本、韩国对我国主要出口的机电产品、集成电路等中高端产品的竞争压力。由于 RCEP 协定带来关税优惠，我国中高端产业将面临更加激烈的竞争。

为了在竞争中取胜，我国产业必须进行转型升级。同时，RCEP 投资规则涵盖投资保护、投资自由化、投资促进和投资便利化四个方面，生效后会促进我国的对外投资，这使得我国得以将中低端的加工和制造业，如纺织服装行业、电子信息组装行业等向成本更低的东盟国家进行转移，而将生产资源集中在技术含量和附加值更高的中高端产业中，从而推动国内的产业结构优化和升级，进一步推动国内国际双循环。

（二）RCEP 通过促进国内改革助推经济内循环

构建双循环新发展格局必须深化国内改革。现阶段中国的制度和体制中仍然在一定程度上存在着影响双循环畅通的障碍。RCEP 的签署将通过扩大开放倒逼国内对市场准入、电子商务、知识产权等领域进行深化改革，形成有利于构建国内国际双循环新发展格局的环境。[1]

四、基于政府视角的利用 RCEP 促进山东重点产业转型的升级措施

RCEP 采取负面清单的方式进一步放宽了对区域内国家的投资限制，这必将加速产业变化的进程。一方面，山东省可以利用这个契机加强制造业优势产业招商引资的力度，另一方面，山东省的制造业企业也可以利用这个契机积极布局在 RCEP 区域内的产业链，从而推动山东制造业在内外"双循环"发展格局下的转型升级。

山东省建设 RCEP 规则应用示范区，通过对标高标准国际经贸规则，突破当前经济发展面临的宏观制约，促进食品、纺织服装、化工、汽车、电子信息、海洋、数字经济等山东重点产业的转型升级，提高企业的国际竞争力。

(一) 食品加工制造业

山东省应加强海关检疫检验措施改革，推动食品通关便利化创新；以中日韩特色商品集散地建设为契机，建设中日韩特色商品线上交易平台，推广线上线下联动交易模式，为食品的进出口提供高效便捷的服务；适度开放日韩认证机构进入，开展食品检测业务，推动食品检疫检验互信互认，建立检验检疫合作示范区以促进食品贸易的便利化。

对于中小型企业，应加大力度推广出口绿色通道和直通放行制度，降低企业通关成本，为企业境外投资提供便利。山东省可以推动预包装食品和食品添加剂等重点高水平标准先行先

---

[1] 吴国鼎："RCEP 助推中国构建双循环新发展格局的路径分析"，载《长安大学学报（社会科学版）》2021 年第 5 期。

试，促进山东食品安全水平整体提升；积极参与有机产品、酒类等重点产品标准的协调，在国际标准制定中争取更多话语权；加快引进日韩食品制造企业，促进专业人才交流，以中日韩跨境合作推动食品产业的国际标准化；引进日资食品工业智能化、集约化绿色制造技术和装备，引导日韩企业进入食品精深加工领域，借力促进食品企业转型升级；立足本省优势，发展功能性健康食品，占领国内外健康食品市场；此外，中小企业作为山东食品行业的主体，应进一步完善中小企业"走出去"服务体系建设，加大金融、税收政策支持力度，以推动符合条件的中小企业"走出去"。

（二）纺织服装产业

山东省应对接高标准原产地规则，促进"局部生产网络"和产业链分工的形成，深入推进国际贸易自由化便利化；以更高的标准改善投资环境，建立制度型开放优势，利用外资带动纺织服装产业市场活力；积极应对技术性贸易壁垒，不断开拓市场新机遇；树立基于比较优势的产业发展思想，鼓励助力本地企业海外投资；建立健全对外贸易及投资咨询服务机构及体系，助力企业"走出去"；协同建设海外高水平工业园区，打造企业海外投资"桥头堡"。

山东省应加快纺织服装智能制造升级，推动纺织服装业的自动化、数字化和网络化生产；为应对"碳关税"的潜在冲击，山东可对纺织服装产业进行绿色低碳改造，鼓励企业建立绿色低碳循环生产体系；在对接 CPTPP 高标准规则的同时，还应加强知识产权的保护，同时鼓励本土纺织服装企业品牌建设和研发投入，加速本土品牌的成长壮大；充分利用保税区自贸区产业基地功能，以适应"双循环"的新格局；深化国资国企改革，确保山东省纺织服装企业市场开放、平等竞争。

(三) 化工产业

山东省应对接原产地规则,适度开放国外认证机构进入,开展认证检测业务,推动化工产品检疫检验互信互认,深入推进国际贸易自由化便利化;创新贸易便利性政策,提高境外投资通关服务水平,为小型化工企业境外投资提供便利,以更高标准改善投资环境,利用外资带动化工产业市场活力;积极应对技术性贸易壁垒。

对于研发和生产能力较强、实力雄厚的头部企业而言,应当对标美国、日本、韩国等发达国家的产品标准升级产品体系,对外有助于减少技术性贸易壁垒导致的出口摩擦、提高产品出口附加值,对内可以提升中高端供给比例、满足国内市场消费升级趋势;对于生产和销售能力难以达到上述要求的企业,可以开拓东盟、"一带一路"周边国家等多元化出口市场,这些新兴经济体消费能力快速提升、技术标准相对容易满足,市场前景广阔。积极对标日本、韩国等发达国家化工产业标准,推动认证、生产等重点高水平标准先行先试,促进山东省化工产业水平整体提升;逐渐加大环保政策力度,大力发展绿色化工,通过提高环保标准倒逼产业转型升级;优化化工产业布局,发展以现代产业集群为主体的产业新格局,完善产业配套,推动上下游一体化,实现集聚规模效应;加强知识产权保护,鼓励自主创新,并为本土企业提供国际诉讼指导;积极引进国外先进技术和人才,吸引日本、韩国企业入驻山东,发展精细化工产业。

(四) 汽车产业

山东省可利用现有优势,培育一批车企、胎企,推动汽车产业贸易自由化、便利化,并支持鼓励中小微企业"借船出海";改善外商在汽车领域的投资环境,助推本地企业与外资共建研发中心、测试中心和生产基地,提升本地企业主动适应国际市场、正向研发的能力。

　　未来，山东省还应鼓励轮胎试验场的市场化运营，支持中小企业积极参加试验以提升本地企业适应国际市场需求的能力；积极应对欧美审查及贸易制裁，鼓励并帮助本地企业到海外，特别是成熟市场投资设厂；山东省应在汽车工业设计、跨境数据流动、跨境 To-C 电商等领域试验更透明彻底的"非禁即入"的投资准入和跨境服务贸易开放的负面清单。一是用好济南作为国家级服务外包基地的金字招牌，拓展海关特殊监管区和保税监管场所的服务出口功能。二是确保跨境数字数据自由流动，对接 RCEP 高标准规则，加快拆除数字贸易壁垒，完善针对数据安全出境的具体操作方法，在保障数据安全的前提下简化数据出境的审批流程，可充分吸收其他自贸区及数字经济强省探索完善跨境数据流动机制形成的宝贵经验。三是创新跨境 To-C 电商发展新模式，加强与海关、综合保税区合作，优化通关流程，推动跨境电商加速发展，吸引跨境电商头部企业以及国际仓分拨中心落户山东省，引进跨境电商孵化基地，培育全链条综合服务平台，优化跨境电商发展生态。

　　山东省应促进汽车及汽车零部件产业链按最优方式在区域内布局；推动本地企业紧密围绕主要出口市场需求，加快技术升级和产品结构调整，逐步从被动适应市场转变为主动引导市场，同时对标 RCEP 环境条款，推动产品向高性能、低能耗、低污染方向转变，更有效地卡位中高端市场，树立品牌形象；推动本地企业加快搭建品质流程和标准体系，使其通过先期品质管理，对标国际水平，实现质量管理水平的全面提升，以更好地应对欧、美实施的技术性贸易壁垒；推动本地企业强化自主创新和专利布局，避免在国际专利诉讼中处于不利地位；对新能源领域的政府补贴、公务采购加以控制，避免国有资金在鼓励支持本地企业及自主品牌时的滥用；抓住汽车产业电动化的机遇，重点聚焦适应山东省汽车产业特点的氢燃料电池汽车和关键零部件产业，并合理规划布局氢能制取、储运、输送、使用等环节在内的全产业链基础设施及相关技术，打造技术水平领先、品牌优势突出、产业链条完整、发展环境优良的新能源汽车产业体系；利用山东省在智能商用车领域的产能基础，抓住汽车产业智能化的时代机遇，重点聚焦无人驾驶、智能驾驶，布局相关尖端技术和高端装备研发，并且率先实现大批量商业化应用落地。

（五）电子信息产业

山东省可探索跨境电商新模式，打造跨境电商示范区，提高贸易便利化水平；降低外资投资壁垒，配套招商引资政策，以吸引外企、外籍人才落户；借助产业园的优势，深化与相关外资企业的合作，同时试点知识产权保护新政策，为企业"走出去"保驾护航；积极探索对外商投资实行准入前国民待遇加负面清单的管理模式，开拓电子信息技术服务贸易新领域，推动服务贸易深入发展。引导电子信息企业在"双循环"的格局下，通过合并等多种方式提高自身实力与国际贸易竞争力，可以考虑以下方面：搭建工业互联网中心，促进产业智能化数字化转型；坚持产业规划布局，加速产业转型以提高生产效率和竞争实力，同时试点成立高水平经贸规则对策推进总部，设立面向中小企业的咨询窗口，助力企业"走出去"；在青岛开展服务贸易创新发展试点，扩充国际转口贸易、国际物流、国际结算等功能，同时依托云计算等新技术，打造服务贸易新型网络平台，积极探索信息化背景下新的服务贸易发展模式。

（六）海洋产业

山东省应提升日韩航线支撑，创新港口物流服务便利化措施，提升主要港口枢纽功能：在港口物流服务方面，创新服务便利化措施，从农食产品、药品检验结果互认，专业海洋装备检测服务，海铁联运监管服务等方面，提升港口服务能级。

山东省应以科研项目和平台为支撑，制定配套政策，为国外高层次海洋科研人才入境提供便利，提高山东海洋科研和人才培养实力；应充分利用高标准经贸规则下人才跨境流动的便利，完善配套政策措施，推动出入境手续标准化、无纸化、扩大免签、落地签等便利措施范围，以海洋科研项目和平台为支撑，吸纳国外海洋科研人才、加强技术交流与合作，为海洋产业发展提供支持。

山东省应充分发挥自贸区制度优势，借鉴日韩海洋法律体系，探索建立为海洋经济权益维护提供框架的综合性的海洋法律法规，保障海洋产业健康可持续发展；强化涉海知识产权保护，与日本一流科研机构、跨国企业联合建立研发机构，提高国际化研发能力，推动中日海洋生物医药产业合作；在法律法规和顶层设计上，完善中日韩海洋生态环境保护和治理的合作机制，提高合作机制效力。

（七）数字经济产业

面对外部环境挑战的压力，山东省应破除数字贸易现存壁垒，探索规则创新和高水平市场开放。可以考虑以下方面：确保与数字经济有关的信息和数据自由流动，在安全可控的前提下，试验数字经济产业跨境数据分类自由流动和监管模式；密切跟踪日本及美国与数字经济有关规则和合作框架，在防守其"围堵"我方的基础上进行"进攻性"规则制定；依托山东省区位特征积极推进中日双边或中日韩三边自由贸易协定（Free Trade Agreement，简称FTA）谈判，充分发挥山东自由贸易试验区青岛片区、威海中韩自贸区地方经济合作示范区等的引领作用。

山东省应以自身数字经济基础条件、资源禀赋、产业结构等现状作为研究基点,站位国家全局位置,谋划地方数字经济发展,深刻研判地区在国家战略各项战略部署中的机遇和挑战,深入分析国内外数字经济发展趋势,准确把握地方数字经济面临的机遇、挑战和阶段性特征,科学谋划一批重大工程和重点项目,并积极争取纳入国家和省市规划盘子,为地方数字经济高质量发展提供可靠支撑。山东省可以以高新技术产业、传统产业等为抓手,突破数字经济发展新模式,推动产业转型升级。

第七章

利用"内循环"促进山东省外向型
制造业转型升级分析

2020 年 5 月 14 日，中共中央政治局常委会会议提出，"要充分发挥中国超大规模市场优势和内需潜力，构建国内国际双循环相互促进的新发展格局"；5 月 23 日，习近平总书记在会见参加政协会议的经济界委员时指出要"逐步形成以国内大循环为主体、国内国际双循环相互促进的新发展格局"；7 月 21 日，习近平总书记在企业家座谈会上对这一新发展格局做了具体阐述；7 月 30 日，中共中央政治局常委会会议的表述中又将"逐步形成"变为"加快形成"。2022 年 10 月 16 日，党的二十大报告提出，加快构建以国内大循环为主体、国内国际双循环相互促进的新发展格局，增强国内大循环内生动力和可靠性，提升国际循环质量和水平。

可见，构建国内国际"双循环"相互促进的新发展格局是习近平总书记和党中央积极应对国际国内形势变化、与时俱进提升我国经济发展水平、塑造国际经济合作和竞争新优势而做出的战略抉择，是主动作为，是长期战略。

第一节　我国经济"内循环"的主要堵点分析

找准并打通制约国内大循环的突出堵点，是加快构建以国内大循环为主体，国内国际双循环相互促进的新发展格局的关键所在。

一、我国"内循环"供给侧存在的主要堵点

（一）我国制造业创新体系存在短板，造成产业链与创新链不能融合发展

制造业转型升级，关键在于企业提质增效。企业作为制造业的关键细胞，应当发挥创新主体作用，但目前企业开展研发活动还不够充分，存在诸多问题。比如，企业研发经费有限，导致基础研究投入微乎其微；民营企业作为企业的主体，研发投入强度较低；产业结构特点制约企业研发投入；调研当中发现企业人才的缺乏位居各类影响因素之首也使得研发人员投入处于较低水平等。

产业链是客观产品生产制造过程的集合，创新链是推动产业升级的根本力量，产业链与创新链就像是人的身体和大脑，必须相互依存、彼此融合、共同升级。[1]目前，我国基于产业链、创新链不同环节的协同合作仍处于起步阶段，互利共赢的开放型区域产业链、创新链合作制度框架尚未建立。围绕产业链部署创新链基础较薄弱，存在着产业链创新纵向发展不强、创新横向溢出不足、产业链创新链对接不畅等问题。

（二）"卡脖子"和关键产品高度对外依赖，威胁产业链安全

过去 10 年，我国制造业得到了迅猛的发展，通过查询世界银行数据库，我们可以看到，我国制造业增加值在 2004 年超过

---

[1] 盛朝迅："推动产业链创新链深度融合"，载《经济日报》2022 年 4 月 27 日，第 10 版。

德国，2007 年超过日本，2010 年超过美国。2017 年美国、日本和德国三国的制造业增加值之和是 3.985 万亿美元，而我国 2018 年的数据为 4.003 亿美元，也就是说 2018 年制造业增加值已经和 2017 年美国、日本和德国三国的制造业增加值之和差不多。可以看出，我国制造业的发展速度明显快于这三个国家。

但是我国在很多高新技术领域依然是比较落后的，一直以来受制于人，产业链的安全受到威胁。比如，据我国工信部 2018 年的统计，在 130 多种关键基础化工材料中，我国 32% 的品种仍为空白，52% 的品种仍依赖进口，如高端电子化学品、高端功能材料、高端聚烯烃等，难以满足经济与民生需求。在其他工业领域，也存在同样的问题。

二、我国"内循环"需求侧存在的主要堵点

（一）我国收入分配不合理抑制消费增长

目前，收入分配问题已经成为制约消费增长的瓶颈，应利用各种宏观经济手段、收入分配政策去管理需求，使得需求能够与生产能力相匹配，始终牵引经济发展保持比较稳定的增长。改善收入分配，才能使投资—消费结构合理化，使经济增长恢复活力。

内需拉动不了经济增长意味着一国的收入分配结构可能存在问题。资金流量表数据说明，2000 年以后，我国政府和金融部门收入占比上升、储蓄占比上升，劳动者报酬占 GDP 比例[1]不断下降。中国劳动者报酬占 GDP 的比重从 1992 年 54.6% 下降到 2009 年的 49.0%，又从 2009 年的 49% 下降到 2019 年的

---

[1] 劳动者报酬占 GDP 比例是指劳动份额即工资和薪水等劳动者报酬占国内生产总值的比重。

39%，落后欧美等发达国家，也低于世界平均水平；另外，城乡、行业、群体之间收入分配不公与差距过大导致城乡区域空间循环存在堵点。西南财经政法大学杨灿明和孙群力利用 2017年和 2018 年中国居民收入与财富调查（WISH）数据，分析了我国居民的财富分布及构成，得出 2016 年和 2017 年我国居民人均净财富差距的基尼系数分别为 0.65 和 0.61[1]；2022 年 5月 12 日，中共中央宣传部举行经济和生态文明领域建设与改革情况发布会，中央财办分管日常工作的副主任韩文秀在发布会上介绍，过去十年，城乡居民人均可支配收入之比由 2.88∶1 降低到了 2.5∶1，居民收入基尼系数由 0.474 降低到了 0.466。城乡、行业、群体之间收入分配不公与差距过大这些因素抑制了消费增长，也导致居民对消费存在后顾之忧，消费者信心不足。

（二）流通体系薄弱造成物流成本居高不下

国民经济循环包括生产、分配、流通、消费等多个环节，流通作为其中重要一环，连接着生产和消费。目前，我国流通体系存在许多薄弱环节，使得我国社会物流成本占 GDP 比例相较日、美等发达国家明显偏高，加大了产品成本。从近 5 年中国社会物流总费用占 GDP 比重便可看出：2017 年到 2021 年，我国社会物流总费用占 GDP 的比率分别为 14.7%、14.8%、14.7%、14.7%、14.6%，明显高出世界平均水平（美国、德国、日本一般为 8%—9%）。运输成本占物流成本的 50%，运输结构不合理是运输成本高、社会物流成本高的重要原因。

---

〔1〕杨灿明、孙群力："中国居民财富分布及差距分解——基于中国居民收入与财富调查的数据分析"，载《财政研究》2019 年第 3 期。

第二节 "内循环"的供给侧结构性管理

在第四章中我们通过计算，可以看出中国制造业对全球价值链的参与度在过去的二十多年来有了很大提高，但另一方面，其实也在很大程度上提高了中国产业的对外依存度，逐渐衍生出原料、市场"两头在外"的风险。数据显示我国中游制造业的出口依赖度较高，超过50%。出口占最终使用[1]比例超过50%可视为对出口市场高依赖产业。这些产业的发展高度依赖于外需，容易受到世界市场不景气或者贸易保护的影响。"双循环"发展战略旨在减少中国对部分关键高科技产品的进口依赖，降低经济可持续发展对外需的依赖度。

内循环是我们中国走向强国的一个必由之路，也是中国经济更高质量发展的一个必由之路。内循环意味着我国经济的发展需要更多地依靠国内自主的力量，在生产要素实现上，更多依赖要素改革和自主科技创新；在经济增长驱动力上则更多依靠内需。

一、制造业的创新与升级

制造业是强国的根基。建立强大的制造业，将为中国实现共同富裕，提供重要的物质保障，也是中国缩小贫富差距的基本条件。稳定和发展制造业，既可以减缓转型中面临的经济减速，保证经济总量的持续增长，也可以稳定和扩大就业，壮大中等收入群体，为内循环的发展创造条件。

---

〔1〕 根据国家统计局发布的非竞争性投入产出表，最终使用=消费支出+固定资产形成+存货+出口。

2015 年，李克强总理在全国两会上提出《中国制造 2025》，而在此之前，2012 年美国颁布了《先进制造业国家战略计划》；2013 年德国总理默克尔在汉诺威展上提出德国要实施工业 4.0 战略。

德国人提出的工业 4.0 战略是属于"硬件+软件"，即制造业+互联网，是传统制造与信息技术相结合的生态打造；美国人提出的工业 4.0 是把实体制造业不断往国外迁移，依靠强大的信息技术，在虚拟经济的领域称霸全球。中国应对的特点是"软硬兼施"。

中国制造业的体量占全球制造业的比重超过五分之一，体系完备，虽然规模巨大、门类齐全，但水平参差不齐，一些刚刚完成机械化，一些则正在进行自动化和信息化，还有一些开始智能化进程。但另一方面中国由于消费人口基数大，消费互联网的发达程度仅次于美国。

制造业的扩张和升级是实现我国经济内循环的关键环节，在逆全球化的趋势下，国际分工生产的前景黯淡，这在一定程度上倒逼国内制造业升级和自主创新。由于逆全球化的国际环境，国内制造业需要不断向内寻求降低成本，这使得传统制造业需要升级为依托于工业互联网的智能制造。

在 5G 技术大发展的背景下，在信息技术的加成下，传统制造有望升级为新型智能制造，信息技术是经济内循环的重中之重，而当前中美贸易摩擦的焦点之一同样在于信息技术。我国此前积累的较大体量的制造业基础使得我国的工业数据基数庞大，通过不断的算法优化，可以实现工业互联网内部生态的更新与进化，从而使得制造业获得升级，制造成本也进一步降低、制造业优势继续增强，整个国内大循环为主体的格局得以实现。

表 7-1 《中国制造 2025》中提出的十大产业

产业	子产业	产业方向
新一代信息技术产业	集成电路及专用装备	着力提升集成电路设计水平，不断丰富知识产权（IP）和设计工具，突破关系国家信息与网络安全及电子整机产业发展的核心通用芯片，掌握高密度封装及三维（3D）微组装技术，提升封装产业和测试的自主发展能力，形成关键制造装备供货能力
	信息通信设备	掌握新型计算、高速互联、先进存储、体系化安全保障等核心技术，全面突破第五代移动通信（5G）技术、核心路由交换技术等发展。研发高端服务器、大容量存储、新型智能终端、新一代基站等设备，推动核心信息通信设备体系化发展与规模化应用
	操作系统及工业软件	开发安全领域操作系统等工业基础软件。突破智能设计与仿真及其工具、制造物联与服务、工业大数据处理等高端工业软件核心技术，开发自主可控的高端工业平台软件和重点领域应用软件，推进自主工业软件体系化发展和产业化应用
高档数控机床和机器人	高档数控机床	开发一批精密、高速、高效、柔性数控机床与基础制造装备及集成制造系统。加快高档数控机床、增材制造等前沿技术和装备的研发。开发高档数控系统、伺服电机、轴承等主要功能部件及关键应用软件，加快实现产业化。加强用户工艺验证能力建设
	机器人	围绕汽车、机械、电子、危险品制造、国防军工、化工、轻工等工业机器人、特种机器人，以及医疗健康、家庭服务、教育娱乐等服务机器人应用需求，积极研发新产品，扩大市场应用。突破机器人本体、减速器、伺服电机、控制器、传感器与驱动器等关键零部件及系统集成设计制造等瓶颈技术

产业	子产业	产业方向
航空航天装备	航空装备	加快大型飞机研制,适时启动宽体客机研制,鼓励国际合作研制重型直升机;推进干支线飞机、直升机、无人机和通用飞机产业化。突破高推重比、先进涡桨(轴)发动机及大涵道比涡扇发动机技术,建立发动机自主发展工业体系。开发先进机载设备及系统,形成自主完整的航空产业链
	航天装备	发展新一代运载火箭、重型运载器,提升进入空间能力。加快推进国家民用空间基础设施建设,发展新型卫星等空间平台与有效载荷、空天地宽带互联网系统,形成长期持续稳定的卫星遥感、通信、导航等空间信息服务能力。推动载人航天、月球探测工程,适度发展深空探测。推进航天技术转化与空间技术应用
海洋工程装备及高技术船舶		大力发展深海探测、资源开发利用、海上作业保障装备及其关键系统和专用设备。推动深海空间站、大型浮式结构物的开发和工程化。突破豪华邮轮设计建造技术,全面提升液化天然气船等高技术船舶国际竞争力,掌握重点配套设备集成化、智能化、模块化设计制造核心技术
先进轨道交通装备		加快新材料、新技术和新工艺的应用,重点突破体系化安全保障、节能环保、数字化智能化网络化技术,研制先进轻量化、模块化、谱系化产品。研发新一代绿色智能、高速重载轨道交通装备系统,系统全寿命周期,向用户提供整体解决方案,建立世界领先的现代轨道交通产业体系

产业	子产业	产业方向
节能与新能源汽车		继续支持电动汽车、燃料电池汽车发展,掌握汽车低碳化、信息化、智能化核心技术,提升动力电池、驱动电机、高效内燃机、先进变速器、轻量化材料、智能控制等核心技术的工程化和产业化能力,形成从关键零部件到整车的完整工业体系和创新体系,推动自主品牌节能与新能源汽车同国际先进水平接轨
电力装备		推动大型高效超净排放煤电机组产业化和示范应用,进一步提高超大容量水电机组、核电机组、重型燃气轮机制造水平。推进新能源和可再生能源装备、先进储能装置、智能电网用输变电及用户端设备发展。突破大功率电力电子器件、高温超导材料等关键元器件和材料的制造及应用技术,形成产业化能力
农机装备		重点发展粮、棉、油、糖等大宗粮食和战略性经济作物育、耕、种、管、收、运、贮等主要生产过程使用的先进农机装备,加快发展大型拖拉机及其复式作业机具、大型高效联合收割机等高端农业装备及关键核心零部件。提高农机装备信息收集、智能决策和精准作业,推进形成面向农业生产的信息化整体解决方案
新材料		以特种金属功能材料、高性能结构材料、功能性高分子材料、特种无机非金属材料和先进复合材料为发展重点,加快研发先进熔炼、凝固成型、气相沉积、型材加工、高效合成等新材料制备关键技术和装备,加强基础研究和体系建设,积极发展军民共用特种新材料,促进新材料产业军民融合发展。高度关注颠覆性新材料对传统材料影响,做好超导材料、纳米材料、石墨烯、生物基材料等战略前沿材料提前布局和研制。加快基础材料升级换代

续表

产 业	子产业	产业方向
生物医药及高性能医疗器械		发展针对重大疾病的化学药、中药、生物技术药物新产品,重点包括新机制和新靶点化学药、抗体药物、抗体偶联药物、全新结构蛋白及多肽药物、新型疫苗、临床优势突出的创新中药及个性化治疗药物。提高医疗器械的创新能力和产业化水平,重点发展影像设备、医用机器人等高性能诊疗设备,全降解血管支架等高值医用耗材,可穿戴、远程诊疗等移动医疗产品。实现生物 3D 打印、诱导多能干细胞等新技术的突破和应用

二、解决制造业的"卡脖子"问题

中国的制造业根据贸易依存度的不同,可以归纳为高度整合、高度依存于中国的出口、高度依存于中国的进口、对中国的贸易依存度很小的全球价值链、自产自销共五个类别。

(一)中国各产业对全球价值链的不同依存度

在计算机、电子和光学产品、电气设备、其他机械和设备行业领域,中国全面融入全球价值链。在这些已经高度整合的领域当中,中国既是供应方也是需求方,中国在这些领域的产出占全球份额的比率高达38%—42%。[1]

对于轻工制造和劳动密集型产业而言,全球各国高度依赖中国的出口。中国在全球轻工制造领域(如纺织和服装)的份额甚至高达 52%。家具、安全、消防等,其他非金属矿产、橡胶和塑料,基础金属也高度依赖中国的出口,中国占据了全球纺织和服装出口的40%,家具出口的 26%。

---

〔1〕 数据来源:麦肯锡全球研究院。

采掘业、化工、纸和纸制品高度依存于中国的进口，也就是说，中国在这些产业上高度依赖于国际市场的供给，包括采掘业、化工、纸和纸制品行业等。中国制造业的增长大幅提升了对这类原材料及中间品的需求，在2013-2017年这一比例更升高到21%。

中国在高技术产业也严重依赖国际市场的供给，比如，中国消耗了世界上35%的半导体产品，但是本土半导体企业仅提供了全球7.6%的半导体产品，因此中国不得不大量进口半导体芯片，在2020年进口额度就高达3780亿美元。[1]

目前国产半导体产品还主要集中于中低端芯片和分离器件等价值较低的部分，导致中国半导体企业的毛利润率和净利润率均低于国外企业。较低的利润率也意味着在研发投入方面捉襟见肘。本土半导体企业的研发支出仅占到营收的6.8%，远远低于其他地区，甚至世界平均水平。这使得不少中国半导体企业在推出一两款产品后就后继无力，必须依靠资本输血来获得足够的资金继续研发。从全球半导体价值链的角度观察，国产半导体仅占9%。特别在研发密集型的细分领域中，中国半导体公司更为弱势。例如，半导体设计软件EDA、核心IP、半导体设备等需要长时间高强度研发投资的一些细分领域，2019年中国厂商的份额在5%以下。[2]

制药、其他运输设备、机动车及拖车及焦炭和成品油具有本地化属性，对中国的贸易依存度很小。另外，本地自产自销类行业大多没有加入全球贸易，包括农林牧渔、食品饮料等，这类行业对中国的贸易依存度往往较低。

---

〔1〕　中国半导体产业协会的数据为3500亿美元。
〔2〕　数据来源：美国半导体行业协会2021年7月13日发布《中国半导体产业盘点》白皮书。

表 7-2　中国各产业对贸易依存度的不同

类型	产业	中国占全球出口总额的比例（%）		中国占全球进口总额的比例（%）	
		2003—2007 年	2013—2017 年	2003—2007 年	2013—2017 年
中国在全球进出口中均占重要比重的产业	计算机、电子和光学产品	15	28	12	16
	电气设备	16	27	7	9
	其他机械和设备	7	17	8	9
中国占世界出口主体的产业	纺织、服装和皮革	26	40	5	5
	家具、安全、消防等	17	26	2	4
	其他非金属矿产	11	22	5	8
	橡胶和塑料	10	19	5	7
	基础金属	8	13	8	8
高度依存于中国的进口的产业	采掘业	1	1	7	21
	化工	4	9	9	12
	纸和纸制品	3	9	6	12
对中国的贸易依存度很小的全球价值链	其他运输设备	3	6	3	5
	制药	2	4	1	3
	机动车及拖车	1	3	2	7
	焦炭和成品油	2	4	4	6

类型	产业	中国占全球出口总额的比例（%）		中国占全球进口总额的比例（%）	
		2003—2007 年	2013—2017 年	2003—2007 年	2013—2017 年
自产自销为主的产业	食品、饮料和烟草	3	4	3	6
	金属制品	14	23	3	5
	木材及木制品	11	22	2	3
	印刷和媒体	8	18	2	4
	农业、林业和渔业	5	5	7	19

资料来源：麦肯锡全球研究院。

（二）中国的"卡脖子"商品

2018 年以来，由于国际形势的变化，在全球产业链、供应链受阻的情况下，为了保障本国产业链供应链的安全，我国迫切要解决"卡脖子"问题。2020 年 12 月的中央经济工作会议指出，"产业链供应链安全稳定是构建新发展格局的基础。要统筹推进补齐短板和锻造长板，针对产业薄弱环节，实施好关键核心技术攻关工程，尽快解决一批'卡脖子'问题，在产业优势领域精耕细作，搞出更多独门绝技。"

本书以 2018 年全球 148 个国家或地区[1]，5000 多个商品

---

〔1〕 148 个国家或地区基本能涵盖全球，2018 年全球商品出口额为 19.6 万亿美元，这 148 个国家或地区出口合计为 19.01 万亿美元，样本占比为 97%；2018 年全球 GDP 为 85.8 万亿美元，这 148 个国家或地区 GDP 合计为 83.15 万亿美元，占比为 97%。

的出口数据为例，分析中国制造业的"卡脖子"问题。

本书借鉴华创证券张瑜（2020）的方法，将符合以下标准的商品定义为"卡脖子"商品：（1）该商品全球出口前五位的国家或地区都是发达经济体；（2）该商品全球出口前五的国家或地区的份额超过60%；（3）中国对该商品的进口额超过1亿美元，一共是91个是"卡脖子"商品。除19个消费品以外，有49个中间品和20个资本品[1]，对中国制造业的发展带来了隐患。表7-3中是美国出口占世界前五位的中间品和资本品。

表7-3　中国的"卡脖子"商品

商品编码（HS）	中文名称	Top 5 出口占比	美国出口是否在前五位	中国进口额（亿美元）	BEC分类
121490	其他草饲料	88.6%	是	5.26	中间品
271121	天然气	75.4%	是	116.42	中间品
280461	含硅量不少于99.99%的硅	90.1%	是	20.68	中间品
284390	其他贵金属的无机及有机化合物；贵金属汞齐	81.9%	是	1.97	中间品
290122	丙烯	60.4%	是	31.38	中间品
290260	乙苯	98.5%	是	1.92	中间品
290512	丙醇及异丙醇	60.3%	是	1.43	中间品
290539	其他二元醇	68.6%	是	3.86	中间品
291422	环己酮及甲基环己酮	81.3%	是	1.01	中间品

---

[1] 按照BEC分类方法。

续表

商品编码 （HS）	中文名称	Top 5 出口占比	美国出口是否在前五位	中国进口额 （亿美元）	BEC 分类
292129	其他无环多胺及其衍生物以及它们的盐	62.2%	是	1.29	中间品
300640	牙科粘固剂及其他牙科填料；骨骼粘固剂	63.9%	是	1.54	中间品
340311	矿物油＜70%的纺织材料、皮革等材料	80.3%	是	1.86	中间品
340391	不含矿物油的纺织材料、皮革等材料处理剂	84.7%	是	4.48	中间品
340399	不含石油或从沥青矿物提取油类的润滑剂	66.9%	是	8.40	中间品
350220	乳白蛋白，两种或两种以上的乳清蛋白浓缩物	83.3%	是	2.28	中间品
360300	安全导火索；导爆索；火帽或雷管；引爆器等	61.7%	是	1.10	中间品
370790	其他摄影用化学制剂；摄影用未混合产品	77.7%	是	5.46	中间品

商品编码 （HS）	中文名称	Top 5 出口占比	美国出口是否在前五位	中国进口额（亿美元）	BEC分类
381511	以镍及其化合物为活性物的载体催化剂	77.6%	是	2.54	中间品
382100	制成的微生物或植物、人体、动物细胞培养基	73.2%	是	2.10	中间品
390290	其他初级形状的烯烃聚合物	60.3%	是	5.74	中间品
400211	丁苯橡胶胶乳；羧基丁苯橡胶胶乳	72.0%	是	1.98	中间品
470710	回收（废碎）的未漂白牛皮纸或瓦楞纸及纸板	66.6%	是	32.46	中间品
470730	回收（废碎）的主要由机械浆制成的纸或纸板	61.3%	是	8.28	中间品
481151	塑料涂浸的漂白纸及纸板，平米重>150g	76.2%	是	1.38	中间品
540211	芳香族聚酰胺纺制的高强力纱	81.7%	是	1.58	中间品
681510	非电器用石墨或其他碳精制品	70.8%	是	2.01	中间品
720521	合金钢粉末	76.1%	是	1.70	中间品

商品编码（HS）	中文名称	Top 5 出口占比	美国出口是否在前五位	中国进口额（亿美元）	BEC分类
721030	电镀锌的铁或非合金钢平板轧材	65.4%	是	7.19	中间品
722599	其他合金钢板材，宽≥600mm	64.5%	是	2.88	中间品
722692	其他未进一步加工合金钢冷轧板材，宽<600mm	83.0%	是	1.89	中间品
740940	铜镍、铜镍锌合金板、片及带，厚>0.15mm	80.5%	是	1.50	中间品
750512	镍合金条、杆、型材及异型材	79.9%	是	1.47	中间品
750620	镍合金板、片、带、箔	83.7%	是	1.34	中间品
750712	镍合金管	69.2%	是	1.14	中间品
840810	船舶用柴油机	68.3%	是	5.23	中间品
841182	其他燃气轮机，P>5000kw	70.5%	是	1.82	中间品
845710	加工中心	79.8%	是	34.64	资本品
845921	数控钻床	70.2%	是	1.41	资本品
846040	金属珩磨或研磨机床	80.2%	是	1.77	资本品

续表

商品编码（HS）	中文名称	Top 5 出口占比	美国出口是否在前五位	中国进口额（亿美元）	BEC分类
846630	分度头及其他专用于机器的附件	63.6%	是	2.51	中间品
847521	制造光导纤维及其预制件的机器	83.1%	是	2.53	资本品
848140	安全阀或溢流阀	61.1%	是	4.31	中间品
870324	仅装有点燃往复式活塞内燃发动机的其他机动车辆，排量>3000ml	79.3%	是	74.02	未分类
870333	仅装有压燃式活塞内燃发动机的其他机动车辆，排量>2500ml	72.5%	是	6.87	未分类
880212	直升机，空载重量>2000kg	71.4%	是	2.81	资本品
901210	显微镜（光学显微镜除外）；衍射设备	86.8%	是	8.12	资本品

资料来源：联合国，IMF，世界银行，中国海关总署，华创证券。

这些商品集中在以下领域：

（1）金属材料（合金）：包括合金钢粉末；电镀锌的铁或非合金钢平板轧材；电镀或涂锌的其他合金钢板材，宽≥600mm；其他未进一步加工合金钢冷轧板材，宽<600mm；铜锌

合金（黄铜）条、杆、型材及异型材；铜镍、铜镍锌合金板、片及带，厚>0.15mm；镍合金条、杆、型材及异型材；镍合金板、片、带、箔；镍合金管。其他贵金属的无机及有机化合物；贵金属汞齐。

（2）基础化工产品：如粗二甲苯；天然气；丙烯；乙苯；丙醇及异丙醇；其他二元醇；环己酮及甲基环己酮；其他无环多胺及其衍生物以及它们的盐；其他初级形状的烯烃聚合物。

（3）非金属材料及精细化工产品：含硅量不少于99.99%的硅；非电器用石墨或其他碳精制品；有机合成鞣料；香水及花露水；矿物油<70%的纺织材料、皮革等材料处理剂；不含矿物油的纺织材料、皮革等材料处理剂；不含石油或从沥青矿物提取油类的润滑剂；玻璃或金属用的光洁剂及类似制品；其他摄影用化学制剂；摄影用未混合产品；芳香族聚酰胺纺制的高强力纱。丁苯橡胶胶乳；羧基丁苯橡胶胶乳。安全导火索；导爆索；火帽或雷管；引爆器等。

（4）通用或专用设备：加工中心；多工位组合机床；数控卧式车床；其他数控车床；数控钻床；其他数控铣床；在任何一个轴上定位的精度至少为0.01mm的数控磨床；金属珩磨或研磨机床；分度头及其他专用于机器的附件；制造光导纤维及其预制件的机器；安全阀或溢流阀。

（5）航空航天、机动车及运输设备：船舶用柴油机；其他燃气轮机，P>5000kw；直升机，空载重量>2000kg；飞机等航空器，空载重量>15 000kg；仅装有点燃往复式活塞内燃发动机的其他机动车辆，排量>3000ml；仅装有压燃式活塞内燃发动机的其他机动车辆，排量>2500ml；未列名载人机动车；往复式内燃机摩托车等，排量>800ml。

（6）医用器械：显微镜（光学显微镜除外）；衍射设备；

眼科用其他仪器及器具；矫形或骨折用器具；牙齿固定件；人造关节；心脏起搏器，不包括零件、附件；其他为弥补生理缺陷或残疾而穿戴、携带或植入人体内的其他器具；其他，牙科用 X 射线应用设备；其他，医疗、外科或兽医用 X 射线应用设备。

（7）药品及生物材料：人或动物血液、抗血清、其他血液组分及免疫制品；人用疫苗；兽用疫苗；人血；医用动物血制品；毒素、培养微生物等；未列名两种或两种以上成分混合而成的药品，未配定剂量或制成零售包装；含有皮质甾类激素及其衍生物或结构类似物的药品，已配定剂量或制成零售包装；未列明含有激素或品目 29.37 其他产品的药品，已配定剂量或制成零售包装；含有生物碱或其衍生物（但不含激素或抗生素）的药物；无菌外科肠线，昆布，止血材料，阻隔材料；牙科粘固剂及其他牙科填料；骨骼粘固剂。乳白蛋白，两种或两种以上的乳清蛋白浓缩物。以镍及其化合物为活性物的载体催化剂；制成的微生物或植物、人体、动物细胞培养基。

（8）科研用品：其他检测液体或气体变化量的仪器及装置；离子射线的测量或检验仪器及装置；试验台；其他测量或检验用光学仪器及器具。

（9）木浆废纸等：用机械与化学联合制浆法制成的木浆；回收（废碎）的未漂白牛皮纸或瓦楞纸及纸板；回收（废碎）的主要由机械浆制成的纸或纸板；塑料涂浸的漂白纸及纸板，平米重>150g。

为此党中央强调要补齐短板，要在关系国家安全的领域和节点构建自主可控、安全可靠的国内生产供应体系，在关键时刻可以做到自我循环，确保在极端情况下经济正常运转。

三、传统制造业向数字化转型

全球制造业发展到今天,有了很大的变化:消费者的需求由对产品和服务功能的满足,发展到追求个性化定制的阶段,供给侧的生产模式由"管道式"变为"生态型",工业经济时代进入数字经济时代。

站在消费互联网基础之上的工业互联网构建,是中国实现双循环的核心路径。当前全球信息技术生态是美国公司为主导,德国、日本在大多数制造业领域居行业领导地位,中国信息技术、新能源技术与传统制造业的发展相对平衡。在中美争端加剧的逆全球化趋势下,中国信息技术生态的重构及其与传统制造业的深度融合是实现我国双循环发展的关键。

未来的工业制造将会越来越数字化、网络化、自动化和智能化,数字化转型可高度凝练为四句话:一切业务数据化,一切数据业务化,一切产业数字化,一切数字产业化。

(一)企业的数字化转型

企业的数字化转型本质是追求通过科技实现降本增效,工业互联网与制造业从多方面融合,助力企业升级转型。根据新浪财经,工业互联网可以从远程运维、质量管控、协同设计、共享制造、定制生产、物流仓储、工艺革新、精益管理、营销服务、解决方案等多方面与生产制造相融合,实现降本增效。在远程运维方面,工业互联网助力生产设备的智能监控、故障诊断、预测性维护,可以保障工厂安全运行。比如徐工、三一重工通过对工程机械的远程监控,建立起以工程机械远程运维为主和几十万台设备接入的工业互联网。在质量管控方面,通过现场实时采集和大数据分析,再反馈到生产线调节工艺参数,从而提高成品率、减少质量损耗。在协同设计方面,工业互联网为协同设计提供了便捷的环境和工具。

企业数字化转型升级，已成大势所趋。企业数字化转型有三个层次：信息化、数字化、智能化。人工智能技术在感知智能和认知智能上的进步，为今天的企业数字化转型提供了前所未有的动力。

数据驱动业务有三个阶段，一是实现数据的实时准确反馈，基于数据高效决策；二是跨场景数据打通，提升协作效率；三是基于多场景历史数据，构建业务模式智能化模型，实现机器智能决策。数字化升级的终局是智能化，未来理想的状态是人机协同，在经营管理、生产制造、用户服务三个层面，最终实现技术赋能场景的目标。

随着数字智能时代的到来，企业数字化转型已成为不可逆的发展主流。借助 AI 技术，让企业运营更智能，更具价值创造能力、战略支撑能力和风险防控能力，是后疫情时期叠加经济新常态下企业数字化转型的现实需求。

（二）工业互联网

作为"新基建"的核心领域之一，工业互联网可以说是数字"新基建"的领头羊，可见工业互联网对制造业的重要性。掌握第四次工业革命，就必须发展好工业互联网。

在目前世界制造业的实践中，工业互联网涉及两个方面：一是企业工业产品的物联网化，通过物联网的大数据平台，进行端到端的数据采集，推动企业产品向服务化、平台化转型。例如，美国卡特彼勒公司运用物联网技术，实现了对矿山机械设备的远程监控和数据采集，对设备的运营状况和使用率进行透明化的管理。二是企业核心业务流程（研、产、供、销）物联化，比如通过数据开发定制工业 App，以实现企业内部的业务转型，甚至对行业或外部企业进行数字化赋能。比如，山东海尔公司的卡奥斯平台（COSMO Plat）便是通过生产制造、仓储物流、市场营销等各运营环节，为企业提供云服务和解决方案。

工业互联网对于制造业的促进作用表现在：首先，节能降本。数字化转型后，企业不再是盲人摸象，可以避免很多浪费，优化生产方式。降低成本是工业互联网带给企业最直接的效果。其次，提高生产效率。工业互联网提供了珍贵的大数据，多方面提升了生产线的信息化和智能化水平，在实时监控、数据可视化等助力下，生产效率能得到大幅提升。最后，实现服务的转型。借助大数据分析和个性化定制方案，低端服务模式的企业可以完成转型升级，或者可能从服务单一企业转变成产业链平台的运营商。

中国信息通信研究院发布的《工业互联网产业经济发展报告（2020年）》显示，工业互联网对第二产业带动作用最显著。2018年、2019年，中国工业互联网产业经济增加值分别为1.42万亿元、2.13万亿元，占GDP比重分别为1.5%、2.2%。预计2020年，中国工业互联网产业经济规模将达3.1万亿元，占GDP比重为2.9%，可带动约255万个新增就业岗位。[1]

工业互联网产业经济核算包括核心产业及融合带动影响，随着工业互联网加速向各行业拓展，2019年融合带动的经济影响占工业互联网产业经济比重已达74.8%，[2]工业互联网将成为国民经济中增长最为活跃的领域之一。

全球的工业互联网发展迅速，市场规模巨大。根据2019年中国工业互联网研究院的预测，全球工业互联网平台市场规模将保持高速增长，2023年达到138.2亿美元，年均复合增长率为33.4%。

---

〔1〕　数据来源：《工业互联网产业经济发展报告（2020年）》。
〔2〕　数据来源：《工业互联网产业经济发展报告（2020年）》。

四、山东省工业互联网平台的构建

工业互联网是未来工业企业发展的必然趋势，而工业互联网平台就是工业互联网的"心脏"，是中小企业数字化转型的指路明灯。它简单来说就是一种全新的工业生产方式，通过人、机、物的全面互联，实现全要素、全产业链、全价值链的全面连接。

传统工厂的管理、生产、经营流程经常比较低效，也依赖人力。工业互联网将行业、企业的各种数据和信息都通过平台进行处理分析，一个人或者几个人就可以对整个工厂的生产、运营、采购、销售以及研发设计进行管理，这是一种颠覆传统制造模式、生产组织方式的产业形态，也是未来工业发展的方向。

调查显示，通过工业互联网应用，深圳52.6%的工业企业生产成本下降，53.3%的企业产品良品率提升，29.4%的企业原材料损耗减少。[1]工业互联网还催生出网络化协同、规模化定制、服务化延伸等新模式、新业态，推动先进工业和现代服务业深度融合，促进大中小企业开放融通发展。

制造业本质是能源输入、制造加工、输出产品和废料，这也对应了工业制造过程中的三大核心——底层的自动控制能力、中间的信息系统和上层的运营能力，三者在数字化时代已经开始有机结合。

山东省工业互联网已从"概念普及"迈入"落地深耕"阶段，近年来积极推进实施山东省"个十百"产业互联网平台培育工程，加快培育建设一批跨行业、跨领域及行业级、区域级、

---

〔1〕 数据来源：深圳市工业和信息化局网站。

企业级产业互联网平台，促进山东省经济高质量发展和新旧动能转换。

2021年6月，国家级双跨平台——云洲赋能产业发展与山东省工业互联网一体化平台体系启动建设，作为济南市唯一的国家级双跨平台，浪潮云洲辐射全省各地市，针对山东省和各城市工业互联网的创新发展需求，以智能制造为主攻方向，聚焦软硬一体工业基础设施建设，致力于为行业提供以静默式为主要特征的智能化改造服务，推动企业数字化转型升级。

青岛市也在积极构建工业互联网平台的建设，2020年青岛设立了工业互联网平台应用创新体验中心，该项目为国内首批7个国家级工业互联网平台应用创新体验中心之一，面向全国特定行业、特定区域、特定场景，采用以青岛为主中心，北京、上海、深圳、湛江为分中心，以点带面、辐射全国，深化工业互联网平台创新应用，助力青岛打造面向未来的中国工业互联网之都。

总之，工业互联网是工业在数字化时代浪潮中和数字相结合的载体。在工业4.0时代，企业以数字化的力量加大对传统制造业的数字化改造，中国有望通过"内循环"的供给侧结构性改革，从制造业大国转型为制造业强国，走向全球价值链的更高端。

第三节 "内循环"的需求侧结构性改革

在开创新发展格局过程中，优化国内经济大循环是提高经济发展质量的关键。要实现这一目标，我国经济结构调整除要在供给侧结构性改革之外，还需要在需求侧发力，要着力扩大内需，增强消费对经济发展的基础性作用，增强国内大循环内生动力和可靠性。我们有 14 亿人口，市场规模是其他国家无法比拟的，内循环的可靠性还有可提升的空间，在消费层面，虽然我国拥有全世界最大的内需市场，中等收入水平的人群规模也比较大，但消费潜力仍没有被充分挖掘，消费端一旦崛起，将有效拉动生产端，如此一来，国内大循环内生动力和可靠性将有效增强，经济高质量发展也将更为牢靠。"双循环"新发展格局长远来说是要改变过去过于依赖国际大循环的弊端，通过构建高水平的国内经济大循环，更积极、主动融入全球经济，从而整体提升我国在全球经济中的竞争力，以及创造出新阶段全球经济大循环的新模式。

2020 年习近平总书记在多个场合提出和阐述新发展格局，加快构建新发展格局也被写入"十四五"经济社会发展指导思想和目标之一，这是对我国经济发展战略、路径的重大调整完善。坚持扩大内需是新发展格局的战略基点，中央经济工作会议提出将坚持扩大内需作为 2021 年要抓好的重点任务之一。

内需扩大是内循环的内在驱动力。短期来看，需要通过收入分配的调节等政策手段提升我国居民的整体消费能力。

一、山东省居民消费能力有待提高

居民消费能力是提升山东省经济增长的引擎力，中等收入群体是拉动消费的重要基础。山东省是我国北方地区第一经济强省，2020 年全省 GDP 总量达到 73 129 亿元，低于广东、江苏两省，稳居全国第三位。

根据《2020 年山东省国民经济和社会发展统计公报》，2020 年山东省人均可支配收入为 32 886 元，仅有同期山东省人均 GDP 的 46%，平均到每月的话为 2741 元，这个数据对于全国排名第三的经济强省，还有很大的提升空间。具体到山东省各

地市,青岛、济南、东营和威海这四个城市是山东省人均 GDP
最高的四个城市,其中,青岛 2020 年人均可支配收入为 47 156
元,是山东省人均可支配收入最高的城市,济南、东营、威海
三大城市的人均可支配收入也超过了 40 000 元。从全国范围内
来看的话,在"2020 年全国人均可支配收入 100 强城市"中青
岛排名第 24 位,济南排名第 33 位,东营排名第 37 位,威海排
名第 43 位,说明山东省拥有巨大的消费市场。但从目前山东省
消费者的收入消费结构来看,能不能进一步提升居民消费空间
存在不确定因素,主要表现为消费群体和消费意愿之间存在偏
离,即拥有消费能力的群体没有太大的消费欲望,而一些有刚
性消费需求的群体却没有相应的能力消费。

从消费结构来看,2019 年全省居民人均消费支出 20 427
元,从构成看,食品烟酒支出 5417 元,占比 27%;衣着支出
1443 元,占比 7%;居住支出 4370 元,占比 21%;生活用品及
服务支出 1539 元,占比 8%;交通通信支出 2992 元,占比
15%;教育文化娱乐支出 2410 元,占比仅 12%;医疗保健支出
1816 元,占比仅 9%,说明目前山东省居民的消费依然是以满足
基本生活为主要消费目的,没有形成从解决温饱到以提高生活
质量为主的消费形态。目前虽然一些年轻人有提前消费的习惯,
但是往往是以家庭经济基础为背景,因此对绝大多数居民来说
"勤俭节约"的消费观念已经根深蒂固。再加上我国现有的社会
保障体系不足以为居民提供后顾无忧的消费保障,且教育、医
疗和居住成本的不断增加,导致储蓄式投资和抑制过度消费成
为常态。

二、山东省城乡可支配收入存在差距

根据山东省统计局相关资料,随着山东经济近 10 年来的持

续发展，山东城乡居民的人均可支配收入都呈现了螺旋式增长态势，但城乡之间可支配收入存在明显差距。根据《2019 年山东省国民经济和社会发展统计公报》，城镇居民人均可支配收入为 42 329 元，农村居民人均可支配收入只有 17 775 元，两者之间的差距达到 2.38 倍；随后两年山东省两者的人均可支配收入均有所提高，其中，2020 年全省城镇居民人均可支配收入为 43 726 元，农村居民人均可支配收入为 18 753 元，2021 年进一步提升，山东城镇人均可支配收入 47 066 元，农村人均可支配收入 20 794 元，但城乡之间可支配收入差距并没有明显的缩小。

可支配收入差距的明显差距导致城乡之间的消费能力出现巨大的差距。2019 年全省城镇居民人均消费支出 26 731 元，农村居民人均消费支出为 12 309 元，二者差距超过两倍，农村居民消费能力明显不如城镇居民。但比较可喜的是，山东省农村居民人均可支配收入年增长率高于城镇居民，说明农村居民消费市场的潜力有待进一步挖掘。

三、山东省人口"老龄化"加深

人口总量决定了消费规模，人口结构变动决定了消费内容。山东省人口呈现出总量增加，老龄化加深的特征。山东省是全国第一老年人口大省，截至 2021 年底，全省 60 岁及以上老年人口达 2151 万，占比 21.15%；65 岁及以上老年人口 1619.38 万人，占比 15.92%；60 岁和 65 岁老年人口占比分别高出全国 2.25 和1.72 个百分点，呈现基数大、增速快、程度高的特点。

山东省的常住人口城镇化率不断提升，城市人口扩大形成消费新动力。城镇化进程不断加快使得农村人口不断向城市人口转变。按照前述统计数字，城镇人口的可支配收入远高于农村居民的可支配收入,对居民消费整体形成了有力支撑。人口城镇化过程本质上就是农村人口向城镇转移的过程,最突出的表现就是农村年轻人口不断涌入城镇,使得城市人口年龄结构整体性发生改变,年轻人群占比不断提高。城镇可以提供更多的就业机会,提升居民的可支配收入。在示范效应作用下,"新市民"会增加享受型和发展型消费品的消费,最终使得城市化过程不断通过人口年龄结构变化影响到居民消费结构从低级向更高级层次转变。同时可以进一步带动产业结构的优化升级。最后,通过棘轮效应[1],居民消费水平也会持续平稳上升。

山东正在加速步入老龄化社会,"银发经济"成为新增长点。美国经济学家莫迪利安尼提出了生命周期消费理论,强调消费与个人生命周期阶段的关系,认为人们会在更长的时间范围内计划他们的生活消费开支,以达到他们在整个生命周期内消费的最佳配置,实现一生消费效用最大化。根据莫迪利安尼的生命周期假说,人口年龄结构会对消费产生影响。由于组成社会的各个家庭处在不同的生命周期阶段,所以,在人口构成没有发生重大变化的情况下,从长期来看边际消费倾向是稳定的,消费支出与可支配收入和实际国民生产总值之间存在一种稳定的关系。但是,如果一个社会的人口构成比例发生变化,则边际消费倾向(Marginal Propensity to Consume)[2]也会发生变化,如果社会上年轻人和老年人的比例增大,则消费倾向就会提高,如果中年人的比例增大,则消费倾向就会降低。

---

〔1〕 棘轮效应,是指人的消费习惯形成之后有不可逆性,即易于向上调整,而难于向下调整。尤其是在短期内消费是不可逆的,其习惯效应较大。这种习惯效应,使消费取决于相对收入,即相对于自己过去的高峰收入。消费者易于随收入的提高增加消费,但不易于收入降低而减少消费,以致产生有正截距的短期消费函数,这种特点被称为棘轮效应。

〔2〕 边际消费倾向是增加的消费与增加的收入之间的比率。

我国的少儿抚养比（0 至 14 岁以下少年儿童与劳动人口比值）不断下降，2000 年少儿抚养比为 32.6%，2010 年下降至 22.2%，直到 2014 年开始缓慢回升至 23.8%，5 年间上升 1.6 个百分点[1]；反观老年抚养比则从 2000 年的 9.9% 上升至 17.8%。这样的变化预示着"银发经济"在未来将会是新的发展重点。按照生命周期假说，在中年时期，收入会大于消费，不仅可以偿还之前的负债，还可以准备积蓄养老。而人在少年和老年时期消费往往会超过收入，形成负储蓄。随着我国社会保障体系和消费金融在不断发展完善，可以让更多人口拥有跨生命周期消费的能力和信心，提高居民消费贡献率。

四、政府视角下增强国内大循环内生动力的措施

（一）提高居民收入水平，促进共同富裕

近年来，我国克服经济增速下行带来的困难，保持了就业形势的稳定，实现了比较充分的就业。因此，扩大内需，提升国内消费水平，政府应从提高居民收入水平和提升消费倾向着手。

2020 年 5 月，在十三届全国人大三次会议记者会上，李克强总理强调中国有"6 亿中低收入及以下人群，他们平均每个月的收入也就 1000 元左右"。收入是影响消费的核心因素，从中国工资增速长期低于 GDP 增速来看，仍有较大空间。2022 年 5 月，山东省第十二次党代会报告指出，持续推动民生改善和共同富裕，要实施收入倍增行动。只有更多的居民大众充分享受到了经济发展带来的红利，购买力才能提升。

促进共同富裕是贯彻新发展理念的核心内容。2021 年 1 月，

---

[1] 数据来源：国家统计局。

习近平总书记在省部级主要领导干部学习贯彻党的十九届五中全会精神专题研讨班开班式上发表重要讲话《把握新发展阶段，贯彻新发展理念，构建新发展格局》，在介绍新发展理念时，第一个方面就是"坚持以人民为中心的发展思想"，非常重要的一点就是"共同富裕"，并且指出"实现共同富裕不仅是经济问题，而且是关系党的执政基础的重大政治问题。我们决不能允许贫富差距越来越大、穷者愈穷富者愈富，决不能在富的人和穷的人之间出现一道不可逾越的鸿沟"。

2021年8月17日，中央财经委员会第十次会议再次强调要促进共同富裕。2022年10月党的二十大报告指出，要构建初次分配、再分配、第三次分配协调配套的制度体系。初次分配层面，提高居民收入在国民收入分配中的比重，提高劳动报酬在初次分配中的比重；坚持多劳多得，鼓励勤劳致富，促进机会公平，增加低收入者收入，扩大中等收入群体。完善按要素分配政策制度，探索多种渠道增加中低收入群众要素收入，多渠道增加城乡居民财产性收入。

（二）改革居民支出端，降低"刚性支出"成本

在支出端，降低居民"刚性支出"的成本，尤其是教育、医疗、住房等方面。对于居民必须要支出的领域，要降低居民的生活负担。所以在医疗领域，过去几年中央政府取消药品加成，实行带量集中招标采购，降低药品耗材价格。2021年5月中央全面深化改革委员会第十九次会议指出，"深化医疗服务价格改革，要规范管理医疗服务价格项目，建立目标导向的价格项目管理机制"，"要结合医疗服务特性加强分类管理，对普遍开展的通用项目，政府要把价格基准管住管好；对于技术难度大的复杂项目，政府要发挥好作用，尊重医院和医生的专业性意见建议，更好体现技术劳务价值"。一系列措施的背后，是要

强化基本医疗卫生事业公益属性，降低居民的"刚性支出"成本。

在这些"刚性支出"的领域，政府的支持和投入力度也在加大。中央政府强调："要促进基本公共服务均等化，加大普惠性人力资本投入，完善养老和医疗保障体系、兜底救助体系、住房供应和保障体系。"[1]

只有国民经济平衡增长，内部分配机制合理改善，劳动者的实际工资增长可以匹配经济增长，企业生产率提高可以匹配其营利能力增强，才能打通需求端、生产端、供给端间互为因果的良性循环，从根本上夯实内循环基础。

(三) 提升消费倾向和消费偏好

1. 提高消费倾向

近年消费率下滑源于城镇居民消费倾向下降，储蓄率较高，主观上由于对未来收入信心下降，预防性储蓄增加，客观上经济复苏降低了总体边际消费倾向[2]，加剧了结构性问题。短期内储蓄率高位波动也制约了消费倾向的上行空间。

此外，住房、教育、医疗成本提高带来的约束和挤出效应也是主要原因，在住房领域，坚持"房住不炒"，其实就是要控制居民住房方面的成本，同时增加保障性住房供给。政府应提高公租房、共有产权房的数量、质量及社会保障制度，释放地产对居民支出大头占用，对地产及相关产业链依赖度系统性下降将为居民消费打开空间。

在教育领域，规范管理校外培训机构，不仅仅是降低抚养

---

〔1〕 2021 年 8 月中央财经委员会第十次会议。

〔2〕 边际消费倾向：消费变动额和收入变动额之间的比率，也就是每变动 1 单位的收入中用于消费的变动额，用公式表示就是：$MPC = \Delta C / \Delta Y$，$\Delta C$ 是指消费的变动额，ΔY 是收入的变动额。

成本、鼓励生育的视角，要放在共同富裕的大背景下，也是要降低居民在教育领域的负担。中央全面深化改革委员会第十九次会议强调："严禁随意资本化运作，不能让良心的行业变成逐利的产业。"

同时政府应完善社会保障体系，通过提高养老保险和失业保险来解决居民消费的后顾之忧，提高消费倾向。全面促进消费需完善收入分配、保持经济和城镇化适度增速、精准促进城乡消费。

2. 提升消费偏好

山东省在《传统消费升级2022年行动计划》中提出一些富有成效的措施，推动人们的消费偏好从数量型、粗放型逐渐转向质量型。

（1）扩大城市消费。推进智慧商圈建设，开展城市商圈智慧化改造提升试点，推动一批具有较强消费力、集聚力和辐射力的商圈智慧化发展，提升消费者购物体验和消费品质，对2022年智慧商圈建设成效排名前五位的市，每个给予最高300万元支持。

（2）拓展农村消费。将县域商业体系建设纳入乡村振兴战略，推动县域商业高质量发展，实现农民增收与消费提质良性循环，以农村网络零售和乡镇商贸中心建设为重点，加快"农产品进城、消费品下乡"线上线下融合发展。

（3）推动重点消费。促进汽车消费，支持促进新能源汽车消费，落实国家新能源汽车推广应用财政补贴政策，对2022年符合条件的非公共领域新能源汽车最高补贴5.04万元/辆，公共领域新能源汽车最高补贴6.48万元/辆；促进家电消费。依托"山东省家电消费节"，开展家电"以旧换新"活动，对家电生产、销售企业推出的节能、绿色、智能等特定机型，支持企业按每台不低于 200 元给予补贴，相应回收的废旧家电交由合规企业处理。加快推进废旧家电回收拆解和平台重大项目建设，提升废旧家电回收处理能力。指导省内企业积极开展家电生产者责任延伸；促进住房消费。大力推进老旧小区改造，落实年度改造计划，加快前期手续办理，年底前开工老旧小区改造 67.1 万户以上。发放住房租赁补贴 4.5 万户以上。促进餐饮消费。举办"齐鲁美食节""齐鲁厨师艺术节"等活动，挖掘餐饮消费潜力，提振大众餐饮消费。拍摄《鲁菜》《山东味道》等纪录片，宣传展示新鲁菜品牌形象，提升鲁菜的全国影响力和美誉度。

第四节 "内循环"促进山东制造业转型升级分析
——以纺织服装业为例

在纺织业，我国已成为绝对的全球供给中心，没有其他国家可以和中国相抗衡。在需求端，我国纺织业在全球产业链中起到的作用相比供给端小很多，在纺织业，我国几乎是绝对意义的供给方，全球贸易的负面冲击几乎完全体现为需求冲击，在"内外双循环"的发展格局下，我国迫切需要在扩大内需上下功夫。

纺织服装业作为山东省"万亿级"产业，既是全省工业经济的支柱，也是山东制造业创新发展的典型代表。特别是以规模化、集约化为特点的纺织服装产业集群，在带动地方经济发展、促进劳动就业以及推动山东省制造业高质量发展等方面，发挥着十分重要的作用。山东省作为纺织大省，有着非常雄厚的产业基础。通过国内大循环促进整个产业转型升级，任重而道远。

一、山东省纺织服装业发展现状

（一）产业体系完备，产业集群凸显

山东省是传统纺织服装大省，纺织服装产业是山东省的万亿级重点支柱产业。纺织服装产业覆盖所有细分门类，从上游的纺织到中游的印染以及下游的成衣，拥有棉纺织、印染、毛纺织、麻纺织和家用纺织制成品、针织品、服装、化学纤维、纺织机械等子行业在内的门类齐全、产业链完整的纺织工业体系，是国内外纺织服装主要生产制造集散地，其中棉纺织、非织造布等产量排名全国第一。2017 年，全省纺织服装行业共有国家级产业集群 23 个，年销售收入百亿以上的产业集群有 19 个，主营业务收入超过 100 亿的大型企业达到 8 家，其中超过 500 亿的 2 家。[1]

（二）龙头优势明显

随着行业的不断发展，山东省纺织服装企业竞争实力不断提升，一批规模和实力在全国领先的行业龙头竞争优势更为明显，同时一批"隐形冠军"不断涌现。在中国棉纺织行业营业收入百强中，山东省共有魏桥纺织等 23 家企业入选，入选数量居全国第一；新崛起一批纺织服装业"隐形冠军"，LV、GUCCI、ZARA、耐克、阿迪达斯、李宁、安踏、优衣库、宜家、波司登……这些奢侈品、运动和快时尚品牌均是其终端客户。

二、山东省纺织服装业发展存在的问题

（一）山东省印染业发展滞后

印染行业是体现纺织工业核心竞争力的重要行业，是纺织

---

[1]　数据来源：山东省纺织工业协会。

服装产业链承上启下的关键环节，对提升纺织品附加值，丰富服装、家纺产品色彩，增强服装、家纺产品舒适性、时尚性和功能性，发挥着不可替代的重要作用。多年来，山东省印染能力明显不足，与织造能力极不匹配，成为制约纺织服装产业链发展的"瓶颈"。

（二）产业用纺织品起步晚、发展慢

产业用纺织品作为新能源、航空航天用新材料、环保过滤、医疗卫生、高速铁路、高速公路、水库堤坝、汽车内饰、安全防护等领域不可或缺的基础材料，有着广阔的发展空间。未来产业用纺织品将成为纺织工业发展的重要推动力量，发展产业用纺织品是纺织工业结构调整、转型升级的重要途径之一，也是山东省纺织工业实现由大到强的重要机遇。2022年4月，工信部和国家发改委联合发布了引领产业发展的纲领性文件——《关于产业用纺织品行业高质量发展的指导意见》，提出了未来产业用纺织品行业的发展目标、重点任务、重点领域提升行动和政策保障。目前，山东省是我国产业用纺织品大省，具有一定的规模优势和产业基础，但相对于服装和家纺等其他类型的纺织品而言，起步晚、发展慢，未来发展的空间和潜力很大。

（三）品牌建设和时尚创意设计能力不足

山东省纺织服装产品销售以贴牌加工为主，有较强竞争力的知名品牌数量少。山东服装类的知名品牌远少于浙江、江苏、广东等先进省市。如何提高服装纺织产业的时尚创新能力，打造国内外知名品牌，赋予纺织服装产品高附加值是山东省纺织服装产业发展亟须解决的问题。

三、纺织服装业面临的新变化

不论是从宏观层面还是从微观层面，我国纺织服装行业均发生了很大变化。首先，从宏观层面来看，纺织服装零售行业已进入个位数增长阶段，即存量竞争阶段，存量市场对纺织服装企业的供应链能力提出更高要求。

其次，从微观层面来看，我国消费者结构发生了很大变化，不可逆的代际迁移对纺织服装企业的供应链能力提出更为柔性的要求。"90后"及"00后"人群数量已占据我国总人口的25%，新势力消费人群未来将成为市场主流。"90后"及"00后"消费人群因成长环境、代际观念等因素影响，呈现与"60后""70后"及"80后"截然不同的消费理念、消费需求及消费习惯。

对新一代消费者在纺织服装品类购买过程中的决策行为的调研揭示：我国消费者对大众纺织服装产品购买时的品牌预设度正在逐渐消失，消费者在购买大众纺织服装品牌时的关键决策因素是舒适、款型及材质用料，新一代消费者在大众纺织服装领域轻品牌、重产品、愿尝新的特点将对企业现有的供应链模式提出更为柔性化的要求。

线上线下零售渠道和业态的变化，背后映射的是消费者对于不同零售渠道具体需求的价值分层。消费者对渠道认知的差异化及企业持续推进的全渠道运作将对不同渠道间的供应链信息的共享化提出更高要求。

纺织服装业面临的库存持续增长问题是我国纺织服装业发展始终绕不过的问题，库存问题的背后映射的是该产业的供应链存在问题。纺织服装业对于产品快速响应及迭代的需求愈发强烈，而支持产品快速响应并推陈出新的核心能力之一在于供应链的能力。最近两年疫情已成为影响全球行业发展的重要变量，纺织服装行业供需两端经受着前所未有的冲击与挑战，在对制造效率要求更高、差异化需求更加强烈的今天，纺织服装产业的供应链柔性化及共享化建设是企业转型升级的重要方向和手段。

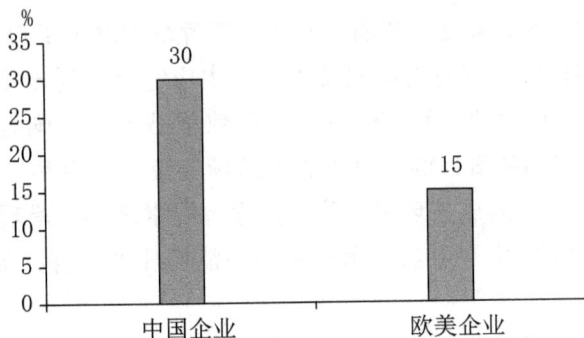

图 7-1 2018 年我国与欧美服装上市公司存货占营业收入比值比较

四、纺织服装业的供应链改革

供应链管理是企业的生命线,也是企业的盈利基础。按照供应链的驱动方式来划分,可将供应链划分为推动式和拉动式两种。推动式供应链(Push,Make to stock)是以制造商为核心,产品生产建立在需求预测的基础上,并在客户订货前进行生产,产品生产出来后从分销商逐级推向顾客。推动式供应链的提前期较长,按库存生产是主要的生产方式;拉式供应链(Pull,make to order)是指消费者导向或需求导向的供应链,销售订单启动补货要求,制造商再快速生产,并实现快速补货。

相对刚性的推动式供应链是目前我国纺织服装业的主流供应链模式。其中,衡量供应链模式的最为重要的指标之一即服装季中的货量占比(快反追单及现货下单比),我国大量纺织服装品牌的季中货量占比不足 10%,超过 90% 的货量在商品企划及首次下单中已经完全定义。这种推动式供应链是以生产为中心，制造商以提高生产率、降低单件产品成本获利为驱动源进行生产决策，产品生产出来后从分销商逐级推向用户，其刚性特征导致企业缺乏足够的灵活性。

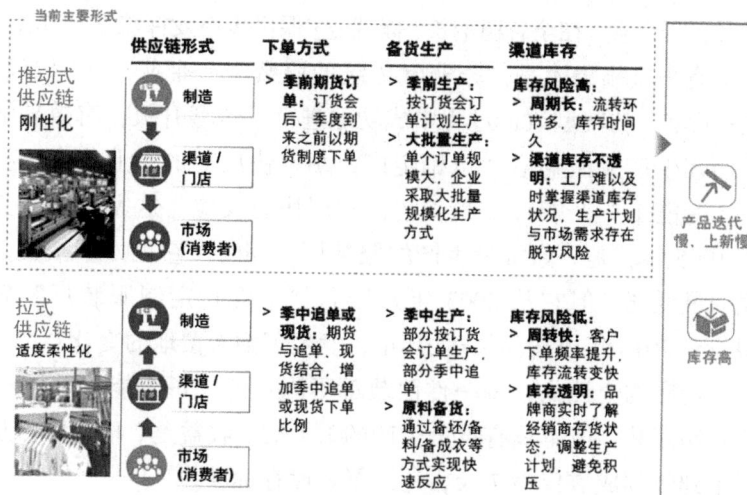

图7-2　推动式供应链与拉式供应链的比较

随着人们消费需求多元化和快时尚品牌的崛起，对成衣环节小单快反的需求越来越强烈，原有的市场现货及连续化规模生产模式，已经不再能够同时匹配"丰富度"及"确定性"的需求，柔性快反成为整个纺织服装产业发展的关键点，倒逼纺织服装业逐渐改变供应链模式思维，由刚性向适度柔性的拉式供应链转变。一旦突破柔性快反的"瓶颈"，整个产业必将迎来第二增长曲线[1]。

---

[1] "纺织服装业如何发挥既往优势？工艺＋数据，让供应链'柔'起来"，载《网印工业》2022年第C1期。

五、山东省纺织服装业转型升级案例分析——以青岛红领集团为例

纺织服装产业是山东省传统优势产业,同时也是重要支柱产业和民生产业,在全省稳增长、促就业、保民生中发挥着重要作用。

青岛红领集团是一家非常传统的服装制造企业,在"互联网+工业"的转型改造过程中成功地进行了转型升级,有效破解了服装生产无法响应"以销定产、小单快反"的行业痛点,打造了智能工厂,能够复制工艺,实现快速反应。这家企业成立于 1995 年,是一家批量生产的服装厂。那时,它也处于微笑曲线的最低端。但它从 2003 年开始向"个性化定制服装厂"转型,至 2013 年成功,长达 10 年,发生了翻天覆地的变化:

彻底的个性化,每一件西装都不同;工厂每天能生产 2000 套定制西装,成本只有批量生产的 1.1 倍,收益是 2 倍。客户从下单到收到成衣仅为 7 天,达到了零库存标准。

通过打造 C2M(Customer to Manufacturer)商业生态,青岛红领集团将微笑曲线反转,工业制造就处在了最上面。它去掉了所有中间环节,直接对接消费者,而且通过柔性制造提供个性化产品,这样工业制造的利润就提升了,消费者也可以买到厂家直销的个性化定制产品,以前只有少数人享受得起的产品变成绝大部分人都能享受得起了。

可以看出,青岛红领集团通过改善供应链管理,将制造、销售等糅合在了一起,成功地提高了自己所在环节的附加值,成功地将自身处于微笑曲线底部的情况,转变为了武藏曲线[1]

---

[1] 武藏曲线是 2004 年日本索尼中村研究所的所长中村末广所创。根据该研究所对日本的制造业进行调查,发现制造业的业务流程中,组装、制造阶段的流程有较高的利润,而零件、材料以及销售、服务的利润反而较低。

顶部。

该公司的转型升级让人们看到了制造业的未来。"个性化定制"是其核心。由消费者需求直接驱动工厂制造的全新工、商一体化平台,达到消费端与制造端无缝链接,其关键点和突破点是将客户需求变成数据模型技术、数据驱动的智能工厂解决方案。

青岛红领集团的蜕变为其他传统纺织服装制造企业的转型升级提供了样本与借鉴,纺织服装业应以创新赋能,把握"内循环"的大机遇,练好"内功",则我国纺织服装制造企业在国际市场上的竞争力也会进一步提高。

第八章

利用"外循环"促进山东省外向型制造业转型升级分析

第一节 我国经济"外循环"的发展脉络与影响因素分析

一、我国经济"外循环"的发展脉络

2020年5月23日，习近平总书记在看望全国政协十三届三次会议的经济界委员时提出，"我们要把满足国内需求作为发展的出发点和落脚点，加快构建完整的内需体系，逐步形成以国内大循环为主体、国内国际双循环相互促进的新发展格局，培育新形势下我国参与国际合作和竞争新优势"。2021年3月发布的《国民经济和社会发展第十四个五年规划和2035年远景目标纲要》强调扩大内需，逐步形成以国内大循环为主体、国内国际双循环相互促进的新发展格局。

2021年是"十四五"规划的开局之年，"双循环"已成为国家发展战略，二者在诸多方面一脉相承、相辅相成，可以有机结合，相互促进。本章在上一章的基础上，分析在推进国内循环体系的同时，如何与国际供应链、国际市场深度融合，利用国际"外循环"发展提升我国在全球产业链的地位以及我国企业的核心竞争力，实现更高水平的对外开放与"双循环"体系。

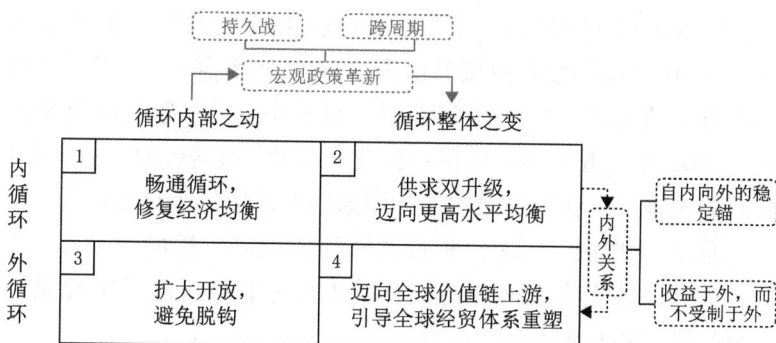

图 8-1 中国经济"双循环"的四条主脉

资料来源:程实所著的《中国经济"双循环"的核心脉络》一文。

(一) 扩大开放,避免脱钩

积极推动"一带一路"建设,拓展贸易伙伴。在新赛道上加速人民币国际化,促使"内循环"与"外循环"的联系趋于多元化、坚韧化、灵活化,缓冲全球单边主义和保护主义的负面拖累。

截至 2021 年 1 月 30 日,中国与 171 个国家和国际组织,签署了 205 份共建"一带一路"合作文件。[1]发展"一带一路"贸易政策有助于我国实现国内国际双循环。

我国要进一步扩大自贸网络的范围,与更多贸易伙伴商签自贸协定,扩大贸易伙伴国。目前,我国已与 26 个国家和地区签署了 19 个自贸协定,共同推动贸易投资自由化、便利化。自2002 年中国与东盟国家签署双边自由贸易协定以来,与中国订立自由贸易协定的伙伴遍及欧洲、亚洲、大洋洲、南美洲和非洲。中国与周边国家的自由贸易协定有中国—马尔代夫自由贸

---

〔1〕 资料来源:"我国已签署共建'一带一路'合作文件 205 份",载《经济日报》2021 年 1 月 30 日,第 1 版。

易协定（2017 年签署）、中国—韩国自由贸易协定（2015 年签署）、中国—新加坡自由贸易协定（2008 年签署）、中国—巴基斯坦自由贸易协定（2006 年签署）以及中国—东盟自由贸易协定（2002 年签署）等；中国—柬埔寨自贸协定于 2022 年 1 月 1 日开始实施，是我国与最不发达国家商签的第一个自贸协定。

总之，加速扩大高水平的对外开放，以广泛的"朋友圈"应对单一大国优先主义冲击，有助于规避脱钩风险，实现我国"外循环"发展的目标。[1]

（二）在全球价值链向上攀升，增强我国在全球经贸体系的话语权

客观来说，我国经济目前仍然处于全球价值链的中下游，要向全球价值链的上游攀升，改变我国在全球价值链中的定位，从全球价值链中的"供给"中心，升级为全球"供给—需求"双中心，是我国下一步努力的目标。目前，中国已经取代日本成为亚太价值链的中心。从全球生产网络的角度来看，中国的崛起从需求和供应两个方面极大地重塑了全球价值链。未来，我国不仅是世界上最大的"卖家"、供应中心，也要成为需求的中心。

二、影响我国制造业"外循环"畅通的因素分析

影响制造业供应链外循环的因素很多，既有传统的经济类因素如生产率水平、制造要素分布、市场容量大小，还有一些非经济因素如价值观、国际政治关系、国家安全因素等。

（一）全球供应链布局的考量因素已发生变化

国际政治经济正在发生重大变革，并深刻影响全球供应链。

---

[1] 资料来源：程实、钱智俊："双循环的核心脉络与金融赋能"，载《新理财》2020 年第 11 期。

之前世界跨国公司在布局全球供应链时，效率与成本是其首要考虑因素，但在当今的国际环境和局势下，跨国公司需要对供应链进行多元化布局，权衡收益与风险，东道国的价值观也成为全球供应链管理的重要考量因素。

2021年，国际贸易总额达到近29万亿美元，约占全球经济的30%。超过3/4的价值是通过依赖全球供应链的商品贸易产生的。国际市场的这些变化从供给和需求等多方面严重影响了我国制造业"外循环"的顺畅进行。

（二）各国政府干预对我国制造业"外循环"产生影响

供应链多元化是经济全球化的核心。它跨越全球多个国家（地区），并为链上的国家（地区）带来了显著的经济利益。这些复杂的供应链网络促进了全球的稳定和繁荣。加入全球供应链，不仅可以为国家（地区）开辟新的全球化市场，而且会改变发达国家和发展中国家之间的关系，对全球经济持续增长至关重要。然而，近年来，全球供应链经历了一系列中断，并导致了更广泛的经济不确定性。供应链危机促使政界人士将目光投向"本土"（onshore）产业，通过提供财政支持和其他激励措施将制造业带回本国。2021年4月，由日本、美国、澳大利亚和印度组成的四方安全对话（FUAD）启动了供应链弹性倡议，要求不从我国购买产品，并呼吁包括东盟国家在内的其他国家积极参与。

第二节　我国制造业通过"外循环"实现转型升级的不同路径

山东省不论是产业结构、人均GDP水平，还是人口增速、年龄结构等与全国水平都较为一致。对我国制造业转型升级的整体分析，基本也适用于山东省。

一般来说，产业转型升级有两种路径，或者发展模式。微笑曲线和武藏曲线理论展示了两种产业发展模式，也揭示了产业升级的两种路径。近年来，随着我国经济由高速增长向高质量发展转变，制造业转型升级面临内部挑战与外部环境改变的双重压力，同时也引发了微笑曲线和武藏曲线谁能助力中国制造业转型升级的讨论。

一、产业转型升级的不同路径选择

（一）微笑曲线

一条典型的微笑曲线如图 8-2 所示，横轴从左到右，是产业的上游厂商、中游厂商、下游厂商。具体地，上游厂商包括研发与设计、零部件生产厂商，中游包括产品组装厂商，下游包括品牌商、分销商、售后服务商等。而纵轴则体现的是附加价值的高低。

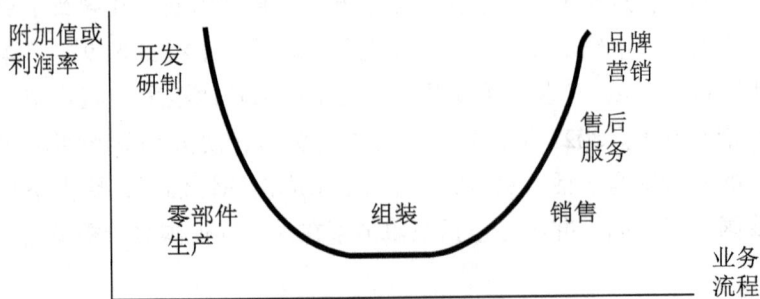

图 8-2　微笑曲线示意图

不难发现，微笑曲线两端上扬，即研发和营销处于高附加值的地位；而曲线中部下沉，即组装制造处于低附加值的地位。这与当前很多行业的经济形势是对应的。我们可以通过提高技术研发能力或品牌运营能力沿着微笑曲线向两端移动，提高增加值率。在技术水平上升到一定程度后，我国就可以改变当前微笑曲线逐渐扁平化的趋势。

当前制造产生的利润低，全球制造也已供过于求，所以曲线的中部往下沉；但是研发与营销的附加价值高，因而曲线的两边往上扬。研发与营销对应了价值链中的高门槛、低竞争的环节，而组装生产则对应了低门槛、竞争多的部分，也是我国制造业面临的环境。通常认为，微笑曲线笼罩中国制造业，其根本原因在于供应链管理能力的缺乏。

（二）武藏曲线

与微笑曲线所反映的事实相反，日本索尼（Sony）中村研究所在 2004 年对 400 家日本制造企业进行了调查，提出了"武藏曲线"：以产业各环节为横轴，利润为纵轴，将调查结果绘成曲线，就得到一个"左右位低、中间位高"的曲线，如图 8-3 所示。

此曲线与微笑曲线全然相反。因为它的左右两边各像一把刀，右边一刀掌握着市场的变化，确定最佳出货策略，左边一刀对材料和零部件进行最佳采购，这两刀可以减少库存从而改善收益。该曲线很像日本剑圣宫本武藏所创立的名为二刀流的剑术施展时的初始姿势，所以被称为"武藏曲线"。

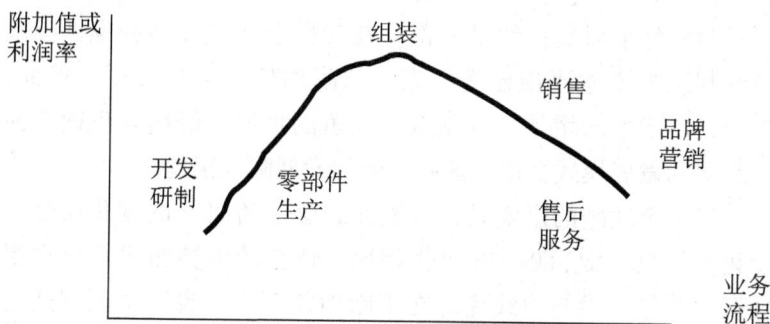

图 8-3　武藏曲线示意图

武藏曲线通过提高技术水平实现制造环节规模化生产，从而降低生产成本，提高增加值率，使得我国处于曲线底端的制造业部门的位置向上抬升。

一个产业的价值链是像微笑曲线，还是像武藏曲线，就看利润在这个产业中的分配情况。而这又主要受竞争以及企业管理水平的影响。两条路径不存在绝对的对与错之分，应根据我国各行业产业发展阶段和生产特点的差异选择合适的产业升级道路。

无论我国产业升级选择哪一种路径，其核心前提都是技术进步。只有依靠技术进步、提升产业的创新能力与价值创造能力，才能从根本上推动中国制造业的转型升级与竞争力的提升。

二、制造业转型升级不同路径的比较分析

我国制造业处于转型升级的关键时期，对比微笑曲线和武藏曲线我们可以发现，有两条路可以选择：一是沿着微笑曲线两端去升级，二是改善管理以转变自己的地位，使之处于武藏曲线顶部。

首先，从微笑曲线来看，我国制造业发展的"瓶颈"主要在于技术和管理。作为"世界加工厂"的我国制造业，其附加值长时间处于微笑曲线的底部。在我国制造业发展初期，因人口红利及技术水平限制等因素，低附加值是可以接受的。然而，随着人口成本的增加，及制造业竞争的加剧，继续处于微笑曲线底部的发展模式会使我国制造业的发展陷入困境。

另一个残酷的事实是，微笑曲线会随着时间的变化而发生变化。与 20 世纪 60—70 年代相比，现在的微笑曲线"笑得更加开心"了，微笑曲线底部在不断地往下沉，说明中国制造业在组装环节的利润率在降低。

然而，在残酷的事实下，仍有部分制造业取得了较高的利润，这值得中国很多企业借鉴。如富士康等代工企业，抓住了零部件的生产与研发，为多家电子产品品牌代工，成为成本最低、质量可靠的最大 OEM 公司[1]，其获利要比单纯组装的企业高；典型的如日本汽车业，制造环节是企业价值链的关键环节。所以，对某些企业而言，尽管研发和品牌对企业价值创造仍然至关重要，但如果在制造环节拥有竞争优势，会使得制造对这些企业的价值创造贡献更为突出和显著。

因此，中国制造业在人口红利完全褪去之前完成转型升级，面临多种方式，可以沿着微笑曲线往左上方发展，积累技术，这需要一个较长的过程，更需要资金和实力；另一个方式是沿着微笑曲线往右上方发展，整合零售、售后服务等，这需要管理方式的创新。

对于受制于资本和技术的中小企业来讲，改善管理，往微笑曲线下游整合是较合理的方式。除此之外，企业整合以达到规模经济，也是未来的发展趋势。

其次，从武藏曲线来看，产业链中的高附加价值不一定都在研发或营销、品牌这些环节，有些产业的高附加价值实际上存在于产业链的制造环节。管理方式的落后是中国当前阶段制造业发展的主要"瓶颈"，武藏曲线使得产业的制造环节处于价值链的顶端，这需要企业精准掌握市场的变化，对材料和零部件进行最佳采购以减少库存，同时采用高度自动化和精益化的制造技术。

目前我国很多制造业的部门之间缺乏统一的管理，但随着

---

　〔1〕 OEM 是英文 Original Equipment Manufacturer 的缩写，按照字面意思，应翻译为原始设备制造商，指一家厂商根据另一家厂商的要求，为其生产产品和产品配件，亦称为定牌生产或授权贴牌生产。国内习惯称之为代工。

数字技术的不断革新和升级，跟随数字技术而产生的数据资源更加快捷和方便使用，使得数据成为驱动我国制造业转型升级关键因素。新发展格局下，以数字技术赋能制造业，这为我国企业的管理改善提供了良好的技术支持。

三、我国与美国、日本产业发展模式的对比与启示

我们基于上游度系数和增加值率，拟合我国、美国和日本的产出供给视角下的制造业行业分布曲线，试图通过国际比较，找到适合我国制造业发展特点的产业模式。

（一）从产出视角看中国、美国、日本三国的产业发展模式

产出上游度指数（OUI）指一国某部门产品在达到最终需求之前还需要经历的生产阶段的数目，它度量了一国某行业在产出供给链上的嵌入位置，表征该行业与最终消费者间的平均"距离"，也反映了该行业在中间产品供给关联上的强度大小和复杂程度。该指数越大，该行业在产出供给链上越处于上游位置，距离最终消费者越远，与其他行业间的中间产品供给的关联程度越强、方式越复杂。与此相对应的是投入下游度指数（IDI），度量了某行业在投入需求链上的嵌入位置，表征该行业与最初投入供给者间的平均"距离"，也反映了该行业在中间投入需求关联上的强度大小和复杂程度。该值越大，该行业在投入需求链上越处于下游位置，距离最初投入供给者越远，与其他行业间的中间投入需求关联程度越强、方式越复杂。

基于上游度系数和增加值率，拟合出中国、美国、日本的产出供给视角下的制造业行业分布曲线，可以发现很明显的差异：中国和美国的曲线较为符合微笑曲线两端高，中间低的形态，而日本的曲线则完全相反，两端低，中间高，呈倒 U 型，更符合武藏曲线的理论形态。

（二）从美国、日本产业发展曲线得到的启示

我们从美国、日本两国的产业发展曲线中可以得到一些有益启示：

首先，单纯依靠提升制造业在全球价值链微笑曲线上的位置并不一定能提升该行业的增值能力。从中国各行业所组成的微笑曲线的年度变化来看，中国各行业并不是沿着传统的微笑曲线变动，向上游的靠近不一定会带来增值能力的升高。究其原因，在中国产业链自身的发展以及外商投资的影响下，我国产业链整体的增长使各行业的上游度系数逐渐增大，但是一些行业，特别是高端制造业尚未掌握其中的核心技术，生产活动尚未完全摆脱低值的生产环节，因此其增值能力并未有较为显著的提高，从而使得微笑曲线逐渐扁平化。

对比之下，美国的微笑曲线变动则出现了逐渐陡峭的趋势，位于微笑曲线两端的行业的增加值率进一步升高，而处于微笑曲线底端的行业增加值率的增速无法赶上位于微笑曲线两端的行业，呈现出一种微笑曲线开口变小的趋势。

其次，中国制造业升级并不是只有抛弃低值加工装配生产环节这一条路可走，生产技术的进步同样可以实现生产加工过程的规模经济效应，降低成本提高利润率。

日本形成武藏曲线的主要原因是日本产业发展以"精益制造"为特点，追求产品的质量和定位的差异化，因此其制造环节可以获得更高的利润。这一点对中国制造业的转型升级具有重要的启示意义。

（三）我国制造业转型升级的两种可行路径

从以上分析中可以看出，我国制造业转型升级有两种可行路径。

一种是通过提高技术研发能力或品牌运营能力沿着微笑曲

线向两端移动，提高增加值率，如美国的微笑曲线变动，在技术水平达到一定程度后，或许我国可以改变当前微笑曲线逐渐扁平化的趋势。

另一种是通过提高技术水平实现制造环节规模化生产，从而降低生产成本，提高增加值率，使得我国处于曲线底端的制造业部门的位置向上抬升。

应根据各行业产业发展阶段和生产特点的差异选择合适的产业转型升级道路。无论我国产业转型升级选择哪一种路径，其核心前提都是提高技术水平，推动技术进步，只有依靠技术进步、提升制造业的创新能力与价值创造能力，才能从根本上推动中国制造业的转型升级，提升产业竞争力。

第三节　山东省利用"外循环"促进制造业转型升级策略

一、山东省外循环模式的源起

山东省地处我国胶东半岛，位于东北亚和环渤海经济圈交汇点，地理位置优越。山东的外循环模式起源于 20 世纪 80 年代。1979 年初，山东省先后与奥地利、瑞士启动外贸谈判，接待万国邮联邮政考察团，批准德国在济南、青岛举办图书展，长期封闭的大门打开了与世界交流的窗户。1979 年 7 月 26 日，邓小平同志专程视察山东，发表了题为《思想路线政治路线的实现要靠组织路线来保证》的即席讲话，为山东省的开放卸下了思想包袱、指明了工作方向。1980 年，山东省政府改组省对外贸易局，成立山东省进出口管理委员会，统一管理全省的进出口贸易、利用外资和引进技术等工作。

1980 年山东省青岛、烟台 2 个城市入选国家首批 14 个沿海开放城市，1984 年中共中央、国务院设立了包括青岛、烟台在内的 14 个经济技术开发区，山东东部沿海成为我国对外开放的前沿阵地，充分彰显了山东在全国开放大局中的地位和作用。1988 年国务院批准山东的济南、青岛、烟台、威海、潍坊、淄博、日照 7 市列入沿海经济开放区，成为同期国内最大的开放区。山东各地市抢抓机遇，大量引进劳动密集型出口加工项目，1981—1991 年，全省共批准设立外商投资企业 1735 家，合同外资 14.8 亿美元，实际利用外资 5.6 亿美元。

这种引进外资、发展出口加工业的山东经济发展模式具有较鲜明的外循环特征。2011 年山东外资企业工业总产值达到15 796.43 亿元，占当年山东工业总产值的 22.71%[1]，在山东经济的所有制结构中处于主要地位。大量外资企业的入驻形成了产业聚集效应，并带动加工贸易蓬勃发展起来。2014 年山东加工贸易达到峰值 853.3 亿美元，外资主导的出口加工业成为这一时期山东经济增长的主要推动力。加工贸易的本质是通过加入跨国公司主导的全球价值链的装配环节来推动地方经济增长，是一种典型的利用国外资本和国际市场的外循环经济模式。在此过程中，山东逐渐成长为全球生产网络的重要节点，成为全球价值链中不可或缺的一环。

这种外循环模式的好处是显而易见的。它能使当地企业较为迅速地进入国际产业分工体系，提高企业的国际竞争力。在外商投资的出口加工贸易中，有很多相对于当地而言是先进产业，能迅速推进当地技术进步和产业高度化进程。

然而这种两头在外、大进大出的出口发展模式也存在隐忧。跨国公司来到山东投资，是为了利用当地廉价的劳动力和土地

〔1〕 数据来源：《2012 年中国统计年鉴》。

等生产要素资源。因此，引进的多数高科技产业实际上只是全球价值链的劳动密集型环节，甚至是跨国公司的加工车间，这导致山东高科技产品的出口比重存在虚高现象。

随着土地劳动力等生产要素价格的上涨，山东原有的要素价格优势逐渐消失，急迫需要实现产业升级。理想情形是，外资企业产业升级到高附加值环节，而当地企业通过为外资企业配套，切入跨国公司主导的全球价值链并实现价值链攀登。然而这一升级路径在现实中却难以实现。主要原因在于，外资企业只是跨国公司全球价值链的一部分，往往服务于其全球布局战略，不太可能按照地方经济的需求行事。所以，山东必须依靠自身努力实现在全球价值链位置的攀升。

二、山东省利用"外循环"促进外向型制造业转型升级的策略分析

面对土地、劳动力等要素价格优势的丧失，制造业的转型升级是避免危机出现的关键举措。在错综复杂的国际环境中，如何利用国际"外循环"促进山东的外向型制造业转型升级，同时构建区域创新体系和推动创新型产业集群发展，是山东政界和学界一直以来苦苦探索的问题。

（一）把握数字经济新机遇，利用数字经济赋能山东外向型制造业在全球价值链上的攀升

近年来，山东省委、省政府抢抓数字化发展先机，将"数字赋能增效行动"列为扩需求"十大行动"之一，具体作用机制之一是通过数字经济的网络链接效应和成本降低效应等推动制造业在全球价值链攀升。首先，数字经济可以帮助制造企业捕获或创造更多的增长机会。比如，帮助企业捕捉长尾需求〔1〕和满足"被排斥的需求"。由于需求日益出现的离散化趋势，这使得工业时代以标准化大批量需求为核心的生产方式越来越难以满足这类需求。实践中，数字经济通过对供应链的柔性化改造已经部分地解决了这一问题。另外，许多产品对用户是存在着能力的门槛要求，除支付能力门槛外，产品的使用技能门槛是一个相对隐性的限制，通过数字赋能，提高了对企业产品的需求量，例如数码相机对拍摄技能的要求远远低于原有的光学相机。

其次，基于数字技术的网络链接效应使得创新的来源更为广泛，创新的元素更为活跃，互动效应更为明显，能够推动技术和创新以更快的速度发展，从而促进全球价值链攀升。此外，数字技术催生了大量的商业模式创新。数字技术的广泛应用，不仅使得生产者之间能够以更加方便、快捷的方式融入全球生产网络，而且促使消费者更好、更深度地融入全球价值链，使得生产者之间、消费者之间、生产者和消费者之间形成更为有效的互动；也促进了实体经济和虚拟经济之间的深度融合和资源的优化配置等。这些商业模式创新则为那些创新者带来了打破行业中原有领先者优势壁垒的力量，进而获得快速的战略性增长机会。〔2〕

---

〔1〕　长尾效应，英文名称 Long Tail Effect。"头"（head）和"尾"（tail）是两个统计学名词。正态曲线中间的突起部分叫"头"；两边相对平缓的部分叫"尾"。从人们需求的角度来看，大多数的需求会集中在头部，而这部分我们可以称之为流行，而分布在尾部的需求是个性化的，零散的小量需求。而这部分差异化的、少量的需求会在需求曲线上面形成一条长长的"尾巴"，而所谓长尾效应就在于它的数量上，将所有非流行的市场累加起来就会形成一个比流行市场还大的市场。

〔2〕　张二震、戴翔："数字赋能中国全球价值链攀升：何以可能与何以可为"，载《阅江学刊》2022 年第 1 期。

山东省工业和信息化厅 2022 年 10 月发布《关于深化改革创新促进数字经济高质量发展的若干措施》,以未来 5 年为基准给出数字经济发展目标:力争经过 5 年努力,山东全省数字经济增加值增长 55% 以上、达到 5.5 万亿元,数字经济核心产业增加值占 GDP 比重实现翻番,打造全国数字产业创新发展集聚区、产业数字化转型示范区、数字经济高质量发展新高地。

(二)重点发展制造型服务业,摆脱"被俘获型"的全球价值链地位

"被俘获型"的全球价值链指的是价值链上的交易者之间,虽然不存在纵向一体化的所有权关系,但是它可以通过价值链中的治理机制,使广大的供应商被具有"链主"地位的跨国公司所控制[1]。

目前山东省大部分外向型制造企业已走过进口零部件的装配生产阶段,产业升级的方向是要瞄准功能升级的目标,逐步形成自己的研发设计能力乃至拥有自己的核心技术和自主品牌。

根据本书第七章的分析,制造业的转型升级可以采取武藏曲线的做法,聚焦于生产功能的投资与建设,做精致、专业的代工厂家,也可以向"微笑曲线"的两端升级,成为掌控全球价值链两端的品牌、营销、研发、设计等生产型服务技能和知识的"链主"。鼓励一部分优秀的企业立足于已有基础,加大知识技能投入,逐步发展"制造型服务业",才能摆脱"被俘获型"的地位。也只有在某些战略性产业方面建立起了自己的品牌和自主技术,才能真正实现制造业的转型升级。

---

[1] 刘志彪:"在全球价值链路径上建设制造强国",载《学习与探索》2018年第 11 期。

（三）支持智能制造和传统工业企业的智能化改造，提升生产效率

2016 年起山东省抢抓国家制造业与互联网融合发展的机遇，全力打造智能工业品牌。2020 年山东出台《传统产业智能化技术改造三年行动计划（2020—2022 年）》，提出以安全自主可控为基础，以国际先进水平为标杆，推广运用大数据、云计算、工业互联网、物联网、人工智能、5G、区块链等新一代信息技术，改造提升电子、机械、汽车、船舶、冶金、建材、化工、轻工、纺织、医药等传统产业，滚动实施万项技改、推动万企转型，采取摸底调查、专题培训、诊断服务、实施改造、示范推广等方法步骤，加快推动装备换芯，促进装备数控化；推动生产换线，促进产线数字化；推动机器换人，促进工厂智能化；推动园区上线，促进园区智慧化；推动产链上云，促进产链平台化；推动集群上网、促进集群生态化。力争到 2022 年底，每年完成万项技改、推动万企转型、完成 4000 亿元投资，全省工业企业智能化水平跃上新台阶；重点行业智能化水平达到国内先进，龙头骨干企业智能化水平达到国际先进；规模以上工业企业智能化技术改造覆盖面达到 70%，装备数控化、车间数字化、工厂智能化、园区智慧化、产链平台化、集群生态化水平逐年提升，在役工业机器人数量达到 8 万台左右。

目前，山东借助新一代信息技术与制造业的深度融合，已经构建起数字化、网络化、智能化新型基础设施和全新工业生态，信息化与工业化融合水平达到全国第二。2022 年 5 月济南、青岛国家级互联网骨干直联点正式开通运行，山东省成为全国唯一"一省双直联点"省份，建设完成 5600 公里全国首张确定性骨干网络，性能指标达到国际领先水平，数字化成为山东制造业升级改造、赋能经济高质量发展的重要引擎。

外向型制造业发展模式的转型升级永远在路上，并没有一劳永逸的发展模式。山东省仍然需要在提高工业增加值、发展生产性服务业、促进本土经济尤其是民营经济的发展，以及培养高成长性创新型企业的生长环境等方面继续努力。同时，中国超大规模的国内市场以及已经取得的发展成果也为山东省构建双循环发展新格局提供了有力支撑。

三、山东省利用 RCEP 畅通"外循环"，促进外向型制造业转型升级

《区域全面经济伙伴关系协定》是 2012 年由东盟发起，历时八年，由包括中国、日本、韩国、澳大利亚、新西兰和东盟十国共 15 方成员制定的协定。《区域全面经济伙伴关系协定》的签署，标志着当前世界上人口最多、经贸规模最大、最具发展潜力的自由贸易区正式启航。

（一）RCEP 对中国的影响效应

从贸易影响来看，RCEP 原产地累积规则降低了优惠关税门槛，区域内贸易流量可能大幅增长。以中国—东盟自贸区为例，自 2011 年中国—东盟自由贸易区正式建立后，中国与东盟地区的贸易流量增速稳定高于中国与非东盟地区的贸易流量。不难预测，伴随 RCEP 协定正式实施，RCEP 区域内贸易流量有可能大幅增长。

从区域内贸易伙伴来看，我们通过观察 RCEP 成员方之间的贸易联系发现：中国是 RECP 区域内的贸易中心，RCEP 成员方平均有 25% 的进口源于中国，同时中国也是 RCEP 成员方三大出口市场之一；RCEP 成员方之间贸易联系紧密，RCEP 成员方三个最重要的进口来源地和出口目的地均分布在其他 RCEP 成员方。这意味着，伴随 RCEP 正式生效，中国与 RCEP 区域间

贸易流量或增加最多。

表 8-1 2020 年 RCEP 成员方的主要出口与进口方向占比（%）

		第一	第二	第三
出口	中国	美国（17.47）	中国香港（10.52）	日本（5.51）
	印度尼西亚	中国（19.46）	美国（11.43）	日本（8.37）
	文莱	日本（25.60）	新加坡（21.31）	中国（17.69）
	新加坡	中国（13.77）	中国香港（12.36）	美国（10.74）
	新西兰	中国（27.75）	澳大利亚（13.60）	美国（11.05）
	日本	中国（22.05）	美国（18.52）	韩国（6.97）
	柬埔寨	美国（30.10）	新加坡（14.80）	中国（6.15）
	泰国	美国（14.87）	中国（12.86）	日本（9.89）
	澳大利亚	中国（40.84）	日本（12.38）	韩国（6.50）
	缅甸	中国（31.75）	泰国（17.77）	日本（7.33）
	菲律宾	日本（15.54）	美国（15.22）	中国（15.06）
	越南	美国（27.38）	中国（17.37）	日本（6.85）
	韩国	中国（25.85）	美国（14.51）	越南（9.47）
	马来西亚	中国（16.15）	新加坡（14.50）	美国（11.12）

续表

		第一	第二	第三
进口	中国	亚洲其他国家（9.76）	日本（8.51）	韩国（8.40）
	印度尼西亚	中国（28.00）	新加坡（8.72）	日本（7.54）
	文莱	马来西亚（17.40）	新加坡（14.16）	中国（10.80）
	新加坡	中国（14.42）	马来西亚（12.70）	亚洲其他国家（11.05）
	新西兰	中国（22.56）	澳大利亚（12.08）	美国（9.68）
	日本	中国（25.79）	美国（11.29）	澳大利亚（5.63）
	柬埔寨	中国（37.14）	泰国（15.00）	越南（13.90）
	泰国	中国（24.00）	日本（13.34）	美国（7.29）
	澳大利亚	中国（28.80）	美国（11.86）	日本（6.01）
	缅甸	中国（36.34）	新加坡（13.66）	泰国（10.73）
	菲律宾	中国（23.12）	日本（9.61）	美国（7.84）
	越南	中国（32.22）	韩国（17.93）	日本（7.76）
	韩国	中国（23.29）	美国（12.36）	日本（9.84）
	马来西亚	中国（21.51）	新加坡（9.26）	美国（8.73）

数据来源：联合国商品贸易统计数据库（UN Comtrade）。

原产地区域累积原则在 RCEP 区域外并不适用。换言之，假定 RCEP 成员方对美国（非 RCEP 成员方）出口，此时原产地区域累计原则不再适用。原产地区域累积原则排他性将一定程度上造成贸易转移（Trade Diversion），即区域外贸易向区域内转移。

（二）政府视角下山东省利用 RCEP 畅通国际"外循环"的举措

本书第六章已经分析了 RCEP 对山东省的特殊意义。山东省工业体系完备，与 RCEP 其他成员方市场产业互补性强，东盟是山东省最大的贸易伙伴，进出口规模连年增长。山东省与韩国一国的贸易额仅次于欧盟，2021 年接近 2700 亿元，山东省与日本和澳大利亚的贸易量也非常大，在 RCEP 推进实施进程中山东省的机遇更多、受益更明显。RCEP 的成功签署，为山东省深化与日本、韩国两国的经贸合作提供了千载难逢的机遇。

1. 创新发展货物贸易，实施高标准的贸易自由化便利化政策

拓展国际贸易"单一窗口"功能，实现船舶进港、海关查验、货物提离等作业环节数据协同。持续深化进出口货物"无感直通"通关模式试点应用。

鼓励企业开展离岸业务，探索离岸贸易真实性监管创新，支持银行探索基于客户信用分类及业务模式提升审核效率，探索以人民币定价的新型跨境易货贸易模式，建立配套监管服务平台。

2. 实施高水平的投资自由化便利化政策

完善公平竞争制度规则，确保各类所有制市场主体在要素获取、标准制定、准入许可、优惠政策等方面享受平等待遇。完善准入前国民待遇加负面清单管理、外资安全审查等制度，

清理与外商投资负面清单不相符的地方性法规、规章及规范性文件。

3. 实施跨境资金自由便利为核心的金融政策

争取本外币银行账户体系试点。支持优质企业开展贸易外汇收支便利化试点，持续推进资本项目收支便利化创新。允许符合条件的高新技术和"专精特新"试点企业在一定额度内自主借用外债。支持济南争取数字人民币试点，探索数字人民币在对公支付等场景应用。

4. 实施自由便利的运输政策

支持国际机场探索航空中转集拼业务，支持设立国际中转集拼货物多功能集拼仓库。争取船舶登记出口退税试点，以自贸试验区内的综合保税区为离境港，经青岛港、烟台港中转出口的集装箱货物实行起运港退税。

5. 推动高端装备制造全产业链创新发展

支持山东自贸区青岛片区发展光电产品、集成电路、仪器仪表、机器设备、发动机、船舶零部件等维修再制造，支持山东自贸区烟台片区内企业委托区外企业开展海工装备、船舶等大型装备区内外联动保税维修。试点高附加值大型成套设备及关键零部件进口再制造。

壮大集成电路设计、制造、封测等产业链，着力构建开源开放的技术创新和应用生态，推动上下游企业协作创新。建设济南国家集成电路设计产业化基地、青岛集成电路产业园。开展集成电路产业链保税监管模式创新与应用推广。实施智能制造赋能工程，推进制造业数字、网络化、智能化升级，建设一批智能工厂和数字化车间。

6. 积极打造一流营商环境

（1）强化知识产权保护。加快推动修订《山东省专利条例》，在山东省建设国家知识产权保护中心。充分利用我国与日韩等建立的专利审查高速路（PPH）项目，助力企业全球专利布局。建立知识产权维权援助工作站，加强海外知识产权纠纷和维权援助机制建设。

（2）妥善应对贸易摩擦。设立对韩技术性贸易措施研究评议中心。将 RCEP 国家作为贸易摩擦预警重点地区，强化信息收集、预测和预警，支持企业应对 RCEP 贸易救济调查案件，维护自身合法权益。

（3）重视并防范 RCEP 双刃剑效应。关注劳动密集型产业面临的竞争压力和冲击，积极引导企业转型升级，提高产品附加值，优化产业链供应链布局，提升国际竞争力。

（4）加强组织领导。依托山东省对外开放工作领导小组建立 RCEP 跨部门协调推进工作机制，加强省有关部门和各市协作，持续开展 RCEP 规则"一国一策"跟踪与研究，各市和省有关部门按照职责分工及时出台推进措施，合力推动 RCEP 落地实施。

这些措施的落地实行，将助力山东通过 RCEP 畅通外循环，为山东省外向型制造业的发展提供有力支撑。

第九章
制造业转型升级之他国之鉴

第一节　美国制造业发展的借鉴与启示

2019 年，美国制造业增加值为 2.34 万亿美元，超过整个欧盟的 2.316 万亿美元。[1] 这个规模虽然早就被中国超过（2020 年中国制造业规模为 4.83 万亿美元，目前是美国的 2 倍左右）[2]，但是如果考虑到美国牢牢地掌控着全球制造业的设计、研发、融资等一系列核心环节的高端环节，毫无疑问，美国仍是当今世界第一梯队的制造强国。"他山之石，可以攻玉"，对美国制造业的分析，对当前我国制造业发展具有明显的借鉴意义。

一、美国制造业的竞争力分析

长期以来，美国制造业在历经升级换代、淘汰夕阳工业的同时，一直在朝着知识技术密集型的方向大步发展，在包括生物、化学、医药医疗、机械制造、精密仪器、航天航空、交通、绿色工业、视频、军工、能源、基础材料、软件设计等众多领

---

〔1〕　数据来源：美国商务部经济分析局。
〔2〕　数据来源：国家统计局。

域，始终保持着世界领先的优越地位，不仅产值规模一直在稳定增长，并且企业大多集中于产业链的高端位置，其背后的基础研究实力也让世界上绝大多数国家望尘莫及。

从世界银行发布的 1991—2019 年美国、日本、德国制造业增加值对比图，可以看到除了个别年份，美国的制造业增加值的规模一直在稳步增长，而同属制造业强国的日本和德国，其规模则趋于基本稳定。作为一个资源丰富的国家，美国从 1776 年建国开始，用了大约 150 年的时间实现了工业化，替代英国成为世界制造业大国。在 1861 年之后的五十多年里，美国在发展质量上遥遥领先，20 世纪初完成了由大到强的转变，成为世界工业霸主。到 1913 年，美国在煤、生铁和钢铁等传统工业品产量方面达到世界第一，并且在代表最新技术水平和发展方向的汽车产量和发电量方面也明显领先。1925 年，美国的汽车产量已经是英国的 25.5 倍，法国的 24.1 倍[1]，美国出口产品的结构从原材料为主转变为以制成品，加工食品和半成品为主。第二次世界大战后，美国引领了第三次科技革命，这次革命至今仍在进行，几乎每十几年就有一个重要突破，美国制造业长期稳居全球领导地位。

2022 年度《财富》杂志公布的世界五百强中，有 42 家美国企业上榜，营业收入超过 500 亿美元的制造业巨头有 22 家；其中前二百强中，美国就占有 14 席。

---

[1] 数据来源：美国商务部经济分析局。

表 9-1　世界前 200 强中的美国企业

单位：百万美元

排名	公司名称	营业收入	利润
7	苹果公司（APPLE）	365 817	94 680
53	福特汽车公司（FORD MOTOR）	136 341	17 937
64	通用汽车公司（GENERAL MOTORS）	127 004	10 019
86	戴尔科技公司（DELL TECHNOLOGIES）	106 995	5563
107	强生（JOHNSON &JOHNSON）	93 775	20 878
124	ADM 公司（ARCHER DANTELS MIDLAND）	85 249	2709
137	辉瑞制药有限公司（PFIZER）	81 288	21 979
143	百事公司（PEPSICO）	79 474	7618
145	英特尔公司（INTEL）	79 024	19 868
154	宝洁公司（PROCTER & GAMBLE）	76 118	14 306
165	通用电气公司（GENERAL ELECTRIC）	74 196	−6520
168	国际商业机器公司（INTERNATIONAL BUSI-NESS MACHINES）	72 344	5743
185	洛克希德—马丁（LOCKHEED MARTIN）	67 044	6315
197	雷神技术公司（RAYTHEON TECHNOLO-GIES）	64 388	3864

数据来源：《财富》杂志。

美国这些制造业巨头的国际竞争力非常强，以苹果公司为例，2021 年的营业收入就超过 3000 亿美元，是华为的 3 倍以上。不仅如此，苹果高达 25.88% 的净利润率远高于华为不到 10% 的净利润率。

美国制造业强大竞争力背后的来源，与其极具活力的生产性服务业分不开的。近二十年来，随着科技进步和社会发展，经济学家在原有三大产业划分的基础上，单独分列出第四产业（Quaternary industry）和第五产业（Quinary industry）。其中，第四产业被定义为提供基于知识的服务业，具体包括研究和开发、商业咨询、金融服务、教育、公共产品、软件开发等，而第五产业则是指政府部门决策者以及企业 CEO 等从事的工作。第四产业和第五产业中相当大的部分是生产性服务业。粗略估计，美国的生产性服务业占美国经济总量的一半左右，它带来的科技、教育、金融和市场以及社会秩序等，决定了美国制造业在全球价值链上的高端地位，以及整个经济的可持续发展性。可以说，谁掌握了生产性服务业，谁就掌握了制造业的未来。

低附加值制造业离开美国，是美国在全球化条件下的主动选择。在高端制造业上，美国不仅从来没有放弃，并且还在不断加强对全球的控制。近年来，随着发达国家制造业进一步向高智能、环保、可持续方向发展，美国再次作为这一转型的领跑者，在制造业各产业链的顶端发力。

二、美国制造业长期保持竞争力的原因

美国制造业长期保持竞争力主要有创新能力、高度商业化下的统一大市场、重视发展小企业、军民融合发展、国内强大购买力、较低的交易成本等几大原因。具体来说：

（一）分层教育带来社会各层面的高度创新能力

创新的主体是人，在基础教育和基础研究上，美国各级政府保持"只问耕耘不问收获"的态度大量投入，向社会输送较高素质的制造业从业者，以及对自己专业有巨大热情的科学家和学者，前沿科技、制造业生产和商业管理等各方面人才不断涌现。

义务教育包括 K-12 一共十三年的基础教育和费用极低的社区大学（两年社区大学后可以转入正规大学）、对来自低收入家庭学生提供的广泛午餐补贴、书本学习用品补贴和校车补贴等。这些费用主要由地方政府承担。

2008 年次贷危机后，奥巴马重提学徒制（技工学校）的重要性，他在 2012 年的国情咨文中说：美国的经济复苏基础将建立在美国的"制造业、能源业、美国工人的技能和美国价值观的更新"之上，并在 2014 年推动通过了《2014 年劳动力创新和机会法案》，企业可以使用法案提供的资金给学徒支付部分工资。

特朗普就任后继续加强学徒制教育投入，2017 年 6 月上任后不到半年，就以总统行政令的方式扩大学徒计划，追加经费。截至新冠疫情暴发之前的 2019 年，美国的学徒工数量一直在持续增长。拜登上任后，继续大力推动，强调新增高端制造业职位不需要高学历。

美国有几千所正规大学，排在前面的两三百所是世界一流大学，自然科学类学科尤其突出。联合国的经济指数调查中，将美国的教育水准列为世界第一。美国的大学教育与国家的科研创新深度融合，有着浓厚的"科教融合"特色，体现在大学是美国知识创新系统的重要主体和知识源泉，大学所生产的创新知识为美国高新技术发展奠定了坚实的科学基础。以麻省理工学院（MIT）为代表，美国大学开创了以高校为主导，大学、政府与产业相互联合的科技创新模式。在该模式中，大学实现了在科学研究、实际应用、教学以及学校收益的最优组合，构成了一个——政府支持科研、大学从事科研活动、企业对科技研发活动进行投资的充满活力的三位一体创新体系。大学、国家研究院、实验室、企业内部研究机构和各州自己的地域性研究项目实验室形成互相交错支撑的创新网络，从前沿理论到尖端科技再到经营管理，创新不断出现。创新不仅带来了制造业的高附加值，也创造了更多就业机会。

美国在制度支持和"科教融合"的良性循环中激活了学术知识的经济引擎作用。1981 年以前，美国大学每年获取的专利数不足 250 件，在其后的 10 年间里，每年授予大学的专利数达到了 1600 件，2000 年达到了 3000 多件，大学研究对于美国产业的贡献从 1980 年的 4%迅速攀升到了 1990 年的 7%。[1]2016年，美国大学一共发表了 307 413 篇科技出版物，占全美科技出版物总数的 75.2%，产业部门的出版物中与大学合著的占49.1%；[2]2018 年，美国大学促成 9350 项授权许可，2014—2018 年美国基于大学知识产权的初创公司共成立 5105 家。[3]美国"科教融合"的教育制度对促进本国成为世界科技强国有着不可磨灭的贡献。

高科技产品出口在一国出口总额中的份额是创新指数的重要衡量标准[4]，因为高科技产品的出口往往伴随着创新能力的增强，在高科技出口排名上占据前列的国家，往往也是世界上最具创新能力的国家。以高科技产品占制造业产品出口的比重来看，美国的高科技出口份额保持在 20%左右，显著高于德国的 15%，而且多年来两国差距始终存在，没有缩小的趋势。

---

〔1〕　数据来源：根据美国会计/审计总署的统计。

〔2〕　数据来源：美国国家科学委员会（National Science Board）。

〔3〕　数据来源：美国大学技术经理人协会（AUTM, Association of University Technology Managers），AUTM 前身是于 1974 年成立的大学专利管理者协会（Society University Patent Administrators, SUPA），其最初目标便在于促进高校的技术转移并通过协调技术转移相关主体间的关系协助技术转移办公室的技术成果转化工作。

〔4〕　世界知识产权组织（WIPO）2021 年全球创新指数就 132 个经济体的创新力进行了排名，衡量标准约有 80 项，包括高科技出口在各自国家出口总额中的份额。

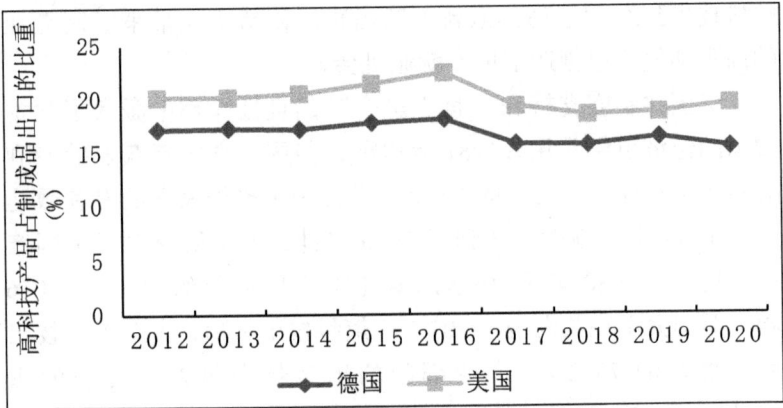

图 9-1　德、美两国高科技产品出口占制造业产品出口的比重

　　信息技术作为现代技术体系的核心，信息技术密集型产业劳动生产率的提高幅度要显著高于其他产业，其创新发展与应用会对一国的经济增长质量产生显著影响。从德、美两国市值最大的信息技术公司对比可以看出美国与德国信息技术产业发展的巨大差距。以两国市值排名前十的本土上市公司营业收入（2019 年度）以及总市值（2020 年初的数据）来看，美国信息技术龙头公司的市值和营业收入规模均远超德国。美国排名第一的苹果公司不论总市值还是营业收入均是德国排名第一的SAP 公司的 8 倍左右。美国排名第十的英伟达与相应德国的Jenoptik 相差更加显著，市值相差 9 倍，营业收入也有 10 倍的差距。

表9-2　2020年美国和德国最大的信息技术公司对比

（单位：亿美元）

排名	美国企业	总市值	营业收入	德国企业	总市值	营业收入
1	苹果公司	13047.65	2601.74	SAP公司	1658.03	302.17
2	微软	12030.63	1298.14	英飞凌	284.97	90.07
3	谷歌	9228.91	1550.58	Nemetschek	76.18	6.02
4	Facebook	5853.21	665.29	TeamViewer	71.52	2.90
5	英特尔	2603.47	704.13	Bechtle	58.98	57.55
6	思科	2034.59	519.91	CompuGroup Medical	38.06	8.24
7	甲骨文	1699.41	395.82	Siltronic	30.19	15.19
8	Adobe	1596.54	111.71	Software	25.81	10.10
9	Salesforce	1442.62	158.50	Cancom	22.74	17.84
10	英伟达	1440.04	100.18	Jenoptik	16.36	9.39

注：总市值为2020年1月1日的数值，营业收入为2019年年报数据，汇率以2019年12月31日汇率为基准。

（二）高度商业化下的统一大市场

美国各级政府虽然对基础教育和科研进行大量投入，但是政府主要是提供创新方面的公共产品，并不直接参与商业和市场竞争，更不会对企业进行具体指导。美国各州差异很大，有各自的立法，税收也大不相同，但是国内市场不同地域和行业之间几乎不存在人为壁垒，极大方便了包括人才、技术、原材料和资金等各种要素在商业利益的驱动下自由流动和变化组合。

统一大市场给大小企业带来了无比广阔的天地，大量科研成果得以迅速转化，呈现出"科技和生产紧密结合"的状态。

科技推动工业发展，工业发展又为科技成果的广泛应用拓宽了空间。而转化成商品后的科研成果，继续受益于广阔的国内市场，通过商业的成功不断获取用于进一步研发的资金和流通渠道，研发和市场之间互相哺育，彼此正向推动。

美国国内每次由政治、经济和技术的变化引起的产业淘汰、升级都会引起失业率上升，而在国内统一大市场带来的巨大能量推动下，包括劳动力在内的生产要素会自发升级重新组合，让失业率重回低位。每次失业率升高，也是在给下一次升级孕育能量。2010年后的十年，失业率更是持续降低，2020年年初新冠疫情开始前，美国的失业率已经下降到 3.5% 左右，达到半个世纪以来最低点。疫情突发导致失业率瞬间飙升，在疫苗广泛施打、经济活动恢复正常后，2022年7月美国失业率下降至 3.5% [1]，这意味着美国的失业率恢复到了 2020 年 2 月新冠疫情前的水平，失业率的快速回升显示出美国市场经济给社会带来的生生不息的活力。

（三）重视发展小企业

"Entrepreneur" 和 "Innovation" 是美国商业中的两个高频词，美国存在广泛的重商传统和 "Entrepreneur" 文化，有全球最发达的小企业经济。"Entrepreneur" 来自法语，20世纪后在美国被广泛使用，目前普遍将这个词翻译成"企业家"，其实它的准确意思是"愿意承担风险的创业者"。"Innovation" 通常翻译为（技术）创新，而它的准确意思是"将新技术新服务与市场结合的行为"。创业者在各经济体中承担关键角色，他们用自己的技能和主动性积极预测需求并将新想法推向市场。

在规范约束大企业的同时大力支持小企业，是美国政府和

---

〔1〕 数据来源：美国劳工部网站。

民间的共识。从联邦到各州，都有支持小企业的具体政策措施不断优化小企业的外部环境。美国早在 1953 年即成立了小企业管理局，帮助维护小企业利益，促进小企业发展。1982 年创立的小企业创新研究计划（SBIR）及后来的小企业技术转移计划（STTR），则成为政府鼓励小企业创新，推动美国科技发展的重要举措。新冠疫情期间，从联邦到各州，各级政府对小企业的救助五花八门，从直接大量发钱，到补贴员工，再到免除商业贷款等，对小企业的救助幅度之大，动作之迅速，显示出小企业在美国经济中受重视的程度。

　　小企业的试错成本低，经营灵活机动，对成功的渴望让它们充满进取心。小企业经常能敏锐地发现甚至创造经济活动中的各种微小需求，充满创意地搜寻和组织各种要素来填补并且持续培育需求。作为美国经济金字塔的底座，小企业每年 14%左右的淘汰与 16%左右的新增让这个底座持续优化，带来美国经济地基的高度稳定。长期以来，小企业为美国贡献了大约50%的就业机会和大约 75%的税收。根据美国小企业管理局最近几年公布的数据显示，在美国 560 万家公司中，99.7%的企业员工人数少于 500 人，98.2%的企业员工人数少于 100 人。这些小企业的存在，对于美国经济增长、技术创新和产业多样性至关重要。据美国小企业管理局 2019 年公布的数据显示，小企业每年为美国新增 150 万个就业岗位，占据美国新增就业岗位的64%。此外，调查还表明，在美国小企业的平均生产率要比大企业高 2.4 倍。20 世纪 80 年代以来，美国小企业完成的科技发展项目占全国的 70%左右，人均创新发明是大企业的 2 倍。20世纪对美国和世界有巨大影响的 65 项发明，基本上都来自个人及小企业。小企业不仅极具创新能力，投资效率也更高，科技投资回收期比大公司短 1/4。从 Apple、Amazon 到 Google 再到

Tesla，很多小企业凭空创造了一个行业，进而成长为巨无霸，再延展发散出更多生机勃勃的小企业。

（四）军民融合发展

美国将军民融合定为国家战略。完善的法律机制、民间力量的积极参与是美国军民融合成功的关键。随着国际政治军事环境变化，从第一次世界大战前到冷战结束再到现在，美国军事工业经历了"军民分离—融合—分离—融合—深度融合"的过程。

美国最初的军工厂建立于独立战争和南北战争时期，多为国有，这些国有军工厂会将钢材、锻件等外包给私人企业进行加工。第二次世界大战时，当时的美国总统罗斯福"让小厂转入战时生产"的政策开启了美国的战时总动员，私人企业迅速成为军工主力。1943 年第二次世界大战尚未结束时，美国已提前开展经济调整计划，一大批战时兵工厂重新开设民品生产线。第二次世界大战后，电器、汽车等消费品需求大增，军工企业大多顺利地融入民用品市场。

"冷战"时期，美国为保障与苏联的军备竞赛，重新建立了"军民分离"的国防采办制度，国防采办程序严格繁琐，要求供应商配备国防专用生产设备，并随时准备应对突发需求。"冷战"结束后，美国回归商业传统，开始全面军民融合，政府通过各种立法扫除军民用技术和资源双向转移之间的各种障碍，力图建立一个"无缝"的国家科技工业基础。

从 1985 年开始，美国国防部每年制定"小企业创新研究计划"，这一项目极大激励了美国的小企业技术革新浪潮，为民间技术在军品领域的应用打下了基础。

分产业来看，美国航空业军民融合度最高。位居美国制造业第 31 位的通用动力公司是美国的一家军工企业，2021 年营业收入高达 384.69 亿美元，该公司最大最成功的项目当属服役美军的 F-16 轻型战斗机。除此之外，通用动力公司旗下的通用动力电船公司（General Dynamics Electric Boat）制造了美国海军历史上第一艘服役的潜艇霍兰号（Holland），还设计制造了世界第一艘核潜艇鹦鹉螺号，于 1954 年下水服役，该公司之后设计制造了美国的"俄亥俄"级，"洛杉矶"级，"海狼"级和"弗吉尼亚"级核潜艇；而通用动力公司旗下的巴斯造船厂（Bath Iron Works）设计制造了美国的阿利·伯克级驱逐舰[1]。

　　1995 年《美国国家安全战略》（National Security Strategy）发布[2]，构建了一个随需求变化而可以在军品和民品间随时切换生产的新工业基础；1998 年克林顿时期拨款 200 亿美元用于军企裁减人员再培训和补助，开放两用技术并开展技术转让。2000 年，美国政府开放 GPS 精准度限制，极大推动了美国社会经济发展和技术创新。通过招投标，硅谷有超过 600 家公司共获得国防部 250 亿美元的订单。

　　2001 年后，美国年度国防报告表示军民分离的工业基础已基本实现融合。2007 年开始，美国主要军工企业的民品总收入占比已达 60%；2016 年，美国私人军工企业军品收入占其总收

---

　　〔1〕　阿利·伯克级驱逐舰（Arleigh Burke-class Destroyer，一般简称为伯克级驱逐舰，Burke Class Destroyer），为美国海军主力，本级舰以宙斯盾战斗系统 SPY-1D 被动相控阵（无源电子扫描阵列）雷达，结合 MK-41 垂直发射系统，将舰队防空视为主要作战任务，是世界上最先配备四面相控阵雷达的驱逐舰，伯克级掀开了世界防空驱逐舰发展的新篇章。

　　〔2〕　迄今为止，共有 5 位总统、8 届政府向国会提交了 16 份美国"国家安全战略报告"，其中包括里根政府的 2 份（1987 年、1988 年），老布什政府的 3 份（1990 年、1991 年、1993 年），克林顿政府的 7 份（1994 年、1995 年、1996 年、1997 年、1998 年、1999 年、2000 年），小布什政府的 2 份（2002 年、2006 年）和奥巴马政府的 2 份（2010 年、2015 年）。

入比例仅为 35.7%，其余 64.3% 为民品收入。[1]

统一的科技工业基础，极大促进了国防建设与经济发展的良性互动，不仅从产能和技术两个层面实现军工向民品转化，同时也利用民用经济中爆发的高新技术来实现国防科技的跨越式发展。近年来，为了让国防部的具体需求与创新技术精准对接，使美军能快速融入各地创新生态系统，国防部在硅谷、波士顿和奥斯汀设立办公室，实施"开放商业解决方案"机制，最短 59 天即可完成从企业投递标书到签约的全过程。美国空军推出的 AFWERX 创新中心，面向公众、学界和小企业征集技术创新方案。特种作战司令部 SOFWERX 在佛罗里达州坦帕市开设创新中心，协调产业、实验室和学术机构合作，汇集创意和技术，共同解决机器人和自主领域最具挑战性的课题。这类拉近军民用生产的措施不胜枚举，军民融合在高水平上持续深化。

美国通过不断立法，形成了一个以营造最优产业发展环境为目标的复杂保障和支撑体系，支持制造业发展。这个体系从国防部、农业部、国家航空航天局、商务部、国家卫生研究院等开始，到深入各州的联邦小企业局、地方研究院校等，在联邦与州的司法保障下，充分利用市场的自由竞争使制造业不断优化，同时在军事和经济两方面保障国家安全。

在这个产业生态中，军工复合体企业、学术界和政府之间存在频繁的人员流动，这虽然经常招来对军工利益集团影响政府决策的批评，但也让科技、政治、军事和企业等不同领域的专家得以充分了解彼此关切，合力高效推动制造业发展。著名智库兰德公司中，联邦政府、学术界和企业界的人员大约各占其董事会成员的 1/3，新上任的总统也往往喜欢从各智库中挑选

---

[1] 资料来源：美国劳工部网站。

人才充任政府高级官员。

（五）国内强大的购买力支持

以军工为导向的企业不倾向于通过精控成本、压低售价的方式来获得订单，而是通过大力发展技术提高附加值来增加利润。来自军工时期的提高附加值和生产效率这两个企业核心思想，对美国制造业有深远影响。美国制造业的产出和效率增长速度，一直高于传统的制造业强国德国和日本。高附加值和高效率，给企业带来丰厚利润，给劳动者带来较高收入。

美国巨大的国内市场来自强大的购买力。高度创新能力使得美国能够长期攫取价值链上利润最丰厚的环节，并且按照最符合自己商业利益的方式安排整个产业链协作。发达的小企业经济给美国带来了世界上最大的具有稳定消费能力的中产阶级群体。美国的平均人均年收入大约是中国的 6 倍，除纽约、洛杉矶、旧金山等少数几个城市外，房价普遍很低，居民可支配收入高。2017 年，美国人均年消费金额为 37 903 美元，而中国为 5548 美元。[1]美国人不仅喜欢消费，他们的消费方向也非常广泛。从产品到服务再到知识产权，他们都愿意付费。"不怕卖不掉只怕不够好"的市场特性给投资商和研发者带来了巨大的空间，吸引着商业机构进行各种探索和创新。需求和供给之间互相追赶，推动美国在诸多行业上长期站在价值链顶端。

（六）国内交易成本较低

由于环保、安全、劳动者权益等各方面标准高，美国的制造业成本中包含较高的制度成本。与此同时，这些高标准与健全的法治体系相互作用，带来社会长期的易于遵循的公序良俗，并由此带来很低的交易成本。低交易成本表现在个人之间，企

---

〔1〕 资料来源：美国劳工部网站。

业之间，个人与企业之间信任度高，沟通成本低，合作成本低。企业针对内部管理和外部协调的行政部门在企业中占比极小，管理和行政成本很低。

低交易成本在降低制造业成本中所做的贡献虽然很难量化，但是它存在于几乎所有产业的各个链条环节里，是美国制造业与其他国家制造业竞争的不可忽视的巨大隐形力量，它不仅影响制造业成本，也保障了制造业的可持续发展性。

美国通过一系列的举措，多年保持在全球价值链中制造业强国的地位。

三、美国制造业发展对中国的启示

观察美国制造业竞争力形成的特点，可以看出它们之间存在密切的互为因果的正向互动。值得中国借鉴的，主要有以下几点：

第一，发展职业教育，完善职业教育体系对共同富裕至关重要。实现共同富裕是中华民族、中国人民的殷切期盼，是我们党始终坚持的奋斗目标。政府应向公众提供更广泛的教育选择，以学历为唯一衡量标准的教育方向应该尽快调整，让个人可以根据自己的才能和兴趣选择发展道路。我国制造产业要转型升级，离不开众多企业家的开拓创新，同时也离不开广大高素质的产业工人。在我国从"中国制造"向"中国智造"的转型过程中，我国对高技能劳动力需求出现了大幅攀升。近年来，中共中央、国务院也不断下发政策，把产业工人队伍建设作为实施科教兴国战略、人才强国战略和创新驱动发展战略的重要支撑和基础保障，纳入国家和地方经济社会发展规划，所以，发展职业教育也是推动我国经济高质量发展的客观需要，对我国制造业转型升级、经济可持续发展意义重大。

第二，学术教育与职业教育要"协调发展"，二者应保持一个均衡比例，不可偏废一方。2021年我国政府工作报告要求保持制造业比重稳定，提升产业链、供应链的现代化水平，推动先进制造业集群发展。借鉴美国的教育发展经验，这需要我国统筹兼顾学术教育和职业教育，使我国在保持制造业强国地位的同时，在高新技术领域也能保持世界领先地位。

第三，改革我国高校的科技成果转化制度。大学的科研成果转化为经济社会收益，对于激发国家经济繁荣，填平基础研发活动与产品开发之间的"死亡之谷"具有重要意义，这在美国大学的实践中已经得到验证。相比之下，我国科技成果转化率平均只有15%，专利转化率也只有25%。对此，要加快完善我国大学的科技成果转化权益分配机制。比如，提升成果发明人在成果转让收益分配比例，赋予成果发明人一定比例的所有权，给予成果发明人工作量奖励，等等。通过建立合理的科技成果转化与收益分配制度，从立法层面明确高校享有成果转化自主权，从而激发科研人员创新积极性，最终促进我国科技水平的提高。

第四，努力消除国内人为障碍，从经济发展程度接近的地区开始，建立统一区域市场，进一步推动建立全国统一大市场，使生产和市场要素可以自由流动，通过充分发挥市场作用推动高质量制造业发展。

第五，推动为智慧、知识和服务付费的社会文明，不仅可以降低在知识产权问题上受到的国际压力，更可以激发中国国内智慧产品的创造，长期支撑制造业高质量发展。

第二节 日本、韩国电子产业发展的借鉴与启示

我们的邻国——日本与韩国在电子产业领域纵横一方，两

国产业起步之初的宏观发展环境与我国目前面临的环境极其相似，那么，是什么因素让两国成长为电子强国呢？本节主要介绍日本与韩国的电子产业发展史，在梳理的过程中，取其精华，为中国迈向电子强国队列提供借鉴。

现阶段，韩国电子产业的综合实力已经可以和美国、日本、德国等强国抗衡。从生产总值来看，2018 年韩国电子产业生产额为 1711.01 亿美元，排名全球第三，位于中国和美国之后，赶超日本。据韩联社报告显示，2018 年全球电子产业的占比排名中，中国占比 37.2%位居第一；美国为 12.6%，位居第二；韩国为 8.8%，排在第三位。

韩国充分吸收国际产业转移成果，形成了以出口加工为主导的产业结构，且极大推动了电子产业本身的发展，在起步晚于美国、日本十多年的情况下，韩国半导体产业从无到有，至 20 世纪 80 年代中后期，韩国已成为集成电路产业的主力军。

全球化时代下，充分利用亚洲劳动力资源优势，积极推动海外扩张以融入全球体系，韩国电子产业强势崛起。进入 20 世纪 90 年代后，由于高工资和高利率，韩国产业竞争力开始减弱，增长率开始下降，韩国开始有机结合包含中国在内的邻近人口大国进行海外扩张。

1998 年，韩国电子业通过加强研究开发、扩大招商引资及新产品开发，1999 年后出口大幅增加，内需销售也迅速恢复，形成强大的国际竞争力。进入 21 世纪后，韩国半导体、显示器等产业主导世界市场，电子产业成为韩国最重要的出口产业，诸如三星、SK 海力士等韩国电子企业也成为世界性品牌。

一、中国与日本、韩国电子产业发展之初宏观经济环境的比较

日本在 20 世纪 60 年代、韩国在 20 世纪七八十年代都是中

等收入国家，与中国目前的经济增长阶段类似。日本在 1968 年成为世界第二大经济体，自 1955 年至 1973 年近 20 年间均保持高速增长，年均 GDP 增速达 9.25%，1975 年后进入经济转型期后 GDP 平均增速降至 4%；[1] 韩国在 1961 年至 1991 年经济平均增速都保持在 8.3% 以上，尤其是 20 世纪 80 年代后期经济增速更是高达 10%，在 20 世纪 90 年代后进入经济转型期后平均经济增速下降至 7.5% 以下。[2]

中国 2010 年超越日本成为世界第二大经济体。中国在 1991 年至 2011 年也维持高速增长，年均 GDP 复合增速达 10.5%，但 2010 年以来经济增速逐渐放缓，由 2010 年的 14.2% 逐渐降低至 2019 年的 6.1%。[3] 从人均 GDP 来看，1990 年韩国人均收入为 6610 美元，与中国 2012 年人均 GDP 基本相当。

二、中国、日本、韩国均为不同时期的"世界工厂"

（一）中国、韩国发展初期的经济与社会状况比较

韩国自 1960 年确立出口导向型经济发展战略以来，出口便是其经济增长的重要推动力，20 世纪 90 年代中期，韩国出口占 GDP 比重保持在 30% 左右。20 世纪 80—90 年代，持续大规模投资是维持韩国经济高速增长的关键要素之一，尤其自 1988 年起，韩国进一步对石化、钢铁、炼油、汽车、轮胎、半导体等主要重化工企业推出了 28 项重大的设备投资计划。

中国改革开放以来的高速发展也在极大程度上依靠持续增长的投资，固定资产投资一度成为我国经济扩张的最大动力。投资和当时出口的快速增长，使得中国、韩国两国工业都得到

---

〔1〕 数据来源：日本统计局。

〔2〕 数据来源：韩国国家统计局。

〔3〕 数据来源：国家统计局。

长足发展，成为两国经济崛起时期的支柱产业。

中国和韩国彼时具有相似的经济结构，经济增长放缓的大背景下，两国都曾出现局部的产能过剩，产业结构亟须升级调整。韩国自20世纪80年代以来，加大重化学工业投资，致使国内重化学工业产能出现了严重过剩问题。

中国在2003—2007年出现了经济过热的迹象，包括钢铁、水泥、化工等行业在内的大多数传统行业都进行了大规模的扩张，而2008年4万亿投资的刺激又进一步加剧了产能的过剩。

另外，中国和韩国都面临着人口增速下降，人口老龄化成为两国彼时共同问题。从人口增速来看，中国、韩国长期低生育率致使劳动力规模持续萎缩。自韩国1962年全面推行鼓励少生政策以来，韩国生育率急剧下降，1995年总和生育率降到1.63，为防止生育率进一步下降，韩国自20世纪90年代中期取消鼓励少生的政策，然而生育率仍呈现持续下降态势，2004年生育率进一步下降到1.2。中国自改革开放实施严格计划生育以来，生育率急剧下滑，2016年总和生育率[1]仅为1.6，远低于2.45的全球平均水平；根据我国第七次人口普查数据显示，2020年中国总和生育率是1.3，低于国际社会通常认为的1.5的警戒线。

从产业结构调整来看，中国和韩国彼时产业结构都呈现出第一产业、第二产业比重逐渐下降，第三产业比重稳步上升的趋势，制造业发展都呈现转型升级态势。20世纪90年代，韩国制造业主要出口产品由重工、低端制造业产品转为半导体、计算机等高端制造业产品，产品结构明显升级；中国自改革开放以来产业结构优化升级，尤其是电子及通信设备制造业自1993

---

〔1〕 总和生育率是指平均每对夫妇生育的子女数，国际上通常以2.1作为人口世代更替水平，也就是说，考虑到死亡风险后，平均每对夫妇大约需要生育2.1个孩子才能使上下两代人之间人数相等。

年后发展迅速。加入 WTO 后出口持续高速增长，造就了连续 30 年经济增长 10% 以上的增长奇迹。《中国智库》报告数据显示，从 1980 年到 2006 年，中国外贸依存度由 12.4% 上升至 64.48%，提高了近 5.2 倍，高出大国平均依存度 17.6%。

（二）中国、日本发展初期的经济与社会状况比较

中国、日本具有相似的经济结构，第二产业、第三产业比重上升，基本完成工业进程，城镇化率达到 60% 以上。第二次世界大战后，日本的产业政策以重工业为主，第一产业占比迅速萎缩，第二产业、第三产业占比扩大[1]。

中国改革开放以来产业结构优化升级，第一产业向第二产业、第三产业转移，基本完成了工业化进程，并且第三产业占比大幅提高。[2]

中国、日本同样经历了快速城镇化进程，日本城镇化率自第二次世界大战后快速增长，1945 年为 27.8%，至 1970 年达到 70% 左右。中国城镇化率自 1980 年以来驶入"快车道"，从 1980 年到 1996 年的 16 年间，中国城镇化水平由 19.4% 上升到 30.48%，顺利完成了城镇化起步阶段，2019 年达到 60.6%。

三、日本、韩国的电子信息产业都得到政府的大力支持

日本、韩国两国政府在本国经济发展中都发挥着重要作用。在经济转型期，日本、韩国两国政府都积极通过实施产业政策推动经济转型，电子产业在两国产业升级过程中都扮演着重要角色，也获得了国家产业政策的绝对倾斜。

---

〔1〕　1955 年日本第一产业、第二产业、第三产业占 GDP 比重分别为 19.20%、32.70% 和 47.00%，30 年后的 1985 年变为 3.10%、36.30% 和 60.70%。

〔2〕　1985 年中国三大产业占 GDP 比重为 27.93%、42.71% 和 29.35%，2019 年变为 7.1%、39.0% 和 53.9%。

韩国20世纪90年代是其电子信息产业迅猛发展的时期,韩国由第一产业为主的结构成功转型为第二产业、第三产业为主,电信产业增长速度远高于其他产业,成为韩国支柱性产业。以存储器为例,20世纪90年代是韩国存储器爆发的年代,存储器出口金额从1992年的10.7亿美元上升至1993年的15.6亿美元,出口占比在一年内从15.7%升至22.2%,不断向欧洲、美国、日本输出产品。其中的发展,在很大程度上得益于韩国产业政策的大力扶持。20世纪末,韩国制定了新的电子产业发展政策。

表9-3 韩国电子产业发展政策

时间	政策内容
1969年	出台《科学技术信息中心扶植法》,旨在扶植该领域内新兴企业,为其提供技术支持、税收减免以及法律支持
1982年	制定《"五五"计划》,将电信产业规划入技术密集型、资本密集型、高知人才密集型领域
1981—1986年	颁布《半导体工业综合发展计划》,具体明确了四个需要大力发展的领域:超大规模集成电路、计算机、通信设备和电子邮件
1989年	出台《尖端产业五年发展计划》,确立电信产业为韩国经济发展的支柱性产业,以此为主导来带动其他产业的发展
1991年	制定《G-7项目计划》,涵盖了大规模集成电路、综合业务数字网(ISDN)、高清晰度电视(HDTV)、智能计算机等7个领域
1993年	颁布《21世纪电子发展计划》,明确优先发展半导体、计算机、通信和机电产品,加强国际合作,改进电子生产技术,推动"逆向工程",政府提供税收和财政优惠

续表

时间	政策内容
1994 年	制定《电子产业技术发展战略》，选定了七大战略技术作为重点开发对象，1999 年之前，总投资 20 544 亿韩元，其中政府出资 9131 亿韩元，占比 44.5%
1996 年	推出《促进信息化基本计划》，旨在强力推进信息化
1998 年	颁布《面向 21 世纪的产业政策方向及知识基础产业发展方案》，旨在发展计算机、半导体等基础产业
2001 年	推出半导体关税减免，即在半导体设备和进口部件及原材料方面实行减免关税等予以支持

四、当前中国电子产业面临的外部环境与日本、韩国的不同

中国与韩国都曾与美国产生高科技摩擦风险，但中国面临更为复杂的外部压力。虽然中国、日本、韩国都在某一阶段与美国产生过高科技摩擦风险，但是不同于日本和中国，韩国并未受到美国以贸易为名义但实质在于科技遏制的打压，主要原因有三个：一是韩国选择错位竞争，不与美国半导体行业产生正面直接竞争，甚至在一定程度上有相当高的业务互补性。二是韩国适时减少了对欧洲、美国地区直接出口电子信息产品，逐渐向亚洲地区出口，尤其是中国。三是在韩国以财阀主导、中小企业依附的产业模式中，与美国的国际摩擦主要由韩国三大财阀承担，大多数情况下，财阀选择通过技术互换、共同研发等手段化解纠纷，通过稳定核心利益、做出适当让步化解矛盾。因而，除美国个别企业对韩国高科技企业发起的少量起诉外，韩国基本没有受到美国政府大力度的高科技打压。

韩国20世纪90年代前，由于美国和日本发生贸易摩擦，韩

国电子产业趁势崛起，得到了飞速发展。从宏观背景来看，韩国是国际"产业转移"的极大受益者，这为其电子产业的诞生与发展奠定了坚实基础。一方面，当时日本经济处于高速增长时期，产业结构不断升级调整，发展重心从纺织、食品等轻工业劳动密集型产品，到钢铁、造船等资本密集型的重化工业，再到知识密集型、技术密集型高附加价值的产业，一度成为东亚地区产业发展的领先国，因而，自20世纪50年代后，日本一直依据"雁行模式"理论，依次把本国处于成熟期的产业通过贸易、技术转移和直接投资传递给了包括韩国在内的亚洲"四小龙"等国家。

另一方面，随着日本竞争力增加，美国和日本贸易摩擦不断，加之出于成本考虑，欧美等发达国家开始陆续向韩国等地区转移诸如电子产业等资本与技术密集型产业。在这一阶段，韩国充分吸收国际产业转移成果，形成了以出口加工为主导的产业结构，且极大推动了电子产业本身的发展，在起步晚于美国和日本十多年的情况下，韩国半导体产业从无到有，至20世纪80年代中后期，韩国已成为集成电路产业的主力军，同时也造就了三星等世界顶级企业。据韩国贸易协会统计和关税厅数据，1964年韩国出口最多的商品是水产品，占比12%；至1995年，韩国出口最多的商品是半导体，占比14.1%。

第三节 瑞士机床产业发展的借鉴与启示

机床作为国之重器，在下游领域应用广泛。一般而言，狭义的机床是指通过切削或轮磨等机型方式，将金属或其他材料工件制成所需的形状、尺寸及表面精度的动力装置。由于其精度、效率等技术指标都直接影响产品的质量与水平，因此机床行业的技术水平是衡量一国工业发展水平的重要标志。机床产品种类丰富，按照切削加工方式分类，"车铣刨磨镗"是最基础的设备产品，但近年来，随着下游复合加工的需求不断提升，具备两种及以上加工方式的加工中心日渐成为市场主流产品。作为工业母机，机床下游应用领域极其广泛，包括航空、铁路机车制造、模具制造、电子信息设备制造、汽车制造、工程机械设备制造等领域。根据中国一家调查公司 MIR 的统计数据，2019 年，汽车、通用机械、3C 电子、模具、航天航空对数控机床的需求占比分别为 30%、27%、17%、7%、5%，汽车制造为数控机床最大的下游应用。

一、瑞士机床产业的竞争力与特点

（一）瑞士机床产业的竞争力

作为德语系国家之一，瑞士人沿袭了德语国家严谨认真的"工匠精神"，对工艺有着精益求精的执着，它的精密制造的奥秘全藏在了产品里。有一些机床公司的机器从模具到关键零部件，全部由手工打造，世界上没有任何一个人能够仿制。这也使得瑞士机床无论是在经济危机时期，还是经历欧债危机，永远是屹立不倒的隐形冠军。

瑞士从事机床生产的企业数量并不多，仅有二十几家，比较知名的品牌有 GF 阿奇夏米尔集团[1]、米克朗等。但是长期以来，瑞士机床出口额始终位居世界前五位，人均机床出口创汇近 30 年来稳居世界第一，世界上有 150 多个国家是瑞士机床产品的长期用户，尤其是精密机床，更受各国青睐。就连在知

---

〔1〕 瑞士 GF 阿奇夏米尔集团是举世领先的向工业模具和高精密零件制造业提供设备及系统解决方案的供应商。它的产品涵盖了放电加工机床、高速铣削加工中心和高性能加工中心。

名机床领域中占据着举足轻重地位的德国，也要从瑞士进口机床。数据显示，2018 年，德国从瑞士进口了价值 11.62 亿欧元的机床设备，较 2017 年增长了 13%，而且仍表现出上升趋势。

瑞士与制造相关的技术创新中心有 EMPA 和 INSPIRE，后者坐落在苏黎世的瑞士联邦理工（ETH）旁。INSPIRE 共有员工 70 多人，每年运行经费 1100 万瑞士法郎，所涉及六个研究方向包括材料、制造工艺、3D 打印、机床设计、工业 4.0 和产品测试与评估。与之匹配的大学研究所有六家：机床与制造研究所，设计、材料与制造研究所，动力系统与控制研究所，机器人与智能制造研究所，制造流程研究所。INSPIRE 和 ETH 在磨削领域的研究有很好的行业口碑，著名的联合磨削技术公司 United Grinding Technology 的多家子公司，如 STUDER 是其重要的企业合作伙伴。

瑞士的核心零部件企业（传动部件领域的施耐博格 Schneeberger，伺服/直驱电机领域的 Etel 和 Maxon 等，主轴领域的 Fisher，Step-tec 和 IBAG 等，数控系统领域的 NUM 等）、主机厂（Mikron、GF、United Grinding，Willemin-Macodel，Fehlmann，Tornos，Studer，Starreg 等）与瑞士高端制造领域（钟表、医疗器械、精密零部件等）的优质企业构成了瑞士机床产业生态的铁三角。

（二）瑞士机床产业的特点

瑞士机床行业有一些独一无二的特性，值得全球客户信赖：首先，瑞士机床行业具有小、精、专的特点。瑞士机床公司的规模通常都不大，员工人数在 100—300 人；公司的产品型号不多，每年量产一二百台机床；售价在千万到亿级瑞士法郎；基本聚焦在两三个特定或细分行业，因此可以深刻理解客户的需求与痛点，不断迭代自己的产品，为客户提供高端产品和优良服务。

其次，瑞士机床行业具有核心技术。在瑞士，无论规模多小的机床公司，都把针对行业特殊需求的核心技术牢牢掌握在自己手中，这为公司产品的迭代与创新提供了有力的保障；而且，往往一个由二三十人组成的研发团队就能够掌握从主轴、转台、自动化系统到机床等各方面的设计与制造。

再次，瑞士机床行业的传承与创新独具特色。瑞士的机床公司既有百年老企业，也有成立三四十年的"后起之秀"，大部分企业老板都会经历至少两到三代人。无论是子承父业还是职业经理人，他们基本上都对精密装备充满了热情与自豪，都会秉承高端与精密的理念，不断迭代产品，既有基于经验和工艺的创新（如瑞士托纳斯机床 Tornos），又有基于科学进步的创新（如瑞士威立铭机床）。

最后，瑞士重视机床产业人才的培养与教育。瑞士产业最重要的支撑是其教育体系，从 10 年级（16 岁）起，超过80%的瑞士学生选择进入职业技术学校开展 3—4 年的"双元制"学习。只有 20% 不到的学生会选择读大学。瑞士、德国和奥地利是双元制教育落实得最好的三个国家。瑞士培养工程师的大学共有两所联邦理工学院（ETH 和 EPFL，具有从学士到博士学位授予权），八所应用科技大学（具有学士到硕士学位授予权）。这几所瑞士大学对学生的动手能力训练是相当扎实的。

二、我国机床产业与世界巨头的差距及原因分析

（一）我国机床产业与世界巨头的差距

我国是全球最大的机床生产国和消费国，2019 年我国机床产值与消费额分别为 194 亿美元和 223 亿美元，占全球产值和消费总额的 23.06% 和 27.19%，较排名第二的国家高出 6.43%

和 15.38%。

尽管我国机床市场规模庞大，但发展多年，我国的机床产业距离瑞士、德国、日本等世界先进机床生产企业差距巨大。作为国产机床的几家龙头企业发展均不尽如人意。2018 年，沈阳机床、大连机床和秦川机床是国内机床销售额排名前三位的企业。沈阳机床曾经一度在 2011 年以超过 180 亿人民币的营业收入成为全球规模最大的机床企业，然而在 2018 年营业收入只有50.15 亿元，归属于上市股东的净利润为-7.88 亿元，即全年亏损7.88 亿。截至 2018 年末，公司总资产 203.92 亿元，但由于负债累累，归属于上市公司股东的净资产只有 6730.95 万元。

大连机床曾经是全球机床十强之一，2006 年全年销售额是9.35 亿美元，在美国金属协会"世界机床 500 强"中排名第八，2012 年营业收入一度达到顶峰，即 184.65 亿元，而后开始逐渐萎缩。2016 年至 2017 年，大连机床连续出现了 9 次债券违约，2017 年 11 月，大连机床进入破产重整程序。

国内排名第三的秦川机床，作为一家上市公司，从 2013 年至 2018 年这 5 年间，只有一年销售净利润是正的，而且利润率也只有 1.27%，其余年份都处于亏损状态。2018 年实现营业总收入 31.9 亿人民币，还没有 2013 年的销售额 34.1 亿元高；实现归属于母公司所有者的净利润为-2.8 亿，上年为 1645.5 万元，未能维持盈利状态。

2020 年我国数控机床主要竞争企业经营有所改善，但与世界先进企业相比，仍然差距巨大。（1）从收入角度看，2020 年国内机床上市公司中营业收入最高的创世纪机床产品营业收入为 30.9 亿元，相比之下，日本的山崎马扎克[1]仅 2019 年营业

---

〔1〕 日本山崎马扎克（MAZAK）公司是一家全球知名的机床生产制造商，公司成立于 1919 年。

收入就超过 50 亿美元，国内机床上市公司在营业收入规模上和国际巨头仍存在一定差距；（2）从行业竞争格局角度看，根据机床协会和国家统计局的数据，2020 年我国上市公司行业集中度（Concentration Ratio）CR5[1]的市场占有率仅为 7.81%，未形成明显的份额优势，行业竞争格局极度分散。

（二）中国与瑞士在机床产业差距巨大的原因分析

中国与瑞士在机床产业领域差距巨大，原因是多方面的，主要有以下几点：

（1）在核心技术研发上，我国机床公司往往只停留在系统集成层面，高端的核心部件大部分依赖进口，机床结构设计趋同，即使采用最好的功能部件拼凑，也缺失竞争力和利润空间。

（2）在传承与创新上，我国机床行业，不仅国企很难迭代，管理者担任一任或两任就调离或升官，而私企也往往面临没有人接班的问题，而且老板大多把自己的孩子送去学金融管理，认为做这一行太辛苦，也无法获得较高的社会地位。

（3）在人才培养上，我国机床产业的一线工人大部分是农民工，虽然在实际工作中获得了一定的实操经验，但当遇到问题时，则缺少追根究底、创造性总结和提升的能力，只能无奈地照抄和进行山寨；而到装备企业工作的大学生或研究生在校学习时接受的基本是考试式的训练，缺少动手能力和理论联系实际的能力，愿意从一线工作做起的大学生或研究生极少。此外，国企的提拔机制往往更倾向于学历而不是能力，把一些没

---

〔1〕 行业集中度（Concentration Ratio）又称行业集中率或市场集中度（Market Concentration Rate），是指某行业的相关市场内前 N 家最大的企业所占市场份额（产值、产量、销售额、销售量、职工人数、资产总额等）的总和，是对整个行业的市场结构集中程度的测量指标，用来衡量企业的数目和相对规模的差异，是市场势力的重要量化指标。CR4 是指四个最大的企业占有该相关市场份额。同样，五个企业集中率（CR5）、八个企业集中率（CR8）均可以计算出来。

实操经验的人提升到管理岗位，所生产的产品质量便可想而知了。

（4）在产学研融合方面，从大学的基础研究到最后的产品是一条难以逾越的鸿沟。很多国家通过建立技术创新中心（Technology Innovation Center）试图来衔接这条鸿沟。著名的技术创新中心有德国的 Fraunhofer Institute、比利时的 IMEC（微电子中心）、日本的 AIST、新加坡的 ASTAR 等。这些技术创新中心通过衔接企业的需求与大学的基础技术，把原型的技术成熟度提升到一个新档次，让企业去完成产品化的最后一公里。

瑞士政府通过双元制模式的职业教育，应用科技大学和研究型大学三重体系来培养产业所需的各类人才，通过设立匹配的大学研究所和产业研究所（INSPIRE 和 EMPA）把大学的原创技术一步一步推向产业一线，再通过设立 Inno Swiss（申请和管理过程相对简单，成功率高达50%左右）类似的产业资助项目来完成技术产业化的最后一公里。

我国在计划经济时代，学苏联建立起的产业创新体系（主管部门—部属企业—部属研究院所—部属大学/职校），改革开放后在市场经济的大环境下基本解体，但遗憾的是，我们并没能继续建立起一个新体系。

（5）在战略层面，我国机床企业往往把规模和销售额当作主要目标，通过冲量和低价策略去占领市场，再考虑提升质量，采取"先大后强"战略，政府也经常通过金融、项目和土地政策去鼓励企业把规模做大。当机床企业把销售规模做大以后，很多企业便进入了来钱更快的房地产行业。这样做不仅挤垮了一些有潜力的民企，自身也因为过度膨胀以失败破产告终。沈阳机床和大连机床就是明显的例子。

第四节　中国、日本、美国制造业循环模式差异分析

一、美国、日本两国制造业内外循环模式的差异

美国、日本是全球制造业最强的国家，它们实现产业内外循环的模式有所不同，主要表现在两个维度：一是具有国际竞争力企业所处的主要行业不同；二是两国的主要市场特征不同，其鲜明特色为我国在双循环新发展格局中的产业发展提供借鉴。

（一）美国制造业内外循环模式

通过分析美国资本市场上市值最高的 20 家企业的产业特征，可以看出主要分布在三个领域：（1）互联网为代表的数字领域，这类企业数量和市值占比最高，代表性企业包括苹果、亚马逊、谷歌、微软、Facebook 等，其中，苹果公司营业收入 2021 年超过 3500 亿美元，是我国华为公司的 3 倍多。（2）医药、零售为代表的品牌消费服务，包括强生、沃尔玛、宝洁等。其中，强生公司排在美国制造业的第五位，这家公司除了生产我们耳熟能详的强生婴儿洗发露、护肤皂等以外，实际上其是一家综合型医药公司。它既是全球十大医疗器械厂家，也是全球十大制药公司，同时旗下还有外科手术机器人业务。在 PharmExec（美国制药经理人杂志）[1]公布的 2022 年全球制药企业 TOP 50 榜单中，强生仅次于辉瑞、艾伯维、诺华，位居第四位。而在美国 MDO 网站 2021 年 11 月发布的 2021 年度的"BIG 100"——全球医疗器械公司百强榜里面，强生公司仅次于美敦力排名全球第二位。

---

〔1〕 PharmExec 是国际制药界知名的医药专业杂志，为国际上一些医药界顶级 CEO 或经理人提供行业信息或战略决策借鉴。

（3）高端材料、设备、软件等基础工业，包括高通、英伟达、特斯拉、PAYPAL、英特尔等，其中，高通是我们非常熟悉的公司，2021 年营业收入为 335.66 亿美元，我们用的安卓智能手机里面最多的就是高通的芯片，包括华为、荣耀、小米、OPPO 和VIVO 等手机品牌都用他家的芯片。

美国市场被看作是国际市场，由于美国国内市场的开放性和竞争性，这些美国产业巨头公司在国内市场发展的同时，迅速成长为跨国公司，开拓国际市场，实现国内国际市场的循环平衡。根据中金的统计，即通过微软、谷歌、亚马逊这三家数字经济巨头的营业收入或利润来源发现，它们的国内市场和海外市场的贡献都基本接近一半。

总结来看，美国产业循环模式可以描述为：进口低端工业品和原材料→本国生产高端设备和工业品、软件及互联网服务→满足国内市场的同时占据国际市场。

（二）日本制造业内外循环模式

日本重要企业的行业分布与美国不同，日本缺乏数字经济巨头，大型国际性企业主要分布在核心工业中间品、高端装备等领域，以及医药等消费品领域。比如，汽车领域的丰田、本田，电力电气领域的大金、三菱、索尼，半导体材料的信越化学等，生物制药、金融电信等大型集团占据一定比例。

日本具有竞争力产业的市场特征表现为通过国内企业和海外投资的协调，国内主要生产核心中间品出口，海外投资主要生产终端组装品。受制于本土市场相对较小，丰田汽车的国内销售约为 20%、海外销售达 80%，大金空调的海外销售超过 70%，信越半导体材料大约也有 70%销往海外。[1]

总结来看，日本产业循环模式可以总结为：进口组装类、劳动密集型的工业品→国内专注发展高附加值的零部件、材料、高端设备，在海外进行终端产品环节的投资→产品在国内国际市场占有率高、竞争力强、可替代性弱。

二、中国制造业循环的特点

与美国、日本等发达国家不同，过去我国产业基本是按照静态比较优势的规律，抓住产品内分工的机遇嵌入全球价值链。中国出口产品的第一大门类是机电产品，主要包括笔记本电脑、手机、家电等处于组装环节的、技术复杂程度不高的工业品。加入 WTO 以来，我国产业嵌入全球价值链取得巨大成功，其中一个重要特征可以描述为：国外先进设备+关键中间品+中国丰富劳动力和工程师红利，形成中国组装工业品的国际竞争力。但是这种模式过度依赖出口，中国经济国内国际市场相对失衡，扩大内需尤其是扩大消费战略总体不尽如人意。

显然，当核心科技和中间产品高度依赖国外的时候，中国产品在全球价值链的分配收益自然较低；当组装型产品高度依赖设备的时候，劳动者获得的利润份额自然就低，那么国内劳动者的消费自然就发展不起来，企业通过贸易获得的盈余自然就投资于进口设备和房地产，地方政府就投资于基础设施。这种循环结果是内生于关键要素和市场"双依赖"下的自然选择。

---

〔1〕 数据来源：日本総務省統計局。

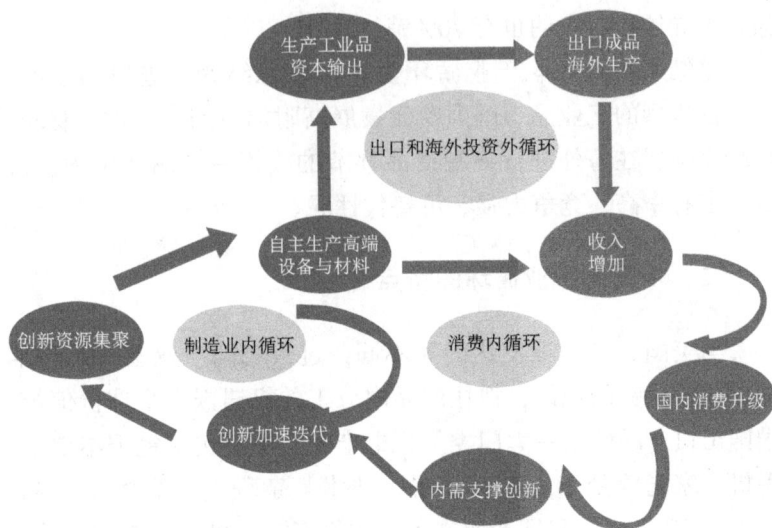

图 9-2　我国制造业循环模式

资料来源：作者根据陈柳所著《中美日产业循环的特征比较与启示》一文做了适当修改。

　　构建国内国际双循环新发展格局的产业目标，需要建立从设备、基础软件到材料的一系列关键产业环节的国产体系，生产设计的核心部分自主可控，出口产品以核心中间品和复杂资本品为主。在这种情形下，企业产品体现出较强的国际竞争力和较高的附加值，因而企业具备内生激励的动力将投资方向由扩大产能为主转向以创新迭代和人力资本为主。

　　产品科技含量的提升，意味着人力资本而不是机器设备在产业竞争力中发挥更大作用，这是提高劳动者收入水平进而扩大内需的基础。与此同时，随着文化自信的增强，国产消费和服务品牌崛起，建立强有力的网络和渠道，建立多层次的医疗服务体系，消费供给对居民收入增加更加适配，由此对产业创新形成支撑。

三、美国、日本等发达经济体产业循环对我国制造业发展的启示

比较中国与美国、日本等发达经济体产业循环的特征，对我们认识和理解新发展格局下产业高质量发展具有重要启示。

首先，中国将在关键产业领域与发达国家逐渐展开正面竞争。从世界产业竞争的格局来看，美国、日本产业之所以强势，在于若干关键产业体现出难以替代的国际竞争力，这些产业主要体现为数字经济（包括互联网、人工智能等）、基础产业（包括集成电路、高端装备、基础软件等）、生物医药、品牌消费等领域。因此，在构建新发展格局的过程中，中国在这些产业以市场化为原则实施一定的赶超型产业政策，发挥后发国家的动态比较优势，将成为中国产业高质量发展破局的关键。

其次，新发展格局绝对不是不要国际市场，恰恰相反，制造强国的标志就是要在全球市场上展示中国产业的竞争力。我们实施"一带一路"倡议是要与"一带一路"国家共建市场。华为之所以被认为是中国优秀科技企业的代表，重要原因是其能够在国际市场尤其是发达国家市场脱颖而出。现阶段，我们面临的国际环境错综复杂，超大规模的国内市场为我们提供了巨大回旋余地，以国内市场尽快补产业短板和锻长板，提升产业国际竞争力，为最终实现向国际产业高端攀升的目标打下了基础。

最后，站在国家战略角度理解新发展格局下的产业发展。当前，中央层面制定了一系列政策推动新时期的高质量发展，我们要认识到产业安全和循环畅通是政策重要的落脚点。比如，稳产业链、供应链的政策，核心是认识到后疫情时代全球产业链布局的深刻变化，加快对产业链"卡脖子"技术的突破；实施平台反垄断和防止资本的无序扩张政策，就是要引导我国最

具实力的互联网企业积极投身到硬科技的创新中，以良性竞争推动我国数字经济处于国际前列。

第五节　我国制造业创新发展的思考与对策

一、我国制造业创新发展的思考与反思

通过前几节的介绍，可以看出中国若想把制造业做好，还需要在产业生态和产业创新体系构建这两个方面下功夫。

从产业生态角度讲，我国需要重点培育自己的消费 C 端品牌产业，创造新的高端需求来引领从芯片、材料、核心部件、装备到工厂整个 B 端产业链的健康发展。美国的半导体装备产业有今天，则得益于当年美国芯片产业的强大需求；日本的机床和工业机器人产业有今天，也得益于当年日本和美国汽车制造业的强大需求；而瑞士的机床产业能有今天同样得益于当年瑞士和欧洲的钟表、医疗科技和精密部件产业的强大需求。靠代工和国外品牌很难建立起自己强大的包括芯片/材料和核心零部件在内的制造产业链。

从产业创新体系角度讲，市场经济环境下，一是双元制模式的技师、技工的培养，以及新工科教育模式下的工程师和创业者培养；二是产业创新平台的构建。广东省东莞技师学院探索了一条中国产业特色的双元制人才培养模式[1]，香港科技大学和南方科技大学等高校也在探索新工科模式下的创新人才培养。德国的 Fraunhofer 和瑞士的 INSPIRE 都为德国和瑞士机床产

---

[1] 广东省东莞技师学院在培养目标方面，主要培养与产业无缝对接、有综合职业能力的高技能人才；课程模式方面，打破现有学科体系，把德国的"双元制"和英国的"现代学徒制"进行本土化改造。

业的发展做出了重要贡献。但即使把这类研究所成功移植到中国来，也很难把中国机床产业发展起来。因为我们需要一个更有效、更创新的机制去把高校、政府、产业和创业者的需求与资源整合起来，建立高端制造业孵化平台。

二、我国制造业创新发展的对策分析

改革开放以来，由于国内产业政策、国际市场环境等多种因素的原因，中国各产业的发展并不均衡。中国在全球价值链的一些中端产业发展迅速，在美国市场的可替代性较低，且市场份额长期以绝对的优势位居第一，美国对中国这些产业依赖度较高且短期内难以改变，所以这些行业转嫁关税的能力相对较强。

从美国实施关税征收的 2018 年 7 月起，340 亿美元被加征25%关税的中国商品，其在美国的含税进口价格立即跳涨，涨幅接近关税加征幅度；同样的现象发生在第二批次——2018 年 8 月美国对来自中国的 160 亿美元的商品加征 25%的关税，尽管此次进口商品价格跳涨幅度低于第一次关税加征，但相对其他未受关税影响的商品和来自中国之外其他经济体的涉税商品相比，跳涨特征非常鲜明；2018 年 9 月对第三批 2000 亿来自中国的商品加征 10%的关税，随后在 2019 年 5 月，关税从 10%增加到 25%，这部分被加征关税的中国商品的跳涨幅度和时间与加征关税时机和幅度基本"神同步"。可以看出，中国这些产业转嫁关税的能力还是比较强的。

但在全球价值链的两端——高端和低端，中国产业的竞争力不尽如人意。在精密仪器、交通设备等高端产品方面，与欧洲、日本等西方发达国家实力上仍有不小的差距；在服装、金属与矿石、农产品等低端与初级产品方面，被越南、墨西哥等发展中国家追赶和逐步靠近，使得在面对美国的"关税大棒"时，这些行业对相对价格变动比以往更加敏感，很容易被其他经济体取代，在中美贸易摩擦中受到的冲击非常大。鉴于此，我们提出以下几方面的应对建议。

（1）认清我国在全球产业链中的优势产业，继续做大做强。对于办公机械、通信设备等这些在国际市场上具有独特优势的产业，我国应出台相关政策加大对优势产业的支持力度，推动这些产业向全球价值链的高端攀升，同时需要警惕中长期的产业链转移风险和产业升级受阻风险。

（2）认清我国的劣势产业，对于在美国市场上被其他经济体完全替代的中国涉税产品来说，要利用中国庞大的国内市场和需求空间发展国内闭环价值链，这是中国制造业发展的独特优势。在坚持全球化发展的前提下，要利用巨大的国内市场，保障国内重要产业链的安全与完整。我国龙头企业作为产业链集群的核心，应努力营造以国内需求为拉动力的产业小循环，保证产业链集群的健康发展；当国际经济环境好转时，进一步加强国际合作，带动全球产业链的大循环。

（3）我国出口美国的精密仪器等高端产品在征收关税后被欧洲、日本完全取代，这一事实对中国全球价值链向高端攀升以及加工贸易的可持续性构成挑战。对此，我们不可操之过急，不可能一蹴而就，短期内赶超发达国家，这存在一定困难且并不现实。我们可以采取从局部突破的方式，先把某一类产品做到极致，比如华大九天电路仿真工具 ALPS 就是一个很好的突破口，以点带面，逐步赶超。

（4）建立制造业跨国合作网络，加强与世界其他国家与地区的经贸合作。美国在对我国征收关税后，美国企业将订单转移至不受关税影响的国家或将生产环节转移至美国国内，试图将全球供应链多元化，摆脱对我国产品的依赖。尽管短期内，较高的成本与较低的效率使得重构供应链难以奏效，但是从长期来看，我们应顺势而为，主动布局价值链高端环节，可以将生产地转移到其他国家或地区，也要视产业不同而采取不同的布局方式。特别是原材料占比较高，产业链较长的产业转移存在一定难度。同时，推动行业整合，尤其是家具、纺织服装等产业，龙头企业可以通过兼并收购、重组整合实现做大做强，提升市场集中度，从而提高产品竞争力。

（5）加大产品的研发，通过产品升级换代，开发新产品进行加价；或者使用价格较低的原材料研发价格低的新产品，以此对冲加征关税的影响；此外，还可以考虑向上游、下游企业转移关税负担，这样总体上可以中和整个行业所受的关税冲击。这也是我们实地调研过程中发现一些外贸企业存在做法和经验。

（6）以合作共赢为主要思路处理与美国的关系，主动推动合作。从本书分析可以看出，美国征收关税，"损人不利己"，美国自身也遭受较大的损失，表现在或者总进口量的减少，如办公机械、通讯设备，或者是零售价格出现较大的上涨，如征收关税之后，家具价格普遍上涨10%左右。因此，美国贸易代表办公室（USTR）在国内企业和民众的压力之下在2019年8月推出关税豁免政策，宣布将部分中国涉税商品从关税产品清单中除名。所以，从政府宏观层面上来说，继续与美国谈判，消除关税、合作共赢，这是最为有效的手段。同时，在微观层面上，我们还要继续和美国愿意和我们合作的企业合作。

另外，我们在重视产业升级、大力发展中高端产业的同时，也要重视轻工类产业的发展。比如，家具产业，在很多人眼中是劳动密集型的低端产业，但其实中国家具在产品设计、功能和技术含量上取得了较大的提升，产品差异化高，国际市场占有率大幅领先。我们应摒弃要限制和淘汰这些"低端产业"的思想，应限制的是那些在行业中技术落后的企业的发展，保证我国拥有完整和健康的产业体系。

第十章

我国两个典型制造业转型升级的比较

第一节　我国汽车产业发展的反思与镜鉴

制造业的开放让我国成为世界工厂，我国制造业不少领域正在迈向全球产业链的中高端，很多"中国制造"名扬海外。比如，消费电子产业，我国是 iPhone 的主要零部件生产商和重要组装国，而苹果公司之所以选择与我国企业合作，并不是因为我国的人工成本最低，而是因为我国的消费电子产业在规模、技术、基础设施、成本以及配套零部件等综合条件下具有没有哪个国家能够与之匹敌的优势。

汽车产业作为整个制造业的标杆，是各个制造产业中产值最大、产业链最长、相关产业最多的一项，对国家经济发展的推动作用巨大。以我国为例，2017 年以汽车制造业为主的交通运输设备制造业对工业增长的贡献率是 40 个工业行业之首，目前我国汽车产业的总产值超过 9 万亿，对我国税收和就业的贡献率均超过 10%，汽车销售额在中国整个社会商品零售总额的占比也超过 10%。[1]

然而，与我国在消费电子产业已经占据"世界工厂"地位

---

〔1〕　数据来源：中国汽车工业协会。

不同的是,我国的汽车产业虽然得到了迅猛的发展,但整体却不尽如人意,与苹果公司把全球 iPhone 业务放在中国生产和装配不同,全球知名整车制造商、一级零部件供应商均没有把汽车制造外包给中国企业,而整体经济发展水平不如中国的墨西哥和东欧则分别被北美和欧盟汽车厂商选中作为它们的主要生产基地。

那么,我国汽车业目前在世界汽车市场上究竟居于何种地位?与我国毗邻的日本、韩国两国汽车工业的发展历史并不比中国长很多,特别是韩国,比我国汽车工业的发展历史还稍短,但目前两国均是公认的世界汽车产业强国,是什么原因导致我国汽车产业与邻国产生如此巨大的落差?我国过去的汽车产业政策是否存在问题?日本、韩国两国的汽车产业政策给我国提供了哪些镜鉴?我国汽车产业的竞争力与汽车产业强国相比在哪些方面存在差距?未来我国汽车企业能否在新能源汽车上"弯道超车"?本书试图对这些问题进行分析。

一、世界汽车生产模式的变化与我国汽车产业的国际地位

(一)世界汽车生产模式的变化

目前世界汽车生产模式正在发生重大变化,汽车生产在很大程度上走上服装和消费电子等产业的发展道路,拥有品牌优势和核心零部件竞争力的世界汽车制造商将产业链中组织、生产、销售环节相分离,将其中的生产环节外包到成本较低的发展中国家,制造完成后由本国进行销售,这种方式能够有效地降低汽车制造成本,增强企业竞争力。比如,2010 年法国雷诺汽车公司将四分之三的产能移到法国以外的国家;2014 年保时捷宣布把卡宴 SUV 的生产从德国转移到斯洛伐克,这也

是德国第一次把保时捷的生产放到发展中国家进行。这种向发展中国家外包生产的模式在世界汽车产业中所占的比重正在增长，外包生产已从全球生产的 20%（2000 年）上升到 40%（2016 年）[1]。

在新的世界汽车生产模式下，中东欧国家和墨西哥正在快速成为世界汽车工业的生产中心。其中，中东欧国家变为欧盟汽车厂商的主要生产基地，是世界上成长最快的汽车制造业中心之一，比如，捷克在乘用车领域拥有斯柯达、丰田标致雪铁龙和韩国现代三家汽车制造龙头企业，其中斯柯达是捷克的工业百强企业之首和出口贸易额最大的企业；波兰在整车制造方面生产的汽车 98% 用于出口，大众汽车在欧洲市场近 50% 产量是波兰制造；斯洛伐克的汽车工业占其国内生产总值的 13% 和出口总值的 35%，[2]此外，一些豪华汽车品牌也将生产基地转移到东欧，如除了 2014 年保时捷宣布将卡宴 SUV 的生产从德国转移到斯洛伐克，2018 年英国捷豹路虎公司也在斯洛伐克投资设厂。与此同时，墨西哥则成为北美市场的汽车生产基地。据2019 年数据统计，墨西哥全年生产汽车 375 万辆，其中一半以上的车辆用于出口美国。墨西哥的汽车制造占到其工业 GDP 的17%，出口份额的 30% 以上，墨西哥已经成为全球第五大汽车出口国。[3]

（二）我国汽车产业的发展与国际地位

我国于 2001 年加入世界贸易组织后，汽车产业出现了前所未有的增长。新乘用车的销售量从 2001 年的 85 万辆增加到

---

〔1〕　数据来源：Head K, Mayer T. Misfits in the Car Industry：Offshore Assembly Decisions at the Variety Level. NBER Working Papers，2019. 4

〔2〕　数据来源：中国驻斯洛伐克使馆经济商务处。

〔3〕　数据来源：中国驻墨西哥使馆经济商务参赞处。

2017 年的 2470 万辆，是世界上最大的汽车生产和销售国，2017
年我国占全球汽车生产和销售的 33% 以上，汽车产销量连续九
年蝉联全球第一。2018 年中国国内汽车销售量超过美国、日本、
德国三国国内总和。

与此同时，我国国产汽车质量也表现出很大的改进，故
障率在不到十年的时间里减少了一半，国产汽车的自有品牌
和合资汽车的国际品牌之间的质量差距缩小：2009 年国产汽
车的故障率是合资汽车的 2 倍，到 2014 年，差距缩小到
33%。[1]

我国汽车产业发展取得的巨大进步显而易见，但整体而言，
与汽车工业强国相比还有较大差距。英国学者 Keith Head 和法
国学者 Thierry Mayer 两人（2019）利用全球领先咨询服务商
HIS-Markit 提供的 2000—2016 年全球汽车装配地和销售地的年
度数据[2]，计算出世界各国汽车产业的装配国生产成本优势与
原产国品牌优势指数，发现中国的汽车产业不论是在装配成本
上还是本土品牌上均不占优势。

---

〔1〕 数据来源：中国汽车工业协会。
〔2〕 该数据涵盖了世界上几乎所有汽车制造商和品牌商的 2000 多个车型的
装配地和销售地的年度数据，包含 76 个不同的品牌（原产地）国和 52 个不同的装
配国。

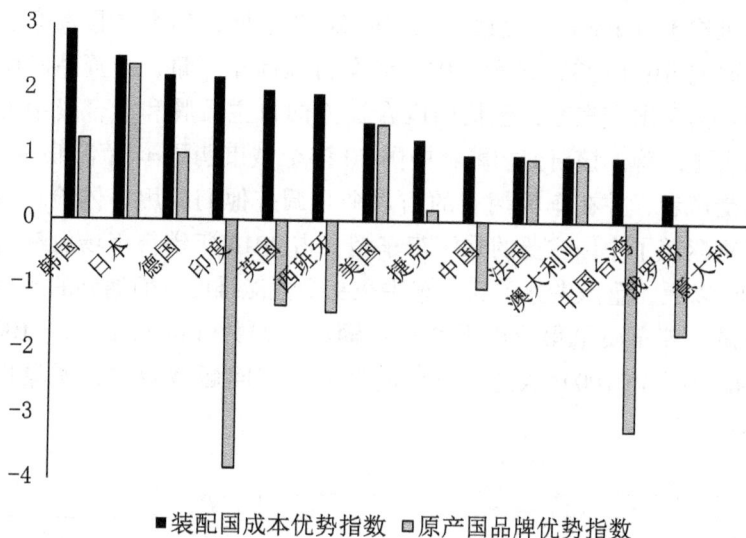

■装配国成本优势指数　□原产国品牌优势指数

图 10-1　世界各国汽车产业的装配国生产成本优势与原产国品牌优势对比

数据来源：Head K, Mayer T, Misfits in the Car Industry: Offshore Assembly Decisions at the Variety Level. NBER Working Papers, 2019。

　　该计算以汽车产业发展水平居中的意大利为基准，其装配国生产成本与品牌优势指数均为 0，可以看出，在世界各国中韩国的汽车装配生产成本最低，优势最大，日本次之，中国的汽车装配成本优势居中；在本土品牌优势的比较中，日本的本国品牌优势最大，其次为美国、德国、韩国和法国等，中国的本土品牌优势为负数。[1]

　　从国内市场来看，我国自主品牌的汽车质量与合资车企的国际品牌差距仍然明显。根据全球领先的消费者洞察与市场研

──────────

　　〔1〕　英国的汽车品牌优势指数为负数，主要是因为该计算是以汽车销量为基础，使得英国虽然有劳斯莱斯、阿斯顿·马丁、宾利、路虎等豪华品牌汽车，但由于这些豪华车的销量不大，导致英国汽车品牌优势为负数。

究机构 J. D. Power（君迪）发布的 2009 年至 2014 年中国新车质量研究 SM（IQS）显示，中国汽车行业新车质量，合资品牌明显要高于国产汽车，包括国内合资方的自主品牌和非合资中方的自主品牌。该研究招募在中国 50 多个城市购买车辆不到一年的受试者，并在车辆拥有的前六个月调查他们的用户体验。该调查涵盖了中国主要的乘用车车型，占 2014 年销售市场份额的 90% 以上，重点考察了新车车主在 9 个性能维度方面遇到的质量问题，新车质量得分以平均每百辆车问题数（problems per 100 vehicles，PP100）表达，得分越低，表明问题数越少，质量也越好。

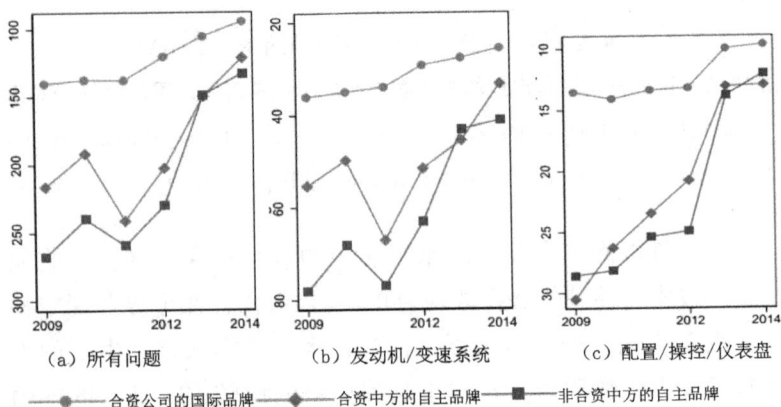

图 10-2　中国新车质量对比（2009—2014 年）

数据来源：J. D. Power（君迪）。

可以看出，无论是在综合方面，还是在关键的发动机/变速系统方面，抑或在配置/操控/仪表盘方面，我国国产汽车质量分数均小于合资企业。与此相对应，在国内汽车市场上，合资企业的国际品牌与国产自主品牌分别占据市场上的中高端和中低端。总之，我国汽车产业的发展呈现出大而不强的态势。

二、我国汽车产业政策的反思与镜鉴

我国汽车产业发展得不尽如人意，有着多方面的复杂原因，但产业政策无疑是很重要的一环，对过去实施的汽车产业政策进行反思，有利于我们更好地剖析我国汽车产业发展不尽如人意的深层原因，祛病前行。

（一）我国汽车产业在技术政策上的反思与镜鉴

1. 我国汽车产业在技术政策上的反思

在20世纪80年代，我国汽车产业为了在较快时间内获得先进技术，决定采用"以市场换技术"（technology for market access）的合资模式，同时规定外方股权比例不得超过50%。按照当时的决策计划，我国汽车产业基础薄弱，如果自主开发，需要漫长的时间，不如通过与国外知名汽车厂商合资，引进具有国际先进水平的汽车生产技术，在发展的过程中，逐步实现汽车零部件国产化，最终可以快速实现国产汽车的自主开发。

计划很美好，但我国政府部门对合资汽车企业并没有制定严格的考核和监管制度，对关键的技术指标没有设置分阶段的考核目标；同时，汽车产业多头监管，产业政策的制定者与考核者关注点不同。由于合资企业的中资方大多为国企，国资委作为考核的主体，关注的是企业的营业收入、利润、税收、就业等指标，汽车技术的进步并不是其考核重点，因此，大部分国企尽管自主品牌的发展止步不前，但仍在央企考核的前列。没有技术进步的考核压力和激励动力，同时长期受到政策保护，合资的中资方自然不会把自主研发作为企业的发展重点；外资方由于担心中方在自主研发能力提高之后会损害自己的利益，不但不积极研发，甚至对中方的自主研发进行阻挠。大多数优秀的中方员工由于薪酬差异被吸引到合资企业中，本部研发实力也难以得到实质性的提升。

上述因素导致我国汽车产业的自主研发迟迟没有得到实现，国内汽车产业在技术上只能依赖合资，合资企业遍地开花，几乎所有的国有汽车企业都与国外公司成立了合资企业。

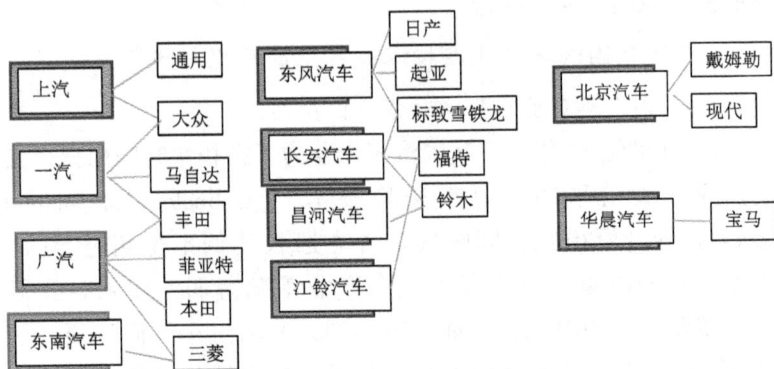

图10-3 我国汽车产业的合资情况

资料来源：Bai J, Barwick P J, Cao S, et al. , Quid Pro Quo, Knowledge Spillover, and Industrial Quality Upgrading: Evidence from the Chinese Auto Industry. Social Science Electronic Publishing, 2020.

2. 邻国的镜鉴

日本发展汽车产业采用的也是"模仿—追赶—自主创新"路径，但日本一直坚持以自主研发为导向的技术引进政策，在合资的同时，产业界不放弃自主研发。同时，日本汽车产业政策对企业引进国外技术有硬性要求，必须能与本国的技术革新结合起来，合作的目的是改进自主车型的性能和技术标准。

与中国热捧合资的态度不同，日本国内上至政府，下至企业界均对与欧美车企的合资持淡然态度，批准的合资企业寥寥无几，合资的年限只有短短 10 年，合资生产的汽车数量也不多。[1]

汽车产业发展比中国还晚的韩国也是采用先吸收消化外资企业先进技术，后自主研发策略。为了保证民族汽车工业的独立发展，韩国企业坚持自主创新，坚持企业的独立性和话语权底线，不依赖外资技术，独立研发汽车技术。同时，在 20 世纪 70 年代硬性规定本国自主品牌汽车的出口比例和期限，迫使车企不得不面对国际市场的激烈竞争，由此产生了重大的企业危机，从而使得原有企业更有动力和意愿做大做强，最终促进了汽车产业的技术学习与创新进程。

（二）我国汽车产业在开放与竞争机制上的反思与镜鉴

1. 我国汽车产业在开放与竞争机制上的反思

在对外开放方面，我国的汽车产业通过外资股本比例限制和高额关税，对汽车产业进行扶持和保护，没有形成有效的开放机制与竞争机制，行业内部竞争不充分，汽车产业的这种封闭状态直到 2018 年才宣告结束，并分五年逐步开放。[2]在这种高度保护的条件下，国内汽车价格长期高于国际市场，国内汽车企业享受着超额垄断利润，管理者自然缺乏足够的危机感与紧迫感。

对内，我国汽车市场没有形成动态、合理的行业准入和退出机制，汽车行业特有的项目审批和产品备案制度对行业准入门槛设置得非常高，这使得初始产量较低的民营企业在很长时

---

〔1〕 20 世纪 50 年代初，日本通产省仅批准了日产、五十铃、日野、三菱的与外国企业的合作协议，这些合作到 20 世纪 60 年代初相继结束，合计生产的合作汽车不到 11 万辆。

〔2〕 2018 年 4 月，国家发改委宣布汽车行业将分类型实行过渡期开放，2018 年取消专用车、新能源汽车外资股比限制；2020 年取消商用车外资股比限制；2022 年取消乘用车外资股比限制，同时取消合资企业不超过两家的限制。

间内被排除在汽车行业的围墙之外。

2. 邻国的镜鉴

反观邻国日本,在20世纪中叶加入关贸总协定之后,就发布了《贸易自由化计划大纲》,暗示政府不会长期持续地保护汽车行业。对内,日本政府对汽车产业政策有硬性要求,要求日本汽车企业必须发展适合日本国内需求的经济小型汽车,对自主开发的汽车有税收等方面的优惠,在这些政策的激励与压力之下,日本汽车企业竞相开展自主车型的研发。同时,为提高内部竞争程度,放开行业准入门槛,三菱、马自达等众多非汽车制造企业开始进入小型汽车产业中,在20世纪60年代日本汽车产业新进入的企业占整个产业的八成以上。[1]面对内忧外患,日本整个汽车产业形成发奋图强的风气,都在拼命提高自身研发能力和竞争力。

韩国由于早期汽车工业规模小,竞争力不高,政府对进口车实施了较为严格的限制政策。但从1986年开始就放宽进口限制,大幅降低进口关税,至1989年实行进口全面自由化,韩国汽车市场全面放开,对外商投资比例也不再限制。在这种情况下,韩国本国的汽车企业直面与国际头部车企的竞争,激烈的竞争环境反而促进了本土企业自主研发实力的提升,促进了新车型与新技术的推出,加快了韩国汽车的国际化进程。

三、我国汽车产品的竞争力分析

由于上述产业政策等因素,中国汽车产业的产品竞争力与日韩汽车存在较大差距。与其他耐用消费品相比,汽车产业有

---

〔1〕 20世纪60年代日本汽车行业进入率达86.6%(新进入企业数量/企业总数),形成了充分的内部竞争。

着独特的制造特性，表现在整合型的产品架构（integral architecture）、依赖于外购零部件（high dependence of outsourcing）和关键零件高重要性（high importance of key components）。这些特性决定了汽车产品具有独特的"三维竞争力"：整合集成能力或产品制造组织能力、供应体系水平、核心零部件技术。

（一）整合集成能力

汽车是典型的整合型架构产品，整合集成能力非常重要。相比于电脑等模块型产品，整合型产品的性能与零部件的对应关系相对复杂。比如，汽车的舒适性由底盘、座椅、轮胎等零部件相互配合调整决定，汽车的油耗水平主要由发动机和车重（涉及主要零部件）共同决定。

生产制造组织模式的进化，推动产业整合集成能力从最初的工匠定点模式（工人从头到尾围绕着汽车进行制造和组装）发展到批量流水模式（通过生产线的引入，工人分工种对汽车不同部件进行制造和组装）、从 20 世纪六七十年代日本的精益生产模式（Just In Time）的诞生（通过对生产线设计的改造和优化，实现质量、时间、人力的同时优化），再到目前的模块平台模式（通过对不同生产线的整合，实现混线多车型同时制造和组装）。

模块化平台能力是研发制造根基，车企的模块化平台技术越强，竞争优势就越强。我国的自主车企品牌近年来取得了巨大的进步，各家均建设了自己的平台，比如自主品牌头部车企吉利已经拥有六大模块平台，初步建立了自己的技术体系，但与国内合资车企和国际汽车制造商相比，不论是发展水平还是整体研发实力方面仍然存在不小的差距。

（二）供应体系水平

汽车的外购零部件占比超过 60%，所以供应体系水平对产品的竞争力至关重要。汽车产品的成本、质量、销售等均对外购零部件有较高的依赖。目前国际汽车供应体系模式有两种：竞争外购模式和体系外购模式，我国多采用竞争外购模式，车企向供应商招标采购大部分零部件，通过供应商竞争取得议价权。在这种外购模式下，汽车供应链上下游利益的不一致，导致上游零部件企业与整车厂各有自己的利益考量，很难形成利益共同体，在一定程度上影响汽车产品竞争优势的建立。

与中国相反，日本汽车制造商大多采用体系外购模式，日本整车厂商通过资本、联盟等方式参股汽车零部件企业，加强对供应商的影响，与之共同优化产品的开发和生产，上下游结成一个统一的利益共同体。利润共享使得日本车企与零部件供应商关系更加密切，有助于构筑竞争优势，通过这种股权关系和适度控制，日本车企与供应商形成"集中少数[1]、长期合作[2]、高度外包[3]"的组织结构，推动双方关系变得密切，进而带来产品层面的成本、库存、时间、质量四方面的优势。同时，与我国和欧美车企选择供应商基本采取价格竞争方式（占比 18%）。不同的是，日本选择供应商的方式是以开发设计竞争为主（占比 49%），这也有力地促进了汽车零部件技术的进步。

（三）核心零部件技术

发动机、底盘、变速箱是汽车的三大核心零部件。汽车主要功能是实现消费者的位移需求，发动机作为提供动力的零部件对产品至关重要；底盘与传动系统、行驶系统、转向系统和

---

〔1〕 1992 年，日本丰田直接交易的供应商数量为 168 个，美国福特为 600 个，英国罗孚为 800 个。

〔2〕 20 世纪 80 年代，日本车企与供应商合作的平均年限为 3.2 年，高于欧美的 1.4 年。

〔3〕 20 世纪 80 年代，日本车企详细设计被外包的零部件占比为 62%，美国为 16%，欧洲为 29%。

制动系统等均有连接，对汽车产品与各部件的捏合非常关键；变速箱是操控汽车位移速度的部件，对产品的动力和操控性影响较大。可以说，整车的技术含量和质量品质在很大程度上是通过零部件体现的。因此，如果本土零部件产业不做强，不诞生一批具有先进核心技术、良好质量水平、较强成本控制能力和足够优质产能的汽车零部件企业，我国汽车产业很难做强。

在 2018 年《美国汽车新闻》公布的全球汽车零部件配套供应商百强榜单（Top 100 global OEM parts suppliers）中，我国企业（包括收购）共有 8 家上榜。

表 10-1 2018 年全球汽车零部件配套供应商百强榜单中

前十位和上榜的中国企业名单

排名	公司简称	国家	主要产品
1	罗伯特博世	德国	底盘控制系统、电子驱动、传动与控制技术
2	电装	日本	动力传动系统、转向系统、变速器控制系统
3	麦格纳	加拿大	底盘、外饰、动力总成
4	大陆	德国	轮胎、制动系统、车身稳定控制系统
5	采埃孚	德国	传输、转向、底盘系统
6	爱信精机	日本	自动变速箱
7	现代摩比斯	韩国	驾驶舱、底盘、前围
8	李尔	美国	内饰
9	法雷奥	法国	动力总成、电子及电器系统
10	佛吉亚	法国	内外饰、排放控制系统

排名	公司简称	国家	主要产品
16	延峰	中国	内外饰
60	耐世特	中国/美国	转向系统
65	北京海纳川	中国	内外饰、热交换、底盘
71	中信戴卡	中国	轮毂
79	德昌电机	中国香港	引擎及传动油泵、冷却风扇、刹车系统
80	五菱工业	中国	内外饰、底盘
92	敏实集团	中国	内外饰
97	普瑞	中国/德国	控制器

资料来源:《美国汽车新闻》(Auto motive News),2018年。

中国企业上榜数量从2013年的1家增至2018年的8家,其中有耐世特、北京海纳川和普瑞三家是通过收购而来的。这些上榜的中国企业,主营产品以技术含金量不高的内外饰为主,而德国、日本、韩国等企业则以具有核心技术的底盘控制系统、变速器控制系统和动力传动系统为主。

在前十名中,除了老牌汽车强国德国在汽车零部件排行榜上前五名中独占三名外,韩国的现代摩比斯以驾驶舱、底盘和前围为主要产品占据第七位,中国企业唯一一家进入前20强的企业则是主攻内外饰的延锋。

四、我国汽车产业崛起的希望

随着新一轮科技变革的到来,汽车不再是单纯的机械产品,取而代之的是机电一体化的高科技产品,新能源汽车正在世界各国蓬勃发展，在不久的将来必会与传统汽车分庭抗礼，共同占据世界汽车市场。

在新能源汽车时代，汽车的电池、电机、电控系统的作用等同于传统汽车上的发动机和变速器，它不仅直接决定着汽车的性能，还在整车成本中占据较大比重。"三电"将取代发动机和变速箱，成为最核心的汽车零部件。其中，动力电池是新能源汽车的"心脏"，占整车成本的30%—40%，所以对动力电池核心技术与供应链的争夺，在很大程度上影响着未来全球新能源汽车的行业格局。我国汽车产业链在电池、电机、电控系统方面均呈现出良好的发展势头，其中电池的发展已经跃居世界的领先地位。比如，我国的电池企业——宁德时代在NCM811方形电芯方面已经率先实现了量产，并成功进入大众、宝马等高端汽车的产业链。

展望未来，我国国内市场广阔，经济发展较快，汽车的普及率与发达国家相比仍有差距。[1]这些都为我国汽车产业的发展创造出了规模经济的肥沃土壤。中端电动汽车和动力电池目前是我国自主品牌的天下。在我国汽车产业政策的助推下，一个具有全球竞争力的电动汽车供应链在我国已经初具雏形。受惠于该供应链，中国汽车产业正快速改进产品，降低成本，同时各类新颖的商业模式及最新的互联科技也在自主品牌电动汽车上得到广泛尝试，我国汽车产业正走在技术驱动的正确道路上，未来可期。

---

〔1〕　目前，中国汽车普及程度与发达国家相比差距仍然巨大，同期美国千人汽车保有量在800辆以上，日韩已达到400辆以上，而中国仅有不到200辆水平，长期来看仍有较大发展空间。

第二节　我国纺织机械产业的转型升级

一、全球纺织产业的发展概况

纺织机械产业是纺织行业发展的基础支撑，纺织形成产业链优势，纺织机械的发展功不可没，要实现纺织行业向高端、智能和绿色化转型，纺织机械必须先行。纺织机械属于资本品、中等技术机械产品，且同纺织产业迁移关联性较大，我们将其视为机械行业整体竞争力提升的一个代表。从全球出口份额的角度，中国大陆机械产品的出口份额已经从 1995 年的 2.1%提升至 2019 年的 15.8%，[1]成为了世界第一大机械产品出口国，尽管不能说中国的机械产品已经超越了德国、美国、日本、意大利等国，但从市场份额上能够看到已经具备一定的竞争力。

自 20 世纪初以来，全球纺织服装行业已历经五轮的产业转移，目前已进入第六轮产业转移期间[2]，全球贸易摩擦的加剧使得国内纺织服装产业逐步向外转移。

中国部分纺织服装行业企业的海外产能占比已经接近 40%，并仍在积极布局，疫情过后，全球纺织制造中心向东南亚的迁移分散配置进程可能加速。

---

〔1〕　数据来源：世界贸易组织（WTO）。

〔2〕　全球纺织业的转移可以划分为 6 个阶段：近代纺织工业化生产起源于第一次工业革命时期的英国，美国在 20 世纪初接力英国成为新的纺织制造中心，第二次世界大战后全球纺织制造中心转向日本，20 世纪 70 年代后又逐步转移到韩国等国家或地区；随后，中国在 1992 年确立社会主义市场经济的发展目标后开放程度提高，2001 年加入 WTO 后对外贸易迅猛发展，顺利成为全球纺织制造中心。近年来，东南亚国家由于劳动力成本等方面的优势开始逐步承接其他国家部分低端制造产能，纺织品制造和出口贸易快速增长，纺织制造中心有向东南亚国家转移的趋势。

二、纺织机械在纺织产业中的应用

纺织机械，是指将羊毛、蚕丝、棉花等天然原材料和煤、石油、天然气以及玉米、大豆中加工提取出的化学原材料，加工成各种纱线的机械。纺织机械是纺织工业的物质基础和生产手段，其技术水平和质量直接影响到纺织产业的发展。纺织机械是我国纺织工业转变与革新的基础，是使我国纺织工业从劳动密集型向技术密集型转变的关键，是我国从纺织大国发展为纺织强国的重要基石。

纺织机械涵盖了从纤维织造到服装成型过程中的所有加工设备，具体包括化纤机械、纺纱机械、织造机械、针织机械、染整机械、非织造机械、服装机械及纺织器材八个相对独立的子行业。其中，编织机械是用来将纱线进一步加工为布料或者成衣的纺织机械，包括织造机械和针织机械；辅助机械主要是指染整机械，是对纱线、面料进行漂染、上色、整理，在纺织行业中起辅助作用；非织造机械主要包括梳理机、针刺机等，可将各类天然纤维以及废弃的化学纤维直接压制成非织造布。非织造布可用于医疗、化工等领域。

在主要的纺织流程中，纺纱机械首先将各种天然纤维和化学纤维纺成纱，织造机械将纱线织成布，然后印染机械对布料进行染色整理，最后通过服装机械将织物制成服装。

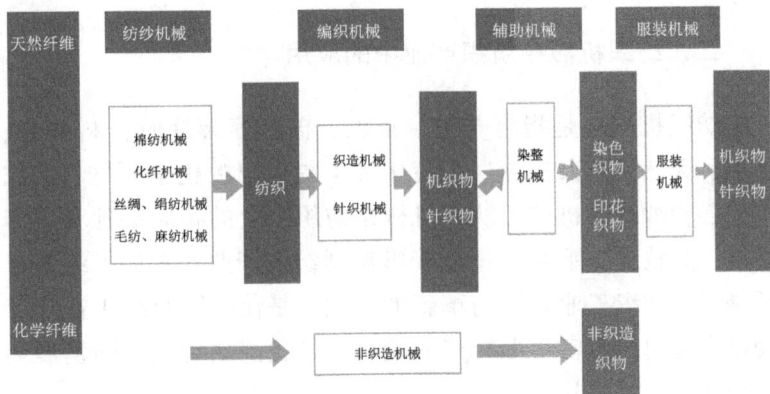

图 10-4　纺织机械在纺织行业的应用

我国纺织机械产业各子目近年来取得了较快的发展，2019年上海国际纺织工业展览会展出的纺织机械设备展示了我国纺织设备的发展现状。针织物染整前处理设备，着重需求连续化水洗和练漂设备，其中精练机和平幅连续化练漂机的制造水平和工艺技术已经趋于成熟，连续化水洗的方式及设备形成了如间歇式洗衣机、绳状连续化水洗机和平幅连续化水洗机等多样化。有效解决织物起毛起球的烧毛设备逐渐兴起，针对印花机机械设备，数码印花在速度和精度上进一步优化，手机远程操控的数码印花机与搭配环保染料数码印花机等新设备也研发成功，圆网印花机发展朝向节水、节能、环保、省力以及自动化方向发展。平网印花机在伺服电动机导带驱动、自动上胶系统、网板升降上加大了研发力度，使平网印花机朝向高精度、高速度、多品种、多花色发展。针对印染后整理机械设备，优化了热定型机的人机操控系统，提高设备的智能化程度，操作更简单高效。柔软机创新使用了气流传动，减少了织物在整理过程中的摩擦，降低织物损伤等一大批先进纺织机械出现。

三、我国纺织机械产业的贸易情况分析

2000 年至今，我国纺织机械实现了国内市场占有率的飞跃式提升和出口比较优势的从无到有，且已经成为机械品类中出口比较优势最强的品类之一。中国纺织机械在国内市场上的占有率从 2001 年的 37% 提升至 2019 年的 80% 以上，实现了飞跃式提升。从 2000 年到 2019 年的时间区间来看，已有多种机械在国际市场上获得了比较优势，主要是 74 章通用机械的分项，纺织机械的显示性比较优势则从无到有，且纺织机械是比较优势提升幅度最大的子品类之一。

就纺织机械而言，2019 年纺织机械所有子品类都获得了出口比较优势。从纺织机械子品类来看，化纤机械和针织机械是较早获得出口比较优势的产品；2019 年，随着染整机械获得了出口比较优势，所有纺织机械子品类均获得了出口比较优势。

目前，我国是世界上最大的纺织机械出口国，2019 年我国纺织机械出口达 37.8 亿美元，相比于 2015 年的 30.9 亿美元增长了 22.7%。[1]与此同时，2019 年我国纺织机械再次实现贸易顺差。受新冠疫情影响，2020 年上半年进出口额分别为 13.9 亿美元、18.9 亿美元，进口同比下降 18.4%，出口同比下降 0.03%，出口基本与上年同期持平。[2]

---

〔1〕　数据来源：海关总署。
〔2〕　数据来源：海关总署。

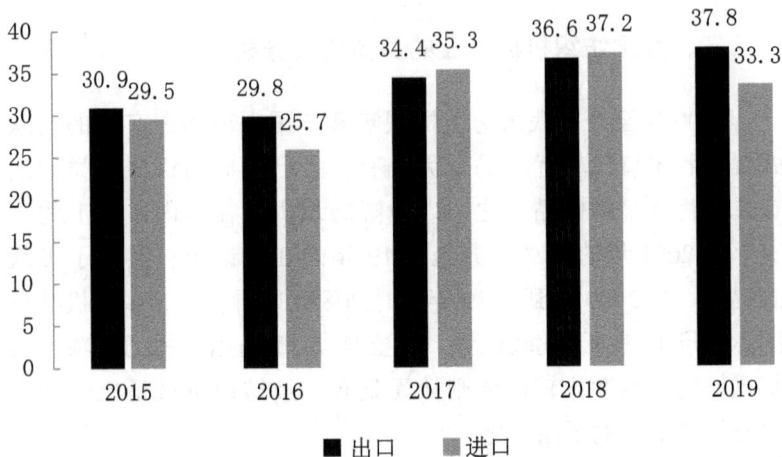

图 10-5　2015—2019 年我国纺织机械进出口额（亿美元）

纺织机械很可能将成为我国的贸易长期顺差项目。从进出口数据看，2015 年开始，纺织机械及零部件已经从净逆差项转变为小幅顺差。从近二十年的数据来看，纺织机械出口的趋势性增长非常明显，进口波动比出口大得多。作为机械品类中出口比较优势最强的分项，预计出口将持续稳定增长，而进口替代对于纺织机械进口存在着持久的压制，随着这个过程的持续，纺织机械的顺差很可能将走向持续扩大。

四、贸易视角下我国纺织机械产业的竞争力变迁

中国纺织机械出口主要替代的是发达国家。2019 年以来，一些东南亚国家尤其是越南吸引了大量外资流入，资本品需求大幅增加，这样的外生冲击下中国纺织机械所有子品类的份额都大幅增加，能够表明中国纺织机械已经具备一定的国际竞争力。

国际市场占有率是指一国出口总额占世界出口总额的比例，

它可以反映一国产业或产品的国际竞争力或竞争地位的变化。该比例的增加表明该国产业或其产品的出口竞争力增强。它包括在开放的国际市场上，某一国家的产品销售额占该产品在世界上总销售额的比例，以及某一国家的产品出口占该产品在世界上总产出的比例。

越南作为仅次于中国的世界第二大纺织品服装出口国，云集了世界各国的纺织机械、纺织机械在一国市场的占有率可以在一定程度上反映该国纺织机械国际竞争力的强弱。

表 10-2　世界各国纺织机械在越南的市场占有率

	2015 年	2016 年	2017 年	2018 年	2019 年
中国	32.26%	31.79%	32.69%	36.67%	40.77%
法国	0.34%	0.39%	0.40%	0.38%	1.30%
德国	6.11%	8.91%	6.58%	7.75%	8.16%
印度	3.69%	2.61%	1.52%	3.25%	2.96%
意大利	2.77%	3.01%	2.70%	3.07%	2.27%
日本	29.15%	28.10%	33.69%	32.17%	28.78%
荷兰	0.11%	0.34%	0.13%	0.11%	0.06%
韩国	5.37%	8.75%	7.49%	4.52%	3.83%
土耳其	0.01%	0.01%	0.01%	0.05%	0.04%
美国	0.81%	0.85%	1.00%	0.71%	0.63%

数据来源：联合国商品贸易统计数据库（UN Comtrade）。

可以看出，我国纺织机械在越南的市场占有率稳步提高，至 2019 年占比超过四成，超过了传统的纺织机械出口强国日本、德国，反映出我国在越南市场具有强大的市场竞争力。除得益于中国、越南建立的全面战略合作伙伴关系外，更重要的是来自于我国纺织机械产业自身实力的提高。我国纺织机械技术相对于欧美国家，差距在不断缩小，对于越南这种纺织产业的主要承接国家来说，我国纺织机械的性价比极高，中等收入国家和低收入国家是中国资本品的适宜输出方向。

我国出台了一系列政策和规划鼓励纺织机械行业向高效、柔性化和智能化方向转型，开发纺织专用信息化系统，形成纺织各专业领域智能制造系统化解决方案，填补国内在立体成型电脑横机、一步法全成型袜机、高性能纤维多轴向经编机等技术领域的空白。从纺织机械的子品类看，在化纤机械领域，我国替代了德国、意大利、英国的部分份额，在纺纱机械领域主要替代了德国、荷兰的部分份额。在织造机械领域替代了比利时、意大利和德国的部分份额，在针织机械领域我国的针织机械出口已连续多年处于顺差状态，替代了日本和德国的部分份额。尽管部分高端产品被外资垄断，我国产品主要集中在中低端领域，比如圆纬机、横机与经编机这三大机型由于起步较早，在电控与智能化方面有一定突破，但在无缝内衣机方面产品与罗纳地、圣东尼〔1〕相差较远，还没有能与之抗衡的产品出现。辅助装置和零部件领域主要替代了德国、意大利和法国的部分份额，染整机械主要替代了德国、意大利、美国和法国的部分份额，仅非织造布机械份额有所下降，德国、意大利与美国的份额提升。

我国纺织机械出口的国家及地区主要为亚洲的邻国，2019

---

〔1〕 圣东尼意大利公司（Santoni S. P. A）创立于1919年，是意大利最早的袜机制造商，1988年加入世界最具盛名的针织机械制造商罗纳地集团（Lonati Group）。从那时起，圣东尼公司就与 "无缝" 紧密联系在了一起，成为世界无缝针织机制造领域的领导者。

年我国出口机械中印度购买了 18.88%，越南购买了 16.49%，孟加拉国购买了 8.04%，印度是我国纺织机械最主要的出口目的地国。其次，纺织服装产业链的转出承接地主要在南亚和东南亚，这些地区与中国的经贸关系远比欧美密切。

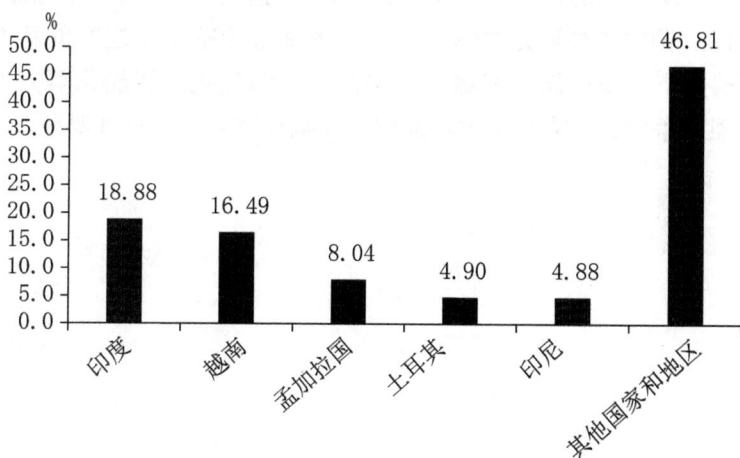

图 10-6 2019 年我国出口纺织机械前五位的国家及地区

五、我国纺织机械产业未来发展趋势

（一）我国纺织机械产业将赶超西方发达国家

尽管西方发达国家在纺织机械领域的发展相对较早，技术也比较先进。但是随着我国科学技术水平的不断提升，纺织机械行业也取得了很大的进步。现阶段，我国在纺织工业自动化领域也逐步采用国内的技术以达到生产要求，并且也能够与世界先进的技术和生产工艺相接轨。

（二）全球纺织产业转移及结构调整带来成长新机遇

全球纺织产业经历了由欧美向亚洲、拉丁美洲的迁移过程，在亚洲内部也经历了从日本、韩国向中国再向东南亚、南亚、中亚的逐步扩散进程。产业转移必然随着固定资产的资本性投入，有望带来地区纺织机械新增购置需求增长空间，这为我国纺机出口提供了巨大的市场机遇。

纺织机械的发展正是我国制造业加速转型升级的一个缩影，在以"国内大循环为主体、国内国际双循环相互促进"的新发展格局下，我国纺织机械将在高效化、绿色化、智能化等方面增强竞争力，未来在全球产业链的高端环节必将占有重要地位。

参考文献

[1] 程实，钱智俊.中国经济"双循环"的六大支柱［N］.第一财经日报，2020-09-29（A11）.

[2] 程实，钱智俊.双循环的核心脉络与金融赋能［J］.新理财，2020（11）：32-34.

[3] 李俊.全面准确理解"双循环"新发展格局的深刻内涵［J］.人民论坛，2021（02）：12-15.

[4] 程实，钱智俊.双循环新发展格局中的供求动态平衡［N］.金融时报，2021-02-08（012）.

[5] 程实."十四五"筑基"双循环"［N］.中国银行保险报，2020-11-02（002）.

[6] 王璐."十四五"构建对外贸易新格局［N］.金融时报，2020-12-14（009）.

[7] 程实，钱智俊.2021：全球经济格局之三大蜕变［N］.第一财经日报，2021-01-12（A11）.

[8] 陈佳.加快构建中国经济双循环新发展格局［J］.思想政治课教学，2020（10）：42-45.

[9] 陈金龙.新发展阶段究竟"新"在何处［J］.高校马克思主义理论教育研究，2021（1）：28-34.

[10] 朱鸿鸣.双循环新发展格局的内在结构与误区廓清［J］.东北财经大学学报，2020（6）：3-11.

[11] 董振华，王会方.立足我国新发展阶段要求构建新发展格局［J］.新湘评论，2021（1）：12-15.

[12] 王晋斌，厉妍彤．"双循环"战略是中国新开放政治经济学的重大成果 [J]．教学与研究，2021（4）：15-25.

[13] 谢伏瞻，等．奋进新时代 开启新征程——学习贯彻党的十九届五中全会精神笔谈（上）[J]．经济研究，2020，55（12）：4-45.

[14] 陈勇勤．构建新发展格局的几个理论问题 [J]．贵州省党校学报，2021（1）：15-24.

[15] 刘少华．七场座谈会，瞄准"十四五" [N]．人民日报海外版，2020-09-30（005）.

[16] 习近平．正确认识和把握中长期经济社会发展重大问题 [J]．奋斗，2021（2）：4-10.

[17] 习近平．正确认识和把握中长期经济社会发展重大问题 [J]．当代广西，2021（2）：4-7.

[18] 习近平．正确认识和把握中长期经济社会发展重大问题 [J]．新长征，2021（2）：4-9.

[19] 习近平．正确认识和把握中长期经济社会发展重大问题 [J]．党员之友（新疆），2021（2）：4-6.

[20] 习近平．正确认识和把握中长期经济社会发展重大问题 [J]．中国民政，2021（2）：4-7.

[21] 孔祥利，谌玲．供给侧改革与需求侧管理在新发展格局中的统合逻辑与施策重点 [J]．陕西师范大学学报（哲学社会科学版），2021，50（3）：5-14.

[22] 习近平．正确认识和把握中长期经济社会发展重大问题（一）[J]．前进论坛，2021（3）：11-12.

[23] 朱民．做好自己的事应对世界变局 [J]．清华金融评论，2020（11）：22-23.

[24] 聂新伟，依绍华．构建"双循环"新发展格局：超大规模经济体消费潜力释放的内在机理与路径选择 [J]．财经智库，2020，5（6）：53-75+141-142.

[25] 王珂．新发展格局是开放的国内国际双循环 [N]．人民日报，2020-09-25（006）.

［26］王绛．国有企业要在"双循环"中起战略支撑作用［J］．中国发展观察，2021（1）：25-27+48.

［27］张彦超．全国两会上的港航物流声音［J］．中国航务周刊，2021（11）：21-24.

［28］周玲玲，等．透视中国双循环发展格局［J］．上海经济研究，2021（6）：49-61.

［29］余淼杰．"大变局"与中国经济"双循环"发展新格局［J］．上海对外经贸大学学报，2020，27（6）：19-28.

［30］余淼杰．"双循环"新格局之下，中国企业如何备考答卷？［J］．今日科技，2020（10）：33-35.

［31］郭晴．"双循环"新发展格局的现实逻辑与实现路径［J］．求索，2020（6）：100-107.

［32］刘学莹．国民经济"内循环"推动传统制造业发展［J］．营销界，2020（29）：5-6.

［33］朱嘉林，黎轲．稳外贸推动国内国际双循环相互促进［J］．金融世界，2020（10）：21-23.

［34］庄聪生．习近平总书记关于民营经济健康发展的重要讲话精神和当前民营企业家关注的问题［J］．商业文化，2020（36）：9-17.

［35］余淼杰．双循环格局下应扬长避短提升竞争力［J］．支点，2020（11）：13.

［36］张伟伦．"双循环"下企业如何备考［N］．中国贸易报，2020-09-10（007）.

［37］程实，钱智俊．双循环的核心脉络与金融赋能［J］．新理财，2020（11）：32-34.

［38］程实，钱智俊．金融赋能"双循环"的三大维度［N］．中国银行保险报，2020-08-03（002）.

［39］李罗力．观察中国经济长期向好的三个维度［J］．开放导报，2019（5）：7-13.

［40］周宏春．"双循环"经济发展要解决几大问题［J］．中国商界，2020（10）：36-37.

[41] 程实，钱智俊. DCEP：经济"内循环"的未来加速器［N］. 第一财经日报，2020-07-27（A12）.

[42] 中国正在通过结构性改革为未来发展创造空间［N］. 21世纪经济报道，2019-08-12（001）.

[43] 毛泽东主席在中央人民政府会议的讲话，《毛泽东文集》第6卷，人民出版社1999年版，第329页。

[44] 张礼卿. 对"双循环"新发展格局的几点认识［J］. 南开学报（哲学社会科学版），2021（1）：17-20.

[45] 何盛明. 财经大辞典，中国财政经济出版社，1990年.

[46] 林小昭. 四城外贸依存度超100%，中西部中心城市成为内陆开放新高地［N］. 第一财经日报，2020-04-14（A06）.

[47] 刘学舟. 疫情冲击下中国在全球产业链中的定位及对策［J］. 合作经济与科技，2021（5）：76-78.

[48] 闫晓慧. 以国企改革促发展，释放国有资本动能助力"双循环"经济布局［J］. 上海企业，2021（5）：71-77.

[49] 张倩肖，李佳霖. 构建"双循环"区域发展新格局［J］. 兰州大学学报（社会科学版），2021，49（1）：39-47.

[50] 刘尧飞，沈杰. 双循环格局下的供应链价值链绿色化转型研究［J］. 青海社会科学，2020（6）：47-53.

[51] 沈国兵. 疫情全球蔓延下推动国内国际双循环促进经贸发展的困境及纾解举措［J］. 重庆大学学报（社会科学版），2021，27（1）：1-13.

[52] 邹松霖. 统筹内与外——以国内大循环为主体，构建国内国际双循环相互促进的新发展格局［J］. 中国经济周刊，2020（10）：15-16.

[53] 陈劲，阳镇，尹西明. 双循环新发展格局下的中国科技创新战略［J］. 当代经济科学，2021，43（1）：1-9.

[54] 孙明华，等. 内循环大解析［J］. 国企管理，2020（19）：30-37.

[55] 俞明辉. 回顾2020年政府理财十大关键词［J］. 新理财（政府理财），2021（1）：54-57.

[56] 柳英. 两岸经贸关系展现融合发展新特征［J］. 台海研究，2021（1）：16-26.

［57］周绍东，张宵，张毓颖．从"比较优势"到"国内国际双循
环"——我国对外开放战略的政治经济学解读［J］．内蒙古社会科
学，2021，42（1）：123-130．

［58］彭波．双循环新发展格局下的中国改革开放［J］．国际商务财会，
2021（1）：3-5+14．

［59］刘会昌．"双循环"背景下的和谐消费方向探究［J］．黑河学刊，
2021（1）：20-22．

［60］徐唯燊．"十四五"时期塑造区域协调发展新格局的七大着力点
［J］．经济研究参考，2020（18）：18-25．

［61］王志凯．深刻把握"双循环"战略的立足点和新动能［J］．国家治
理，2021（Z2）：31-35．

［62］曹允春，连昕．现代流通体系支撑新发展格局构建的理论逻辑与实
践路径［J］．学习论坛，2021（1）：106-114．

［63］靳文辉，苟学珍．构建双循环新发展格局的经济法回应［J］．重庆
大学学报（社会科学版），2021，27（1）：27-38．

［64］王晶，侯耀晨，延蕊娟．"双循环"格局下，商协会怎么做［J］．中
国商人，2020（11）：78-81．

［65］邹蕴涵．国内国际双循环：百年未有之大变局中的必然选择［J］．
经济，2020（9）：28-31．

［66］王际娣．深圳：扬帆启航再立时代标杆［J］．小康，2021（2）：22-25．

［67］成青青．南通产业基础高级化和产业链现代化研究［J］．江苏工程
职业技术学院学报，2020，20（4）：32-37．

［68］魏伟，陈骁．全球产业链及疫情后的重构展望［J］．金融市场研究，
2020（8）：2-12．

［69］刘志彪，陈柳．疫情冲击对全球产业链的影响、重组与中国的应对
策略［J］．南京社会科学，2020（5）：15-21．

［70］周为民，应美根．银行支持制造业高质量发展的路径探析［J］．国
际金融，2020（5）：33-37．

［71］魏简康凯，宿铮．美国出口管制改革的竞争情报分析［J］．情报杂
志，2019，38（4）：4-8．

[72] 王玉洁．疫情下的日本银行业［J］．银行家，2021（2）：24-29+6.

[73] 冯昭奎．中美博弈的辩证解析［J］．国际关系学院学报，2012（3）：1-12.

[74] 张孟军．"瓦森纳安排"：中美贸易的一大障碍［J］．党政论坛（干部文摘），2010（1）：38-39.

[75] 张伟，马陆亭．美国科技封锁对"双一流"建设的影响与对策［J］．中国高教研究，2020（8）：18-22.

[76] 余丰慧．中国加入RCEP与CPTPP给百姓带来实质性利好［J］．理财，2020（12）：14-15.

[77] 蒋瑛，罗明志．中国原油进口对国际油价波动的影响及其战略转型研究［J］．四川大学学报（哲学社会科学版），2012（6）：133-140.

[78] 赵海，姚曦，徐奇渊．从美国对华加征关税商品排除机制看中美贸易摩擦［J］．银行家，2020（1）：100-103.

[79] 陶涛．中美供应链调整与中国产业应对［J］．国际贸易，2020（12）：13-19.

[80] 张倩．《瓦森纳协定》调整下中国半导体产业发展的思考［J］．电子技术应用，2020，46（10）：34-38.

[81] 刘志彪．新冠肺炎疫情下经济全球化的新趋势与全球产业链集群重构［J］．江苏社会科学，2020（4）：16-23+241.

[82] 刘志彪．中国应对全球产业链内向化的政策建议［N］．经济参考报，2020-05-12（007）.

[83] 刘志彪．全球产业链集群战略：中国应对全球供应链重组的政策举措和行动［J］．经济研究参考，2020（10）：5-10.

[84] 刘志彪，凌永辉．论新发展格局下重塑新的产业链［J］．经济纵横，2021（5）：40-47+2.

[85] 张连起．产业链供应链安全稳定之思［N］．人民政协报，2021-03-08（010）.

[86] 刘志彪．产业链现代化：巩固壮大实体经济根基［N］．学习时报，2020-11-25（005）.

[87] 汤铎铎，等．全球经济大变局、中国潜在增长率与后疫情时期高质

量发展 ［J］. 经济研究, 2020, 55 (8): 4-23.

［88］ 钟仁. 2020 年经济学研究发展报告 ［N］. 中国社会科学报, 2021-01-18 (006).

［89］ 周建军. 全球产业链的重组与应对: 从防风险到补短板 ［J］. 学习与探索, 2020 (7): 98-107.

［90］ 余海燕, 沈桂龙, 余嘉勉. 后疫情时代产业链发展的趋势与应急管理 ［J］. 党政研究, 2021 (3): 121-128.

［91］ 孙世芳, 杜芳, 欧阳梦云. 优化稳定产业链供应链 推动经济高质量发展 ［N］. 经济日报, 2020-07-03 (011).

［92］ 倪雨晴. 日韩疫情持续加剧 全球半导体产业链影响几何? ［N］. 21 世纪经济报道, 2020-02-27 (002).

［93］ 段楠. 全球产业链布局调整、变化趋势及中国应对策略研究 ［J］. 新经济, 2021 (1): 50-52.

［94］ 蒲清平, 杨聪林. 构建"双循环"新发展格局的现实逻辑、实施路径与时代价值 ［J］. 重庆大学学报 (社会科学版), 2020, 26 (6): 24-34.

［95］ 李旭君, 吴静静. 疫情对宁波外贸影响及对策研究 ［J］. 宁波经济 (财经视点), 2020 (4): 25-27.

［96］ 中共中央《十四五规划建议》: 优先发展农业农村, 全面推进乡村振兴 ［J］. 农业工程技术, 2020, 40 (32): 1-4.

［97］ 程大中. 中国参与全球价值链分工的程度及演变趋势——基于跨国投入—产出分析 ［J］. 经济研究, 2015, 50 (9): 4-16+99.

［98］ 张会清, 翟孝强. 中国参与全球价值链的特征与启示——基于生产分解模型的研究 ［J］. 数量经济技术经济研究, 2018, 35 (1): 3-22.

［99］ 樊茂清, 黄薇. 基于全球价值链分解的中国贸易产业结构演进研究 ［J］. 世界经济, 2014, 37 (2): 50-70.

［100］ 安相根. 电子业跨国公司在华投资战略调整及影响因素研究 ［D］. 对外经济贸易大学, 2015.

［101］ 樊茂清. 中国进出口贸易分解及国际比较——基于全球价值链视角 ［J］. 北京航空航天大学学报 (社会科学版), 2016, 29 (3): 75-87.

[102] 李楠. 后疫情时期港口枢纽功能建设 [J]. 中国港口, 2021 (6): 1-6.

[103] 王钰, 李清波. OFDI对母国制造业全球价值链升级的影响——基于分位数回归的研究 [J]. 天津商务职业学院学报, 2020, 8 (2): 22-32.

[104] 马卫刚. 在构建新发展格局中实现国资国企高质量发展 [J]. 人民论坛, 2021 (1): 81-83.

[105] 范璐媛. 复工按下"快进键": 生产端复苏九成 供应链承压较大 [N]. 证券时报, 2020-04-07 (A09).

[106] 张斌. 中国制造业转型升级的整体格局 [N]. 经济参考报, 2019-05-29 (007).

[107] 王璐. 基于全球视角的产业链升级与金融支持 [J]. 金融纵横, 2020 (5): 76-83.

[108] 陈吕军. 做好碳达峰碳中和工作, 工业园区必须做出贡献 [J]. 资源再生, 2021 (2): 15-20.

[109] 王彬苏. 中国价值链贸易与伙伴国经济周期联动性的理论与实证 [D]. 浙江工商大学, 2018.

[110] 张恒. 要素密集度、劳动报酬与中国制造业价值链上游化 [J]. 科技进步与对策, 2018, 35 (6): 58-64.

[111] 郑智, 刘卫东, 宋周莺, 叶尔肯·吾扎提, 梁宜. "一带一路"生产网络及中国参与程度 [J]. 地理科学进展, 2019, 38 (7): 951-962.

[112] 魏浩, 王聪. 附加值统计口径下中国制造业出口变化的测算 [J]. 数量经济技术经济研究, 2015, 32 (6): 105-119.

[113] 唐乐. 东亚区域产业结构演进与中国制造业产业升级 [D]. 吉林大学, 2016.

[114] 曹玲. 韩国对外直接投资的贸易效应研究 [D]. 吉林大学, 2013.

[115] 中信建投宏观研究团队. 大泡沫来临前的日本经济 [J]. 金融博览 (财富), 2011 (1): 65-67.

[116] 王羽佳. 中国与独联体国家及蒙古八国产能合作分析 [D]. 北京第二外国语学院, 2017.

[117] 郭可为. 安倍的对华经济政策走向 [J]. 中国经济报告, 2013 (2): 111-116.

[118] 冯昭奎. 日本对中国的直接投资的新动向 [J]. 世界经济报导, 1995 (00): 40-41.

[119] 王玉洁. 疫情下的日本银行业 [J]. 银行家, 2021 (2): 24-29+6.

[120] 任保平, 辛伟. 世界分工体系调整背景下的中国经济增长质量 [J]. 西北大学学报 (哲学社会科学版), 2016, 46 (4): 78-85.

[121] 陶涛. 跨国生产网络中参与者相互依赖 在华日企没有撤资理由 [N]. 第一财经日报, 2020-05-18 (A12).

[122] 于佳欣. 全球最大自贸区诞生, 有何深意? [N]. 新华每日电讯, 2020-11-16 (003).

[123] 于佳欣. 全球最大自贸区将释放多重红利 [N]. 中华工商时报, 2020-11-18 (004).

[124] 京文. 全球最大自贸协定 RCEP 签署 [J]. 人民周刊, 2020 (22): 10.

[125] 杨虹. 商务部: RCEP 签署将为形成"双循环"新发展格局提供有效支撑 [N]. 中国经济导报, 2020-11-18 (002).

[126] 张倪. RCEP "修成正果" 全球最大自贸区启航 [J]. 中国发展观察, 2020 (22): 21-23.

[127] 付志刚. 自由贸易之胜 地区繁荣之机 [N]. 光明日报, 2020-11-17 (012).

[128] 张怀水, 李彪, 张钟尹. 详解 RCEP: 15 国携手打造超级经济圈 [J]. 商业文化, 2020 (33): 22-29.

[129] 张怀水, 李彪, 张钟尹. 15 国签署 RCEP 打造"超级经济圈": 除了零关税, 还将给我们带来哪些变化? [N]. 每日经济新闻, 2020-11-17 (002).

[130] 冯其予, 赵青. 世界最大自由贸易区正式启航 [N]. 经济日报, 2020-11-16 (003).

[131] 陈雨禾. RCEP 23 亿人的市场 我们的福利 [N]. 金融投资报, 2020-11-17 (001).

［132］世界上最大的自贸区协定 RCEP 正式签署［J］. 黑龙江金融，2020（11）：4.

［133］李宁. 全球最大自贸区正式启航［N］. 国际商报，2020-11-16（001）.

［134］莫莉. 多边主义和自由贸易的胜利［N］. 金融时报，2020-11-17（008）.

［135］冯巧根. 中国加入 CPTPP 的机遇及会计对策研究［J］. 财会通讯，2021（1）：3-11.

［136］RCEP 为疫情下全球经济复苏注入新动力［N］. 中国财经报，2020-11-17（001）.

［137］陶涛，肖迎春. 增加值视角的中美关税累积效应［J］. 新视野，2019（4）：55-63.

［138］王文博，孙韶华. RCEP 签署 为世界经济复苏注入新动力［N］. 经济参考报，2020-11-16（001）.

［139］陶涛. 全球产业链变革下的中国新机遇［J］. 人民论坛，2021（2）：28-30.

［140］陶涛. 日美贸易摩擦并非主因 日本经济萧条、产业衰落根源在自身［N］. 第一财经日报，2018-12-24（A10）.

［141］余淼杰. "大变局"与中国经济"双循环"发展新格局［J］. 上海对外经贸大学学报，2020，27（6）：19-28.

［142］王培霖. 中国怎么成了高成本社会［J］. 商周刊，2016（12）：6.

［143］王珍. 中国制造成本直逼美国 印度将成下一个"世界工厂"？［N］. 第一财经日报，2015-08-10（A09）.

［144］王越. 正泰电气海外市场发展战略研究［D］. 上海交通大学，2015.

［145］李娜. 库克和郭台铭都去了印度［N］. 第一财经日报，2016-05-24（A03）.

［146］李婕. 外贸稳中向好再创佳绩［N］. 人民日报海外版，2021-07-14（003）.

［147］姜大明. 在全省对外开放工作会议上的讲话［J］. 山东政报，2008

（4）：3-8.

［148］李正华．邓小平"南方谈话"的理论贡献、历史作用与现实意义
［J］．当代中国史研究，2012，19（1）：19-27+125.

［149］陈丙会．高点定位 济南坚持工业强市战略不动摇［N］．中国工业
报，2021-03-17（002）.

［150］缪亚平．去年全省外贸进出口总额2680亿［N］．昆明日报，2021-
02-05（005）.

［151］杨多贵，周志田，赵丽丽，王枫亭．国家免疫第二道防线：经济系
统防御［J］．科技促进发展，2012（5）：20-30.

［152］宋晓雨，王金子龙．山东高新技术企业数量达1.15万家［N］．联
合日报，2020-12-16（001）.

［153］文平．先进制造业的山东"加速度"［J］．走向世界，2021（15）：
42-45.

［154］钟强．卡奥斯COSMOPlat：发挥"头雁"作用，加速产业创新
［N］．中国电子报，2020-05-22（007）.

［155］杨光．工业互联网潮涌［N］．中国信息化周报，2021-03-01
（008）.

［156］射手．2020值得关注的工业互联网平台［J］．互联网周刊，2020
（12）：24-30.

［157］杨光．海尔智家：开放引领高质量发展［N］．青岛日报，2019-12-
10（B05）.

［158］钟强．卡奥斯：备受资本青睐 生态赋能价值显现［N］．中国电子
报，2020-07-31（005）.

［159］钟强．卡奥斯COSMOPlat：支撑新基建，赋能行业智慧转型［N］.
中国电子报，2020-04-10（004）.

［160］杨卓，孙宁松．谋求数字化转型 海尔迈向大规模定制［N］．中国
工业报，2019-11-27（002）.

［161］杨秋云．聚力新动能 构建现代产业新体系［N］．淄博日报，2021-
01-04（003）.

［162］齐鲁．培育壮大"十强"产业 新旧动能转换初见成效［N］．山东

科技报，2021-02-10（004）.

[163] 王巧然．工业互联网如何赋能油气未来［N］．中国石油报，2019-05-23（005）.

[164] 陈双喜，代绍庆，周青．互联网思维助推嘉兴实体经济转型升级［J］．科技视界，2016（7）：6-8.

[165] 肖琉．工业互联网来了［J］．市场观察，2013（8）：26-31.

[166] 汤浩，谢添．浅谈工业互联网［J］．才智，2013（3）：307.

[167] 工业互联网发展现状分析［J］．电器工业，2021（4）：29-41.

[168] 工业和信息化部关于印发《工业互联网网络建设及推广指南》的通知［J］．中华人民共和国国务院公报，2019（13）：54-57.

[169] 十四五规划建议60条要点摘录［J］．中国经济评论，2021（1）：95-96.

[170] 许诺．标识赋能 万物"智"联［J］．产城，2021（2）：54-55.

[171] 国务院关于积极推进"互联网+"行动的指导意见［J］．实验室科学，2015，18（04）：9+29+35+43+52+67+82+85+95+140+154+177+199+225.

[172] 魏津瑜，马骏．数据治理视角下的工业互联网发展对策研究［J］．科学管理研究，2020，38（6）：58-63.

[173] 鲍烨童．创新推动向"智"造转型［J］．中关村，2016（1）：88-91.

[174] 桂鹏飞．信息技术驱动的企业管理变革与企业转型研究［D］．南京审计大学，2017.

[175] 张园园，王蜀平．青岛红领集团基于商业模式创新的营运资金管理［J］．财务与会计，2016（9）：30-32.

[176] 赵娜娜．基于C2B模式下网络个性化定制服装营销模式探究［D］．天津工业大学，2017.

[177] 彦祺隆．张代理：引领传统制造业嬗变［J］．中国工业评论，2017（5）：70-74.

[178] 李贞，周杨瑞娟．工业互联网迎来落地加速期［N］．人民日报海外版，2020-06-23（005）.

[179] 孙杰贤．从红领看制造业互联网转型［J］．中国信息化，2014

（20）：34-35.

[180] 王倩．走进名企·标杆学习之走进红领集团，怎么用大数据改造传统企业 [J]．商学院，2016（7）：90-91.

[181] 赵皎云，任芳．科技赋能时尚供应链变革——记 GALTS 2019 第十一届全球鞋服行业供应链与物流技术研讨会 [J]．物流技术与应用，2019，24（8）：65-73+64.

[182] 李鹏，张佩思．基于产业集群的区域品牌建设研究 [J]．毛纺科技，2017，45（2）：69-72.

[183] 吴静怡．圣·迪奥服饰品牌的设计经营管理模式研究 [D]．南京航空航天大学，2020.

[184] 汤杰新，薛佩佩，唐德才．"互联网+" 助力中国制造业转型升级 [J]．改革与开放，2016（11）：8-10.

[185] 马永刚．山东农产品出口值连续 22 年全国居首 [N]．中国食品报，2021-01-22（004）.

[186] 马刚．山东国际经贸合作迎来新机遇 [N]．国际商报，2017-05-11（B01）.

[187] 马刚．"一带一路打开山东发展新空间" [N]．国际商报，2019-04-11（006）.

[188] 吕娅丹，公欣高杨．2020 年山东省对 "一带一路" 沿线国家进出口 6608.2 亿元 [N]．中国经济导报，2021-02-05（004）.

[189] 刘彪．山东贸易搭上 "一带一路" 快车 [N]．济南日报，2021-01-27（014）.

[190] 新时代谱写山东商务新篇章 [N]．国际商报，2017-12-25（034）.

[191] 马刚．一季度山东对一带一路沿线国家贸易逆势增长 [N]．国际商报，2020-04-30（007）.

[192] 范俐鑫．货物贸易进出口 2.2 万亿元 [N]．济南日报，2021-01-19（002）.

[193] 陈星华．营商环境提升竞争力 [N]．中国国门时报，2021-03-09（004）.

[194] 高杨．山东与 "一带一路" 沿线国家经贸合作潜力持续释放 [N].

中国经济导报，2021-05-06（006）.

[195] 高杨. 2020 年山东货物贸易进出口值创历史新高 [N]. 中国经济导报，2021-01-20（005）.

[196] 沈俊霖，曹为鹏. 以峰会为契机再造山东对外开放新优势 [N]. 青岛日报，2018-06-09（002）.

[197] 张伟. 青岛获批创建首个中国上合组织地方经贸合作示范区 [J]. 大陆桥视野，2018（5）：22.

[198] 韩琪琪. 基于创业倾向的技术创新和 FDI 对发展中国家经济增长的影响 [D]. 北京交通大学，2018.

[199] 付一夫. 三十多年前，日本也曾"经济内循环" [J]. 记者观察，2020（25）：36-39.

[200] 胡敏. 从日本制造看中国制造的强国之路 [N]. 中国经济时报，2017-10-26（005）.

[201] 瑞士机床出口额位居世界前五位 [J]. 机械工程师，2005（7）：110.

[202] 刘林森. 瑞士机床业的特色 [J]. 中国机电工业，2002（20）：45-46.

[203] 刘林森. 瑞士的"王牌"工匠 [J]. 职业，2016（1）：16.

[204] 刘林森. 瑞士全民崇尚"劳动光荣" [N]. 中国社会报，2007-08-10（B04）.

[205] 岳倩. 国产零部件产业应受到更多重视 [N]. 中国质量报，2018-07-25（006）.

[206] 姜凌. 我国纺织机械技术发展路径分析 [J]. 纺织导报，2013（1）：36+38-40.

[207] 康佳媛. 国产纺机跨越发展三步走 [N]. 中国纺织报，2018-08-15（005）.

[208] 杨灿. 国民经济统计学：国民经济核算原理 [M]. 科学出版社，2008.

[209] 胡亦盛，楼儒铠，章豪锋. 价值链、供应链与产业链的概念辨析 [J]. 现代物业（中旬刊），2010，9（6）：22-23，105.

[210] 刘贵富. 产业链基本理论研究 [D]. 吉林大学，2006.

［211］何文章. 企业能力视角下产业价值链价值创造研究［D］. 江西财经大学, 2013.

［212］朱凤涛, 李仕明, 杜义飞. 关于价值链、产业链和供应链的研究辨识［J］. 管理学家（学术版）, 2008（4）：373-380, 402.

［213］杜义飞. 基于价值创造与分配的产业价值链研究［D］. 电子科技大学, 2005.